TU GRAN HISTORIA A CONTAR

UN NUEVO GUIÓN PARA LOS DRAMAS DE LA VIDA

DONNA PARTOW

TU GRAN HISTORIA A CONTAR

UN NUEVO GUIÓN PARA LOS DRAMAS DE LA VIDA

Vida®

La misión de Editorial Vida es proporcionar los recursos
necesarios a fin de alcanzar a las personas para Jesucristo
y ayudarlas a crecer en su fe.

TU GRAN HISTORIA A CONTAR
Edición en español publicada por Editorial Vida -2007
© 2007 Editorial Vida
Miami, Florida

Publicado en inglés con el título:
Soon to be a Major Motion Picture
por Fleming H. Revell
Una division de Baker Publishing Group
© 2005 por Donna Partow

Traducción: *Miguel Mesías*
Edición: *Carlos Peña*
Diseño interior: *Cathy Spee*
Diseño de cubierta: *Grupo Nivel Uno, Inc.*

ISBN – 10: 0-8297-4834-2
ISBN – 13: 978-0-8297-4834-5

CATEGORÍA: Vida cristiana / Amor y matrimonio

IMPRESO EN ESTADOS UNIDOS DE AMÉRICA
PRINTED IN THE UNITED STATES OF AMERICA

07 08 09 10 ❖ 6 5 4 3 2 1

CONTENIDO

RECONOCIMIENTOS

Mi gratitud de corazón a las mujeres que contribuyeron a este libro, miembros del grupo Major Motion Picture Yahoo:

Jeanine Barrett, Wendy Bartley, Vicki Bedford, Colleen Bell, Darsi Brinley, Chrissy Company, Betty Culley, Julie Anne Custer, Terri Fields, Lynne Ford, Kim Frisbee, Virginia Garrett, Cindy Hannon, Denise Isaac, Rebecca Johnson, Renee Kroll, Shirley Lind, Judy Lovitt, Gayle Lowery, Eve Maxwell, Audrey Outhouse, Amy Ridgeway, Connie Schmoll, Gwen Scout, Margaret Scovell, Kim Serban, Judy Sheridan, Michelle Waters

Introducción

¿Te enloquecen tus problemas?

¡Mi marido me vuelve loca!

¡Mis hijos me ponen de mal genio!

¡Mi jefe me saca de «casillas»!

¡Esta iglesia se las arregla para probar incluso la paciencia de una «santa»!

Si otra persona me pide que haga una sola cosa más, ¡me enloqueceré!

¿Suena esto algo familiar? Por supuesto, «tú nunca has dicho nada de eso», pero una prima distante, en el otro extremo del país…

¿Cómo dices? ¿Dijiste algunas de esas líneas la semana pasada? Lo comprendo. Muchos autores realizan investigaciones extensas antes de escribir un libro. Sin embargo, para escribir este no se necesitó ninguna. Todo lo que tuve que hacer fue escribir la verdad sobre mi propia vida, y «¡eureka!», nació el material en bruto para un largometraje.

Solía pensar que mis problemas me volvían loca. Pero entonces me di cuenta que era al contrario: ¡mi necedad provocaba los problemas! Por razones que pronto exploraremos, como muchas mujeres tendía a exagerar mis problemas fuera de proporción. Podía convertir la más ligera inconveniencia,

como confundir las llaves del auto, en toda una odisea. Si
alguien tal vez lastimaba mis sentimientos, esperaba que Oli-
ver Stone apareciera al instante para exigir mis derechos de
autora de la historia.

Mis tres pasatiempos favoritos eran:

Uno, pensar en lo horrible que era mi vida; dos, decirle a
todos los que se me acercaban —aunque fuera a dos kilómetros— lo terrible que había sido mi vida; y tres, preguntarme
por qué no tenía amigas.

Si estos puntos también están entre tus pasatiempos favoritos, Dios provee un escape: ponerlos todos en perspectiva. La Biblia lo dice de esta manera:

> Ya que han resucitado con Cristo, busquen las cosas
> de arriba, donde está Cristo sentado a la derecha de Dios.
> Concentren su atención en las cosas de arriba, no en las de
> la tierra.
>
> Colosenses 3:1-2

La perspectiva es una cosa poderosa. Como Rick Warren
lo dice: «Tu perspectiva influirá en cómo inviertes tu tiempo,
gastas tu dinero, usas tus talentos y valoras tus relaciones»[1].
De acuerdo al diccionario, perspectiva es (1) «La capacidad
de ver las cosas en sus verdaderas relaciones o importancia
relativa», o (2) «El arte de dar la debida disminución a la
fuerza de la luz, matices y colores de objetos, de acuerdo a
sus distancias y la cantidad de luz que cae sobre ellos, o al
medio por el cual se las ve». Eso es lo que espero proveer en
este libro: una oportunidad de convertir tu largometraje en
algo hermoso y poner algo de distancia entre tus problemas y
tú. Espero que este libro te capacite a dar un paso hacia atrás
y mirar tu vida desde un punto de vista diferente. Tal vez te
des cuenta de que tu situación no es tan en blanco y negro

como originalmente pensabas. Pero la clave real se encuentra en arrojar la luz de la verdad de Dios sobre la vida.

Como creyentes, sabemos que Dios es Redentor. Esa es otra manera de decir que podemos tomar situaciones inútiles y producir con ellas algo bueno. Sin embargo, a veces lleva un tiempo. Hace casi una década, una amiga y yo condujimos por tres horas (ida y vuelta) para visitar un museo de historia viva. ¿Puedo ser franca? Fue tan aburrido que ambas pensamos que habíamos desperdiciado nuestro tiempo y dinero. Hasta el año pasado, cuando me di cuenta de que el viaje fue invaluable. Dios había plantado ese día en mi corazón una semilla de verdad, pero llevó años de riego y cuidado antes de que al fin viera la luz del día. Déjame decirte algo: cuando finalmente brotó, yo cantaba el coro «Aleluya».

Ahora, en cuanto a esa semilla, mi amiga y yo al parecer éramos las únicas que visitábamos el museo de historia ese día; pero, con toda cortesía, el personal decidió proceder de todas maneras con «el espectáculo». Así que allí nos sentamos, las únicas en el público, cuando un joven salió al abrirse el telón y anunció que su pequeño grupo de actores estaba a punto de reproducir una auténtica forma de arte del siglo diecinueve llamada melodrama. Conforme el programa avanzaba, recuerdo que me sentía abochornada por los actores y las actrices, puesto que la dramatización era absolutamente ridícula.

Yo debería haber estado avergonzada por mi ignorancia, porque ellos habían, en verdad, reproducido con precisión un melodrama del siglo diecinueve. ¿Qué es exactamente un melodrama? La frase se origina de las palabras *drama musical*, porque la música se usaba para acentuar las ya exageradas acciones y emociones de los actores y actrices. Cada personaje era unidimensional: el villano era villano por completo; la heroína era una víctima impotente que esperaba ser rescatada; y el héroe, que llega justo en el momento preciso, era bueno en todo el sentido de la palabra. Todo era blanco y negro. Ningún matiz de gris, mucho menos algún color del arcoiris.

Al empezar a pensar en esta forma perdida de arte, una voz me susurró al oído:

—¿No te suena eso como alguien que conoces, Donna?

Veamos: un universo unidimensional que muestra a un villano que es villano por entero y una víctima impotente que espera ser rescatada por el hombre perfecto.

—¡Ah!

La voz suave y delicada continuó:

—¿Recuerdas que pensaste lo ridículo que se veían los actores en el drama?

—Claro que sí.

—Así es como te ves *tú,* hija. Todo el mundo *no es* tu escenario personal, y tú *no eres* una actriz en él. Ya desperdiciaste suficientes años en tus melodramas. Ven, sígueme, y te daré descanso para tu alma.

Buscarás en vano en la Biblia algún melodrama. Lo sé. Lo busqué. No hay ninguno. Dios no hace melodramas. Él trata con franqueza y realismo. Por eso cada personaje en cada página se muestra en una forma multidimensional, con faltas y todo. Una y otra vez, Dios claramente nos muestra que *en casi todos los casos*, la gente desempeñó un papel, por pequeño que fuera, en crearse sus propios problemas. Veremos esos ejemplos de la vida real en *Tu gran historia a contar,* con la esperanza de descubrir que tal vez, apenas tal vez, nosotras jugamos un pequeño papel en crearnos nuestros problemas. Nuestra mejor esperanza de un futuro más brillante es aprender cómo convertir nuestros melodramas en «dramas sosegados».

Es mi más ferviente oración que este libro te permita adquirir una perspectiva más amplia de tu propia vida y tu lugar en este mundo. Quiero que descubras lo que descubrí por la gracia de Dios: que en realidad *es* posible responder a tus problemas con calma y confianza, en lugar de reaccionar como si cada momento fuera un drama de envergadura. Sí, es cierto que otros contribuyeron a tus problemas también. Sí, hay razones por las que tú eres como eres, pero *puedes* cambiar. Y solo *tú* puedes hacer esos cambios. No eres una actriz en un gran escenario llamado planeta tierra ni tampoco eres remunerada por interpretar un guión escrito sin ninguna alternativa en el destino determinado de antemano para ti. No eres una víctima impotente de las circunstancias. Eres un ser humano, hecha a imagen del Dios Todopoderoso. Mediante el poder transformador del Espíritu Santo que obra en ti eres capaz de elevarte por encima de *todo* lo que viene a tu paso.

1
ESTADO MENTAL DE UNA
PUERCA ESPÍN

El año pasado me invitaron para hablar en el centro de conferencias Sandy Cove, en North East, Maryland. Puesto que el lugar está a poca distancia de mi familia en Nueva Jersey, pensé: *¿sabes, Donna, por qué no viajas con antelación? Pasa algo de tiempo de calidad con tu familia e impárteles el gozo del SEÑOR.*

Probablemente ya adivinaste que me dirigía a problemas mucho antes de que tenga en mi mano la tarjeta para embarcarme en el avión.

Llegué a la casa de mi hermana, y en menos de una hora nos habíamos enredado en un ridículo debate acerca de algo que había sucedido cuando yo estaba en el segundo año de secundaria. El desacuerdo giraba alrededor de algún incidente en particular, pero para mí simbolizaba algo mucho mayor. No era simplemente que una cierta persona me había lastimado una vez. No hablaba de una desilusión pasajera; la clase de cosas que por lo general uno deja atrás. Esta persona me hizo daño *en forma rutinaria*. Era, para mí, una relación personal desilusionante. Hay una enorme diferencia entre una desilusión y algo desilusionante. Es el «ante» lo que le cala a una.

¿Alguna vez lo sentiste? Justo cuando piensas que perdonaste a esa persona (o grupo de personas), ella o ellas hacen algo más para herirte. El dolor nunca parece terminar, sin que importe cuánto lo trates.

Por eso quería que mi hermana reconociera mi derecho a sentirme herida por mi relación con esa persona en particular. En lugar de eso, nosotros dimos rodeo tras rodeo. Mi hermana y yo somos muy buenas amigas. Rara vez peleamos por algo, pero estábamos listas para «arrancarnos» mutuamente la cabeza.

Ahora bien, el siguiente detalle es la parte más importante del relato, así que no quiero que lo pierdas de vista. Si lo haces, encontrarás que *yo tenía razón*.

La verdad la tenía yo y, además, mi hermana estaba equivocada. Digamos las cosas como son: pienso que sé un poco mejor que ella lo que sucede *en mi vida*. Pienso que puedo decir cuándo alguien no me trata bien.

Pues bien, ¡hasta allí llegó eso del gozo del SEÑOR! Estaba en tal estado mental que ni siquiera puedes imaginártelo. Bien, probablemente tú misma estuviste en la misma situación muchas veces. Yo no podía pensar en ninguna otra cosa, excepto que tenía razón y que ella estaba equivocada. No podía leer la Biblia. No podía orar. Ni siquiera podía pensar con lógica. Este tema, y solo este tema consumía todo mi momento despierta: yo tenía razón, y ella estaba equivocada. Mi mente estaba llena con todos los *puntos buenos* que pude compilar para demostrar mi caso. Pasé noche y día repasando el sermón del siglo, que se lo endilgaría algún día cuando lograra hallar tanto el valor como la oportunidad. Entonces ella, finalmente, tendría que admitir lo que yo sabía que era verdad: yo tenía razón y ella se equivocaba.

En breve, yo estaba hecha un desastre emocional; por algo que había sucedido veinte años atrás. ¿Por qué? Porque se me había hecho un daño, y porque mi hermana rehusaba reconocer lo malo que había sido. Era de importancia vital que ella reconociera que me habían hecho daño porque, ¡¿de qué otra manera podía ella ver cómo Dios me había ayudado a levantarme por encima de eso si no reconocía cuán bajo había llegado yo?!

¿Estoy asustándote? ¿Tal vez te recuerdo lo melodramática que puedes ser a veces?

Pues bien, después de dos días de miseria, mi encantador padre convino en llevarme —como líder espiritual que soy— hasta Maryland para que pudiera impartir profundas verdades espirituales a mis semejantes. Me subí al ascensor y no pude dejar de ver el afiche con mi retrato. Aquel que describía mi próximo seminario de estímulo espiritual y que cambia la vida. Justo entonces el Señor me habló. ¿Puedes imaginar lo que me dijo? Escuche decir: «¿A quién le importa? Tú tienes la razón; ella se equivoca. Mira adónde te llevó eso de tener la razón. ¡No eres otra cosa que una puerca espín! Eso fue hace veintiocho años. Déjalo ya».

¿Una puerca espín?, pensé para mis adentros. *¿Acaba Dios de llamarme una puerca espín?*

¿Sabes lo que es una puerca espín? Es una mujer con un montón de puntos buenos (púas), pero nadie quiere estar a su alrededor. El mundo está simplemente lleno de puerca espines; y lo mismo la iglesia. Ella tiene absolutamente la razón. Si las personas en su vida solo la escucharan y siguieran el programa, ella sabría que el mundo sería mucho mejor. Si se le da la mitad de una oportunidad, ella podría fácilmente enderezar a su esposo, sus hijos, su iglesia, y a lo que sea que se te ocurra.

> Una puerca espín es una mujer con un montón de puntos buenos (púas), pero nadie quiere estar a su alrededor.

Sin embargo, en forma bastante extraña, nadie quiere oírla. Me pregunto por qué será eso.

¿Notaste, por casualidad, que a pesar del vasto acopio de sabiduría y perspectiva que tienes la gente no acude en tropel precisamente para pedir tu consejo? Tal vez te mantengas ocupada; es más, tal vez hayas producido un frenesí de actividad es para enmascarar tu soledad. Pero no hablo de andar de un lado a otro como una mujer frenética. Quiero decir, ¿busca la gente una relación personal y profunda contigo? ¿Tienen genuino deseo de conocer tu *yo real,* de escuchar tu corazón y de contarte sus más profundas preocupaciones? ¿O acaso la gente te mantiene a distancia?

Permíteme darte unos pocos ejemplos:

- Si eres una amiga cariñosa, comprensiva, pero no puedes hallar a nadie que sea a su vez una verdadera amiga para ti, bien podría ser que tienes la desventura de vivir en la única ciudad del planeta que está completamente desprovista de personas buenas… o tal vez seas una puerca espín.

- Si eres la mejor vecina que cualquiera pudiera desear, y sin embargo tus vecinas nunca te invitan a su casa, bien podría ser que ellas son groseras y desconsideradas… o tal vez seas una puerca espín.

- Si eres la que más duro trabaja en tu lugar de empleo; si por ti sola diriges la compañía, y sin embargo te pasan por alto en las promociones de ascenso, bien pudiera ser que tu jefa es ciega a tus contribuciones o envidia tu talento… o tal vez seas una puerca espín.

- Si deseas más fervientemente servir a Dios que cualquiera otra en tu iglesia, y sabes la Biblia al derecho y al revés y en forma rutinaria tienes «una palabra del Señor», y sin embargo no se te invita, bien pudiera ser que tus líderes espirituales perdieron el contacto con Dios… o tal vez seas una puerca espín.

• Si dedicaste toda tu vida a tus hijos, pero por alguna razón ellos, ya crecidos (y tus nietos), no vienen a verte a menos que se vean obligados, bien pudiera ser que son egoístas e insensibles… o tal vez seas una puerca espín.

• Si eres una esposa estupenda, pero tu cónyuge no te aprecia para nada… tal vez seas una puerca espín. Es más, ¡hay tantas esposas puerca espines que dedicaremos un capítulo entero al asunto!

• Si amas a Dios, pero tu vida es un caos, bien pudiera ser que el enemigo[1] se ensañó contigo… o tal vez seas una puerca espín.

Solo un indicio más para ayudarte a determinar si tal vez eres o no una puerca espín: si de rutina predicas sermones silenciosos mentalmente, ¡en forma casi definitiva eres una puerca espín! Para ser franca, yo solía predicar cien sermones silenciosos al día, a todos, desde los empleados de los almacenes hasta mi pastor. Siempre repasaba todos los buenos puntos en preparación para el gran momento en que me levantaría y «enderezaría al mundo».

Mencioné la oración de la monja[2] del siglo diecisiete en mi libro anterior: *Becoming a Vessel God Can Use*, y a menudo la leo en voz alta en mis conferencias. Pero es tan buena que vale la pena repetirla.

> SEÑOR, tú sabes mejor que yo que envejezco y un día seré anciana. Guárdame del hábito fatal de pensar que debo decir algo sobre todo tema y en toda ocasión. Líbrame del deseo de enderezar los asuntos de todo el mundo. Hazme sensata, pero no enfurruñada. Útil, pero no mandona. Con mi vasto acopio de sabiduría, parece una lástima no usarlo

todo, pero tú sabes, Señor, que quiero unos pocos amigos al final. Mantén mi mente libre de interminables recitales de detalles; dame alas para ir al grano. Sella mis labios a mis dolores y molestias. Estos aumentan, y el encanto de repasarlos se vuelve más dulce con el paso de los años. No me atrevo a pedir gracia suficiente para disfrutar de los cuentos de los dolores de otros, pero ayúdame a aguantarlos con paciencia. No me atrevo a pedir una memoria mejorada, sino una humildad creciente y una petulancia que disminuya cuando mi memoria parece chocar con los recuerdos de otros. Enséñame la gloriosa lección de que, en ocasiones, puedo estar equivocada. Mantenme razonablemente dulce. No quiero ser una santa —con algunas de ellas es muy difícil vivir—, pero una vieja amargada es una de las obras culminantes del enemigo. Dame la capacidad de ver las cosas buenas en lugares inesperados, y talento en personas inesperadas. Y dame, Señor, la gracia de decírselos.

Amén

Si un aterrador número de esos escenarios —tú podrías ser una puerca espín— suena verdad para ti, te insto a que eleves como propia esa oración de la monja del siglo diecisiete. No basta leerla una vez; necesitas decirla en voz alta. Escríbela en tu diario de oración, una y otra vez. Medítala diariamente. Permite que su mensaje penetre en tu alma y cambie tu manera de pensar. Romanos 12:18 dice: «Si es posible, y en cuanto dependa de ustedes, vivan en paz con todos». Depende de ti, amiga. ¿Quieres hacer lo que es debido? ¿O quieres vivir en paz? Créele a una puerca espín recuperada: a tener la razón se le da una importancia en extremo exagerada.

Permíteme decirte una verdad revolucionaria. Pocas cosas importan menos en la vida que quién tiene razón y quién se equivoca. Simple y llanamente no importa. Sin embargo,

¿cuántas de nosotras dedicamos una cantidad desorbitada de tiempo, energía y conversaciones telefónicas a eso mismo? Conozco a mujeres que no hablan de *nada más*. Te insto a que reflexiones en lo que piensas, y escuches lo que hablas. Si estás atascada en quién tiene la razón y quién se equivoca, tienes un problema. La Biblia dice:

> Consideren a Jesús.
>
> Hebreos 3:1

> Fijemos la mirada en Jesús, el iniciador y perfeccionador de nuestra fe, quien por el gozo que le esperaba, soportó la cruz, menospreciando la vergüenza que ella significaba, y ahora está sentado a la derecha del trono de Dios. Así, pues, consideren a aquel que perseveró frente a tanta oposición por parte de los pecadores, para que no se cansen ni pierdan el ánimo.
>
> Hebreos 12:2-3

> Grábense estas palabras en el corazón y en la mente; átenlas en sus manos como un signo, y llévenlas en su frente como una marca.
>
> Deuteronomio 11:18

¡Fija tus ojos en Jesús, y deja de tratar de arreglar a la gente! Repito: *no* importa quién tiene la razón y quién se equivoca. Este no es un melodrama en el que alguien tiene que ser la villana para que tú puedas ser la heroína inocente. Lo que importa es quién está dispuesto a arrepentirse y quién a perdonar. A decir verdad, tener la razón puede ser muy peligroso para tu alma; porque es un

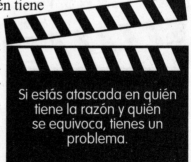

Si estás atascada en quién tiene la razón y quién se equivoca, tienes un problema.

lugar muy cómodo. Puedes simplemente sentarte y rehusarte a ir a ninguna otra parte. Tienes razón y de ninguna manera, de ninguna manera te moverás.

Escúchame: si algo aprendí al ministrar mujeres por todo el mundo, es esto: *lo que más hace tropezar a las creyentes no es nuestro propio pecado, sino nuestra respuesta pecaminosa a los pecados de otros.*

Hablo muy en serio, como Dios manda, cuando digo que nuestro pecado no es el problema. Es más, nosotras no somos el problema. *Ellas* son el problema. (¡Todas sabemos quiénes son *ellas!*) Nosotras somos señoras encantadoras de iglesia. No somos drogadictas ni alcohólicas. No tenemos problemas de apuestas. Ni siquiera somos adictas a las telenovelas… excepto por… pues bien, mejor cambiemos de tema. No somos fulanas que holgazaneamos en las cantinas. No navegamos en sitios pornográficos en la Internet.

Si lo dije una vez, lo diré un millón de veces más: nosotras no somos el problema. Ellas son el problema. Y *ese* es el problema. Porque cuando tú no eres el problema, y sabes muy bien que tienes la razón y la otra persona está equivocada, te ahogas, pero nadie llega a rescatarte.

Si te emborrachas o apuestas o te drogas, o duermes con otros hombres, a la larga una de tus hermanas en Cristo tomará el teléfono o te visitará para decirte: «En realidad no deberías hacer eso». Pero si eres nada más que una mujer de iglesia atrapada en un estado mental de puerca espín, lo más probable es que nadie jamás te dirá media palabra; no en tu cara, por lo menos. La verdad sea dicha, probablemente te mezclas muy bien en tu iglesia local, en donde puedes sentarte en cualquier silla e intercam-

> Si eres solo una mujer de iglesia atrapada en un estado mental de puerca espín, lo más probable es que nadie jamás te dirá media palabra.

biar relatos con otras mujeres desdichadas que tienen esposos infieles, hijos ingratos y amigas desagradecidas. Pueden turnarse para preparar los guiones de sus propios largometrajes, en los cuales cada una es la protagonista como la persona más maltratada y menos apreciada en la historia de la civilización humana. Y puedes sentarte en la banca para siempre y nunca hallar la esperanza y sanidad que necesitas con tanta desesperación como la mujer que vive en pecado flagrante. Triste es decirlo, pero a menudo ella, con mayor probabilidad, recibirá la ayuda que necesita antes que tú; excepto que ahora eres tú la que tomó este libro.

A menudo cuento el caso de una divorciada que conocí en una conferencia cristiana hace años. Su esposo era crónicamente infiel y, con el tiempo, la dejó por otra. Con toda claridad tenía la razón; su esposo estaba totalmente equivocado. Ella se paró frente a mí y todo su cuerpo temblaba mientras me contaba algunas de las cosas crueles que el hombre había hecho. Mi corazón se partió por ella. Pero, conforme más detalles empezaron a aflorar, me di cuenta que algo no encajaba. Yo había dado por sentado que el hombre simplemente la había dejado un mes atrás; la herida parecía tan fresca. Así que le pregunté: «¿Cuánto tiempo hace que tu esposo se fue?»

«Hace veintidós años», dijo ella.

Por poco me caigo al piso.

Ella no se inscribió para un matrimonio doloroso. Con certeza no se inscribió para el divorcio. Pero a menos que ella perdone a su ex esposo, a diario se inscribirá para permitir que el enemigo se divierta con su vida. Es interesante notar que no solo su salud era una ruina, sino que tenía hijos ya crecidos que tenían problemas de salud y en sus relaciones personales. Quiero decir problemas de tamaño de largometraje.

Pero ella tenía razón. Y, ¿a dónde la llevó eso? No muy lejos.

La iglesia lidia con los pecados externos de la conducta, pero es la actitud interna del corazón por lo que Dios se interesa. Créeme cuando te digo —porque lo sé por experiencia personal— que tu respuesta pecaminosa al pecado de otras es más contaminante y más dañina que el pecado que fue originalmente cometido en contra tuya. Son los pecados que están en el corazón los que drenan la vida de nuestras almas.

Esta es la verdad dura y fría que enfrentaremos en todas las páginas de este libro: todas atravesamos tiempos duros. Es inevitable, pero no es lo que nos sucede a nosotras lo que determina el tipo de personas que llegamos a ser; es la forma en que respondemos a lo que nos sucede. Tu esposo, tus hijos, tu jefe, tu iglesia; eso no es tu problema. Ellos pueden tener toda una carga de problemas, pero son de ellos. Tu problema es la forma en que respondes a los problemas de ellos. ¿Quieres darme una cachetada por decir eso, o qué? Adelante, lanza la mano. Pero te aseguro que lo que acabo de decir es verdad.

Aquella divorciada tenía muchos puntos excelentes. Tenía todo el derecho a sentirse devastada por el derrumbamiento de su matrimonio; pero también tenía derecho a sentir esperanza y sanar. Desdichadamente, no puede tener las dos cosas. En algún punto tendrá que desprenderse de la necesidad de tener razón y empezar a perseguir la necesidad de sanar. En algún punto tendrá que poner su dolor en perspectiva para darse cuenta de que no es la primera mujer a la que un hombre traiciona, y con toda certeza no será la última. Lo sé, porque ese es el punto al que finalmente he llegado en mi propia vida.

Tengo un retrato que me tomaron el 4 de mayo de 1999, y algún día tendré el valor de incluirlo en mi sitio web para que todo el mundo lo vea. Pero todavía no llego a ese punto. Si ves esa foto, concluirías que era una mujer de más de cincuenta años que se moría de alguna enfermedad terminal.

Ahora bien, no hay nada malo en parecer que se tiene cincuenta cuando una tiene sesenta. Pero yo tenía apenas treinta y algo. De paso, en efecto tenía una enfermedad terminal en ese tiempo. Era amargura. ¡Y me estaba matando!

Yo era toda una experta en los pecados de todos los demás. Repetidas veces le señalaba a Dios cómo todos me habían hecho daño. Finalmente él sostuvo ante mi cara el espejo de la verdad y dijo: «Hija mía, yo sé todo eso. Pero temo por ti. Mira a la mujer en el espejo».

Yo tenía razón; todos los demás estaban equivocados. Por lo menos, esa es mi historia y me sostengo en ella. Así que, ¿por qué era yo la que se veía y sentía como que moría? Es probable que hayas oído esto antes, pero pienso que es excelente:

> Aferrarse a la falta de perdón es como beber veneno
> de ratas y esperar que la rata se muera.

Espero que hayas captado el renglón de la oración de la monja del siglo diecisiete que dice: «Una vieja amargada es una de las obras culminantes del enemigo». Por eso la Biblia nos advierte:

> Asegúrense de que nadie deje de alcanzar la gracia de
> Dios; de que ninguna raíz amarga brote y cause dificultades y corrompa a muchos.
>
> Hebreos 12:15

A menudo le digo a la gente que, si no quiere desprenderse de la amargura por amor a sí misma, lo haga por sus hijos. Ellos son los que más sufren. Ellos son los que quedan contaminados. Si no me crees, pasa una hora con alguien cuyos padres atravesaron un amargo divorcio. Esas personas, por lo general, tienen mucho tiempo libre porque casi siempre son solteros (bien sea nunca se casaron o parece que no pueden quedarse casados). Quiero apresurarme para añadir que no son solo los divorciados los que pueden volverse amargados. Resulta que conozco a la *reina de las puercas espines*, y ella ha estado casada con el mismo hombre por cuarenta y cinco años.

Creo que la clave para el perdón es pedirle a Dios que nos ayude a ver con sus ojos a los que nos hicieron daño. Un poco de compasión permite poner los problemas en perspectiva. Toda persona tiene una historia para contar, y esa es la frase más verdadera en este libro. Sí, incluso la persona que más daño te hizo podría escribir su propio guión para un largometraje y, ¿adivina quién sería la heroína? Ahora bien, este es un pensamiento que asusta: ¿adivina quién sería la villana? ¡Tú! Todo el que te hizo daño a su vez sufrió lo mismo también. Y tal vez fue por eso que te lo hizo.

> La clave para el perdón es pedirle a Dios que nos ayude a ver con sus ojos a los que nos hicieron daño.

Personas significativas en tu vida te han desilusionado… algunas poco, otras demasiado. Tú no te inscribiste para una relación personal desilusionadora, pero ellos lo hicieron por ti. Ahora la pregunta permanece: ¿qué harás? ¿Vivirás tu vida consumida por la amargura? ¿Serás una puerca espín? ¿O permitirás que Dios sane tu herida?

Solo tú puedes decidir.

2
ME PARECE QUE MUERO

Pienso que en serio algo anda mal conmigo. Lo sé. Hallé otro abultamiento ayer.

Así empezó una conversación telefónica reciente con una cierta mujer cuyo nombre no viene al caso. A decir verdad, no necesita un nombre, porque pudiera ser casi cualquiera de nosotras, ¿verdad? Es decir, cualquiera de nosotras que reside en la *villa del largometraje*. ¿Descubriste alguna vez que ciertas mujeres casi se deleitan en descubrir nuevos indicios y síntomas? Pueden tomar la mancha más microscópica y convertirla en una proverbial montaña. Una mujer una vez me dijo que era «mortalmente alérgica» al chocolate y no había podido comerse ni una pizca de ese manjar en casi una década. *¿No comer nunca chocolate? ¡Qué trágico!, pensé. ¿Cómo puede esta querida santa soportarlo?* Aunque por lo general trato de comer de forma saludable (excepto cuando me entrego a una de mis famosas comilonas), casi ni puedo imaginarme las desdichas de una existencia que se vive enteramente desprovista de un ocasional confite de chocolate y mantequilla de maní.

Pienso que mi vida debe ser bastante aburrida porque el pensamiento de una existencia desprovista de chocolate me persiguió por varias semanas. Casi ni podía quitarme la idea de la cabeza: *¿nada de chocolate? ¿Nada de chocolate?* Vaya. Sabía que la mujer necesitaba serio respaldo en oración. Entonces empecé a preguntarme exactamente lo que ella quería decir por «mortalmente alérgica». Si el chocolate era suficiente para causarle una reacción casi mortal a una mujer, tal vez yo tenía una responsabilidad cívica para advertir a *todas* las mujeres de lo que pudiera ocurrirles algún día. El cuerpo humano siempre cambia y, quién sabe, algún día a lo mejor te levantarás y descubrirás que contrajiste esta mortal alergia.

Así que por fin le pregunté, con algo de temor en mi voz: «¿Qué te sucede exactamente cuando comes chocolate?»

A lo cual respondió con gran convicción: «Ah, me salen erupciones terribles en toda la piel».

Allí lo tienes. Una experiencia que raya en la muerte. Ya puedo leer el obituario:

> «Muerte por chocolate: 29 de abril de 2004. En una ciudad cualquiera, una mujer creyente no endulzada muere debido a tres grandes espinillas después de comerse una barra de galletas recubierta de chocolate. El funeral con ataúd cerrado se realizará en la Primera iglesia Cristiana».

Tengo otra amiga que era alérgica a todo alimento del planeta excepto el tofu. Estaba segura de que sus hijos también tenían varias alergias a alimentos, porque se volvían «increíblemente hiperactivos» cada día, y luego «se desplomaban» por la tarde. Nunca se le ocurrió que a la conducta «increíblemente hiperactiva» de ellos en forma explícita se le llama jugar, y que a la dramática «caída» se le llama siesta. Los niños jugaron y tomaron siestas desde la aurora del tiempo; pero no en su casa. En su casa era una producción dramática, un largometraje que requería pruebas avanzadas y médicas, y constante vigilancia de su parte.

Esto no quiere decir que uno no deba vigilar su cuerpo y decirle al médico si uno nota o siente algo mal. Tampoco digo que no haya cosa tal como alergia a alimentos o que no se deba salvaguardar la salud de los hijos. Hablo de *mantener las cosas en perspectiva*.

Soy la primera en admitir que, en muchas ocasiones en mi vida, he estado absolutamente segura de haber contraído alguna temible enfermedad. Por alguna razón siempre sospechaba de leucemia. Aunque no tenía ni la menor idea de cuáles son los síntomas reales de esa enfermedad, eso no me impidió diagnosticarme a mí misma con ella en numerosas ocasiones. Mi primer pensamiento, justo después de: «Pienso que me muero», era casi siempre: «Escribiré un libro al respecto, luego lo harán una película y todo el mundo sabrá cuánto sufrí». Ni dudarlo. Pocas cosas, aparte de una infancia horrorosa o un desastre natural, sirven para un largometraje como una enfermedad seria. De *Historia de amor* a *Endearment* y *Una caminata para recordar,* el mundo quedó cautivado por el relato de un moribundo. Por eso casi *saboreaba* el pensamiento de que algo en serio andaba mal en mí: *¡ahora lamentarán la forma en que me trataron! Ahora se darán cuenta de la joya que soy como persona. ¡Ahora por fin verán la verdad! Todo el que alguna vez me empujó a patadas se verá obligado a admitir, antes de que yo lance mi último suspiro, que se había equivocado.*

Por desdicha, resultó que mis únicos problemas eran comer demasiados carbohidratos refinados y agotarme emocionalmente al transformar mi más pequeño revés en un largometraje.

Una de las historias más tristes que conozco es la de una mujer que pasó toda su vida muriéndose. A decir verdad, ella estuvo tan atareada convenciéndose a sí misma y tratando de

persuadir a todos los que la rodeaban de que se moría, que se
había olvidado de vivir. Ahora tiene más de ochenta años, y a
pesar de sus temidas enfermedades, tanto reales como imagi-
narias, se las arregló para vivir tantos o más años de los que
la mayoría de personas jamás vivirán en el planeta. Pero en
lugar de vivir todos esos años, ella ha estado muriéndose todo
ese tiempo.

Una amiga mía que trabaja como enfermera en una población rural me contó un relato absolutamente cómico de
una mujer que era todo un paquete de enfermedades. Iba a la
clínica todas las semanas y se quejaba de una enfermedad u
otra. En una semana logró lo máximo: su propia experiencia
de casi morirse. Regresando de la clínica a su casa tenía que
atravesar debajo de un paso a desnivel recién construido. Al
hacerlo, oyó un fuerte estallido y sintió que algo le golpeaba
en la nuca. Se palpó y sintió que algo viscoso le chorreaba. Se
fue volando a la sala de emergencia más cercana y entró corriendo y gritando: «¡Me dispararon! ¡Me dispararon!» Los
médicos la examinaron y descubrieron rollitos pillsbury de
pan en la nuca; una lata de la masa se había reventado en el
asiento trasero de su coche.

Solo una verdadera reina del drama puede convencerse
de que *un francotirador le disparó desde el paso a desnivel*,
cuando en realidad lo que tenía eran los panes de la cena pe-
gados a la nuca.

Qué patético comentario de la soledad de nuestra cultura que algunas personas sientan que la única manera en que
pueden lograr algo de cariño o atención es enfermase. La hipocondría se define como «un desorden mental que se carac-
teriza por una preocupación por las funciones corporales y la
interpretación de las sensaciones normales o anormalidades
menores, como indicativos de problemas altamente perturba-

dores que necesitan atención médica». Muy interesante, un síntoma adicional de la hipocondría es que los que la sufren no tienen ni idea de que padecen de «largometrajitos». Es más, en lugar de tranquilizarse cuando el médico les dice que hacen de la celulitis una gran montaña, «los resultados negativos de las evaluaciones de diagnóstico y la seguridad de parte de los médicos solo *aumentan* la preocupación y ansiedad del paciente en cuanto a su salud; y el paciente continúa buscando atención médica»[1]. Hablando de círculos viciosos. ¡Vaya!

Los que la sufren no tienen ni idea de que padecen de «largometrajitis».

Por supuesto, estoy segura de que ninguna de ustedes es hipocondríaca, así que pasemos al problema que muchas de nosotras en realidad tenemos: literalmente estar enfermas, a diferencia de meramente imaginarnos que lo estamos.

¿Templos o tarros de basura?

Me alegro mucho de no ser médica. No que necesite serlo, porque todo lo que tengo que hacer es asistir a una reunión de oración en la iglesia y recibir todo un catálogo de informes médicos. Siempre me asombra el número de mujeres cristianas que parece que piensan que sus dolencias físicas constituyen un tema de conversación fascinante. No que eche la primera piedra, ¡porque yo solía ser la peor! Pasé casi dos décadas crónicamente enferma, así que sé lo que es sentirse enferma y estar cansada. Si no era una cosa, era otra. Dolores de cabeza, sinusitis, alergias, migrañas, garganta irritada, infecciones de las vías respiratorias, virus en el estómago, y eso para no mencionar toda gripe y resfrío que se aparecía. Constantemente tomaba antibióticos, sulfas, descongestionantes y remedios para la alergia. Tenía siempre a mano un frasco de medicina recetada contra la tos. Era como mi tarjeta de crédito American Express; nunca salía de casa sin ella. Pienso que yo sola mantenía a flote a las compañías farmacéuticas.

¿Saben qué es lo triste? Durante todos esos años era creyente. Amaba a Dios, pero con todo era una ruina física. Enferma y cansada. Esa era mi vida. ¿Saben algo, hermanas? Alabado sea Dios. Con honestidad puedo decir que ya no vivo así. En realidad no. No que me haya transformado en la muñeca Barbie con una Biblia, y que todos mis problemas hayan desaparecido. Todavía tengo «esos días», pero no es así como soy. Ya no estoy crónicamente enferma… y lo estuve *por años*. Ya no estoy crónicamente deprimida… y lo estuve *por años*.

La Biblia tiene respuestas reales para el caos en que estamos; no fórmulas mágicas. Esto es la vida real y no un largometraje. La Biblia no es una varita mágica que podemos agitar sobre nuestros problemas. Sin embargo, hallé dentro de sus páginas una senda a la salud y al bienestar. Eso cambió mi vida, y quiero contártelo.

¿Estás enferma y cansada de sentirte enferma y cansada? El problema es rampante en la iglesia. Una revista cristiana hizo una encuesta entre los pastores de toda la nación, y descubrió que el ochenta por ciento de todas las peticiones de oración en las iglesias tiene que ver con asuntos de salud. En mi libro previo: *This Isn't the Life I Signed Up For*, exploré una variedad de causas para la enfermedad y dolencias. No tengo la intención de volver a tratar ese tema aquí, excepto para decir lo más claro que pueda: la mayoría de nosotras *nos enfermamos a nosotras mismas* o, por lo menos, no hacemos lo suficiente para mantenernos saludables.

Un cuerpo creciente de ciencia médica provee la prueba convincente de que el setenta por ciento de las enfermedades degenerativas se relacionan directamente con nuestros esti-los de vida.[2] Demasiadas de nosotras las mujeres cristianas tratamos a nuestros cuerpos, que son templos del Espíritu Santo, como tarros de basura llenándonos con alimentos cha-tarra, gaseosas y café. Hubo un tiempo en que la glotonería se consideraba uno de los siete pecados capitales. La iglesia tomaba en serio la gula. Ahora es cosa común. ¿Alguna vez oíste un sermón en contra de comer demasiado? Pienso que es interesante que la caída de la humanidad tuviera que ver con una mujer que fue tentada por comida que parecía dema-siado buena como para dejarla pasar:

> La mujer vio que el fruto del árbol era bueno para co-mer, y que tenía buen aspecto y era deseable para adquirir sabiduría, así que tomó de su fruto y comió. Luego le dio a su esposo, y también él comió. En ese momento se les abrieron los ojos, y tomaron conciencia de su desnudez. Por eso, para cubrirse entretejieron hojas de higuera.
>
> Génesis 3:6-7

Noten cómo después de que Eva demostró su incapa-cidad para practicar el dominio propio en pre-sencia de comida tentadora, lo primero que necesito fue un nuevo traje. ¿Suena familiar? No sé en cuanto a ti pero, por cierto, no estoy en posición de juzgar a Eva. Me encanta la comida que se ve bien para comer: rosquitas, galletas, pasteles. A menudo me dedico a lo que llamo «comida de castigo». Cuando alguien lastima mis sentimientos, los castigo engullendo un galón de helado. Soy tan culpable como cualquiera de complacer a mis papilas

Es interesante que la caída de la humanidad tuviera que ver con una mujer que fue tentada por comida que parecía demasiado buena como para dejarla pasar.

gustativas de tiempo en tiempo, aunque sé que esos alimentos me llevarán a pecar. ¿Cómo? Alterando el azúcar en mi sangre y poniéndome irritable a los treinta minutos. Entonces me deprimo porque mi ropa ya no me queda. Como la mayoría de las mujeres, tengo tres tallas en mi armario: la talla que *debo* ponerme, la talla que *por lo general* me pongo, y la talla que me pongo en las mañanas y que usaba cuando mis hijos corrían por las colinas. (En nuestra casa, una mamá con sobrepeso es una gruñona.)

¿Es solo cosa mía o, de manera literal, comer toda esa chatarra te enferma? Y, si te dedicas a una comilona de dos semanas, ¿sientes como si te murieras? Así es. Yo también.

No digo que debemos matarnos de hambre nosotras mismas para poder parecernos a estrellas de cine interpretando en la pantalla de nuestro propio largometraje. A lo que me refiero es que necesitamos usar la sabiduría cuando se trata de cuestiones de comida. Además de comer demasiado, y todos los problemas que eso produce, muchas tropiezan con la bulimia, anorexia y otros desórdenes alimenticios. Pídele al Espíritu Santo que te guíe a un enfoque equilibrado en tus hábitos alimenticios.

> Como tenemos estas promesas, queridos hermanos, purifiquémonos de todo lo que contamina el cuerpo y el espíritu, para completar en el temor de Dios la obra de nuestra santificación.
>
> 2 Corintios 7:1

Pregúntate esto: ¿los alimentos que como purifican o contaminan mi cuerpo? Es importante hallar un balance saludable entre cuidar demasiado o poco nuestro cuerpo. Algunas mujeres se obsesionan por su apariencia personal, y se desinflan emocionalmente si tienen siete kilos de sobrepeso. (Debería saberlo porque yo soy una de ellas.) Otras mujeres descuidan por completo su apariencia y dicen que tales preocupaciones no son espirituales. Por supuesto, este argumento tendría peso (juego de palabras a propósito) si estas mujeres dedicaran todo su tiempo a esfuerzos espirituales en lugar de hacer ejercicio treinta minutos al día. Todas sabemos que ese no es el caso; es simplemente una excusa.

Si estás demasiado ocupada como para hacer ejercicio por treinta minutos al día, estás más ocupada de lo que Dios quiere que estés. Pienso que te dices a ti misma lo indispensable que eres para todos las veinticuatro horas del día. Comprobación de la realidad: el mundo continuará girando si tú separas treinta minutos para ir a dar una caminata. La casa no se derrumbará mientras estés fuera; tu esposo y tus hijos se las arreglarán sin ti. Es más, un poco de ausencia puede hacer que sus corazones te añoren. Mejor todavía, lleva a tu familia contigo a la caminata.

Muchas mujeres no hacen nada de ejercicio porque piensan que tendrían que someterse a algún régimen grandioso de ejercicios. Si no pueden pasar dos horas en el gimnasio en una batalla valiente, de vida o muerte, para transformarse en talla ocho dentro de doce semanas, no vale la pena el esfuerzo. ¡Se equivocan! Tu programa de ejercicios no tiene que constituir una interpretación que se merezca un premio Oscar. No tiene que ser una competencia. No tienes que inscribirte para un maratón. No hay necesidad de imaginarte que eres una versión femenina de Rocky (aunque debo admitir que me encanta escuchar la pista musical de Rocky cuando brinco en mini trampolín.) No tiene que ser una gran producción. Simplemente ponte un par de tenis y da a una caminata alrededor de tu manzana.

Tu cuerpo es una herramienta para servir a Dios. Es el único sacrificio vivo que tienes para ofrecerle. No permitas que tu cuerpo se convierta en un tirano que determina lo que puedes o no hacer. Se supone que debes estar a cargo, así que, ¡toma las riendas! La próxima vez que tu cuerpo te diga: «Estoy cansado. Acostémonos en el sofá y comamos papitas fritas», di: «No, cuerpo. Tú no mandas. Yo soy el cerebro en esta operación. Y digo que nos levantaremos, alistaremos una botella de agua, y daremos una caminata. Mientras lo hacemos, repetiremos unos cuantos versículos bíblicos que memoricé. Luego oraremos por nuestros vecinos. Así que, cuerpo, toma eso».

> Tu cuerpo es una herramienta para servir a Dios. Es el único sacrificio vivo que tienes para ofrecerle.

¡DAME UN MILAGRO DE LARGOMETRAJE!

Otra manera en que el modo de largometraje se puede manifestar en cuanto a la enfermedad es en nuestro deseo de una sanidad dramática. ¿Acaso no todos quieren experimentar un milagro? ¿No sería eso asombroso? ¿No solo sentir el poder de Dios que obra en tu vida, sino levantarte en la iglesia y decirles a todos lo que Dios hizo en ella? ¡Vaya! ¡Inscríbame! ¡Yo acepto el papel de protagonista en esa película!

En el transcurso de estos últimos meses he presenciado un milagro de cerca y personal. Aly Pflugfedder, de treinta y dos años y madre de tres hijos, asistía al estudio bíblico semanal que enseño en mi iglesia. En enero de 2004 le diagnosticaron un posible cáncer en los ovarios, un tumor en su pituitaria y un quiste en la tiroides. Empezamos un ayuno de oración de cuarenta días por su sanidad. El 3 de marzo de 2004 los cirujanos la operaron y, para su gran sorpresa, no hallaron ningún tumor maligno a pesar de que todas las pruebas indicaban que estaba invadida de cáncer. Le hicieron una histerectomía, puesto que ella era proclive al cáncer de los ovarios; pero su cuerpo había sido restaurado a la salud normal más rápido de lo que cualquiera podía haber imaginado. Aly dice que quería gritar desde las cumbres de las montañas lo que Dios había hecho en su vida. Ella en verdad es un testimonio vivo del poder de Dios, y experimentó un milagro digno de un largometraje.

Pero pienso que a menudo soslayamos los milagros ordinarios que Dios realiza en nuestras vidas cotidianas simplemente porque *no* son dramáticos o de tamaño de largometraje. Permíteme presentarte a alguien que había decidido conformarse con nada menos que un milagro digno de un Oscar:

Naamán, jefe del ejército del rey de Siria, era un hombre de mucho prestigio y gozaba del favor de su rey porque, por medio de él, el SEÑOR le había dado victorias a su país. Era un soldado valiente, pero estaba enfermo de lepra.

En cierta ocasión los sirios, que salían a merodear, capturaron a una muchacha israelita y la hicieron criada de la esposa de Naamán. Un día la muchacha le dijo a su ama: «Ojalá el amo fuera a ver al profeta que hay en Samaria, porque él lo sanaría de su lepra».

Naamán fue a contarle al rey lo que la muchacha israelita había dicho. El rey de Siria le respondió:

—Bien, puedes ir; yo le mandaré una carta al rey de Israel.

Y así Naamán se fue, llevando treinta mil monedas de plata, seis mil monedas de oro y diez mudas de ropa. La carta que le llevó al rey de Israel decía: «Cuando te llegue esta carta, verás que el portador es Naamán, uno de mis oficiales. Te lo envío para que lo sanes de su lepra»

Al leer la carta, el rey de Israel se rasgó las vestiduras y exclamó: «¿Y acaso soy Dios, capaz de dar vida o muerte, para que ese tipo me pida sanar a un leproso? ¡Fíjense bien que me está buscando pleito!»

Cuando Eliseo, hombre de Dios, se enteró de que el rey de Israel se había rasgado las vestiduras, le envió este mensaje: «¿Por qué está Su Majestad tan molesto? ¡Mándeme usted a ese hombre, para que sepa que hay profeta en Israel!»

Así que Naamán, con sus caballos y sus carros, fue a la casa de Eliseo y se detuvo ante la puerta. Entonces Eliseo envió un mensajero a que le dijera: «Ve y zambúllete siete veces en el río Jordán; así tu piel sanará, y quedarás limpio.

Naamán se enfureció y se fue, quejándose: «¡Yo creí que el profeta saldría a recibirme personalmente para invocar el nombre del SEÑOR su Dios, y que con un movimiento de la mano me sanaría de la lepra! ¿Acaso los ríos de Damasco, el Abaná y el Farfar, no son mejores que toda el agua de Israel? ¿Acaso no podría zambullirme en ellos y quedar limpio?» Furioso, dio media vuelta y se marchó.

2 Reyes 5:1-12

¿Por qué se enfureció tanto Naamán? Porque sin duda había formulado en su propia mente con exactitud cómo debía tomar lugar el milagro: drama. Esto es lo que esperaba. Tal vez Eliseo tendría docenas de personas danzando y cantando en círculo alrededor de él, mientras otros tocaban tambores. Con certeza, un nutrido público de gente local se reuniría

para presenciar esta auspiciosa ocasión, luego lo honrarían
en una ceremonia especial para reconocer cómo Dios lo había seleccionado en forma expresa para ser beneficiario de un
encuentro tan poderoso y milagroso.

¡Eliseo ni siquiera salió de la casa para ver a Naamán!
Qué insulto. Más bien, envió a un criado subalterno con ins-
trucciones para que Naamán se lavara siete veces en el río
Jordán. Bien pudiera haberle dicho igual que fuera «a freír
espárragos». Por eso Naamán estalló. Se sintió insultado porque Eliseo no hacía gran bullicio por la sanidad. ¿Dónde estaba el entusiasmo? ¿Dónde estaba el melodrama? ¿Cómo se
puede hacer un largometraje sobre alguien que se sumerge en
un río?

La iglesia de hoy está llena de gente afligida en espíritu, alma y cuerpo; y muchos buscan curas milagrosas. Y sí,
estoy convencida de que Dios todavía realiza milagros. Pero
mucho más a menudo, él solo dice, como Eliseo le dijo a Naamán: «Lávate y serás limpia». Para la mayoría de nosotras la
sanidad no se halla en lo extraordinario sino en lo ordinario;
cosas sencillas que damos por sentado; cosas sencillas que a
menudo soslayamos.

Sí, Dios puede sanar a los enfermos mediante intervención milagrosa pero, ¿no es un milagro que él creó a los seres humanos con la capacidad de hallar curaciones para tantas enfermedades? ¿Y no es incluso un milagro mayor que
nuestros cuerpos fueron creados para sanarse a sí mismos?
Cortes, laceraciones, gargantas irritadas y dolores de cabeza
nos recuerdan que, incluso sin intervención humana, nuestros cuerpos a menudo pueden sanar. ¿No es un milagro que
Dios haya colocado alimentos sanadores (enriquecidos con
vitaminas, minerales y nutrientes vitales) en la tierra: frutas,

legumbres, hierbas y granos? ¿No es un milagro que estos alimentos tengan el poder de fortificarnos contra enfermedades? ¿No es un milagro que podamos alterar nuestros cuerpos solo al comer ciertos alimentos?

Sí, Dios puede dar sanidad emocional de una manera dramática por medio de un poderoso guerrero de oración que interceda a nuestro favor, pero mucha mayor sanidad resulta en los corazones humanos mediante la meditación diaria de la Palabra de Dios.

Sí, Dios puede designar a alguien que «te diga una palabra» en tu vida, pero, ¿no es menos milagroso que él haya preservado su Palabra a través de miles de años de guerras y desastres? Piensa en los tiranos que a través de los tiempos trataron de destruir la Biblia y, sin embargo, la misma sigue entre nosotros. ¡Qué milagro!

Y, ¿no es milagroso que tengamos la capacidad de leer? ¿Que nuestros ojos puedan mirar trazos en una página, y estos puedan cambiar lo que somos y cómo vivimos?

No pasemos por alto los milagros ordinarios que nos rodean todos los días. ¿Necesitas uno en tu vida? Si Dios te dijera, en este mismo momento, que hicieras algo milagroso, pienso que con toda probabilidad lo harías. Pero tal vez Dios te está animando a que te aproveches de los milagros ordinarios que él ya proveyó. Hace varios años, en la noche de año nuevo, nuestro pastor nos animó a inclinar la cabeza para pedirle a Dios un milagro poderoso en el año que llegaba. ¿Sabes lo que Dios me dijo al corazón en esa noche de diciembre? Me dijo: «Donna, si realmente quieres ver un milagro poderoso en tu vida, aprende a hacer con mayor fidelidad las cosas pequeñas».

¿Cosas pequeñas con mayor fidelidad? De allí es de donde viene el poder real en la vida cristiana. Antes de pedir intervención divina y milagros poderosos, seamos fieles para ponernos a disposición del poder de los milagros ordinarios que él ya suplió.

Entonces, en lugar de quedarte sentada pensando: *a lo mejor me muero,* puedes ponerte de pie y gritar: «Gracias Dios, ¡por fin estoy viviendo!»

3
MIS POBRES NERVIOS

«No tienes ni idea de cuánto sufro con mis pobres nervios», declara la madre hecha un manojo de nervios en *Orgullo y prejuicio*. A lo cual su esposo, con calma, responde: «Te equivocas, querida. Tengo muy alta opinión en cuanto a tus pobres nervios. Han sido mi compañía constante por estos veinticinco años». Algo me dice que los esposos por todo el mundo dirán un amén de corazón a eso. ¡Las mujeres y sus pobres nervios! Hoy, lo llamamos cambios de genio, SPM, depresión o el cambio. Llámenlo como quieran, las mujeres por largo tiempo han permitido que sus emociones gobiernen sus vidas. Los resultados siempre son destructivos. En el capítulo anterior vimos algunas de las razones por las que a veces nos sentimos que «a lo mejor nos morimos», y una de ellas era la de tratar a nuestros cuerpos como canecas de basura. Pero, ¿sabes lo que es incluso peor? ¿Lo que realmente trastorna nuestras vidas, salud y relaciones personales? ¡Somos un manojo de nervios!

Puesto que fui un caos emocional el mes pasado (ya que lucho por terminar este libro), ¡puedo en forma definitiva ser una testigo del tema! Apenas el otro día mi esposo dijo: «El problema es que cuando *estás* en tensión, eso afecta a todos los que te rodean». Como dice el viejo refrán: «Si mamá no está contenta, nadie lo está». Y muchas madres no están contentas en estos días. Sus desdichas literalmente enferman a los que las rodean. (Apenas como un aparte, ¿alguna vez dijiste la frase: «Me enfermas»? Estoy segura que no pero, ¿alguna vez alguien te la dijo? Triste es decirlo, pero esta expresión puede en realidad ser verdad. Los seres humanos pueden, en forma literal, afectarse la salud unos a otros.)

Algún día escribiré un libro sobre un tema que domino. Pero, para tomar prestada una frase de Aragorn en *The Return of the King* [El retorno del rey, del Señor de los anillos]: «No este día». Hoy escribo desde el frente de batalla sobre un tema en el que la guerra todavía ruge y tengo que lograr la victoria. La verdad sea dicha, se me propinó una poderosa derrota apenas anoche. Así que esta mañana no me siento como una «experta» sobre la vida cristiana o alguna otra cosa. No me siento calificada para impartirte mi «sabiduría y nociones superiores». Parte de mí quiere dejar la pluma y cerrar la computadora portátil. Tal vez deba esperar hasta hallar algunas respuestas para volver a empezar. Sin embargo, continúo esforzándome. Tomé una decisión hace mucho de que mi trabajo era simplemente contar mi jornada por la vida a todo el que quiera caminar un kilómetro o dos en mi compañía.

Quiero que sepas que lo que estoy a punto de hablar son las cosas que Dios todavía trata de hacer que penetren en mi cabeza dura. Bien, parezco decidida a continuar dando vueltas por la misma montaña tonta, mientras Dios está igualmente decidido a que yo siga volviendo y volviendo hasta que por fin aprenda mi lección. Algún día voy a sobresalir en una de estas pruebas. Algún día, pero no hoy. Hoy, lucho. Mientras tanto, las respuestas están todas en la Palabra de Dios, y la verdad es verdad sea que escoja andar en su luz o no. Con esas salvaguardas en mente, aquí vamos.

Si hay algún aspecto en mí que me causa suficiente dolor como para constituir un largometraje, son mis emociones desbocadas. Cuando seguimos nuestros sentimientos en lugar de andar en obediencia, estamos en una senda que garantiza una adversidad tras otra.

El primer himno que recuerdo haber cantado como nueva creyente fue «Confiar y obedecer».

Confiar y obedecer, porque no hay otra manera de ser feliz
en Jesús sino confiar y obedecer.

Si yo hubiera tomado esas palabras de corazón, los últimos veinticuatro años habrían sido una experiencia diferente por completo. Tendría muchas más amigas y muchos menos remordimientos. Algo me dice que no estoy sola, porque encuentro a muchas mujeres cristianas que sufren. De alguna manera pensamos que podemos dudar y desobedecer, y sin embargo ser felices. No funciona. Tenemos que confiar en Dios y hacer lo que él dice.

Dudar y desobedecer, porque no hay otra manera de
ser desdichada como creyente sino dudar y desobedecer.

Sé lo que piensas: *¿dudar y desobedecer? Pues bien, felizmente no hago ninguna de esas cosas.* ¿Cómo sé lo que piensas? Porque eso es exactamente lo que pensaba cuando Dios me sentó y me dijo: «Tenemos que hablar». Eso fue hace como cinco años. En ese tiempo yo estaba muy atareada haciendo dos cosas: (1) felicitándome por no ser ya una «pecadora», y (2) tratando de pensar por qué mi vida era tal caos. Había sido creyente por casi veinte años y había compartido mi «caos-timonio» —perdón, quiero decir, testimonio— con gente de todo el mundo. Era tal bendición poder decir cómo Dios me había librado al instante de las drogas. Me había sacado de la esclavitud al pecado flagrante, y de la tierra de Egipto. Por supuesto, no estaba con muchas ganas de mencionar que no había marchado exactamente en forma directa a la Tierra Prometida. Es más, todavía vagaba por el desierto. Francamente, algunos días, todavía lo estoy. Al parecer tengo una ciudadanía doble: una es la del desierto, la otra, la de la Tierra Prometida; así que puedo pasar de un lado a otro a voluntad.

Como ves, ya no era una drogadicta. Esas son las buenas noticias. Alguien podría con seguridad, hacer un largometraje triunfante sobre esa parte. Ahora la parte mala: era una mujer de edad media sola y confundida, que rápidamente se convertía en una *vieja* sola y confundida, mucho antes de que me llegara el tiempo. Era creyente, y hacía todas las cosas debidas. Iba a la iglesia en lugar de a la cantina. Leía la Biblia en lugar de novelas de color subido. Veía programas instructivos en lugar de películas de contenido inmoral. Escribía a mi congresista cada vez que no defendía los valores familiares. Incluso educaba en casa a mis hijos en un esfuerzo valeroso de criar a la nueva generación de «poderosos guerreros» de Jesús. Hacía todo lo que sabía con el fin de que la vida cristiana funcionara.

Pero no funcionaba. Como admití anteriormente, era una ruina física y emocional, pero no podía entender por qué. ¿Malos genes? ¿Mala suerte? Tal vez el diablo me atacaba, o el mundo estaba en mi contra. Entonces llegué a ese maravilloso lugar llamado el mismo fondo, y estuve lista para admitir qué tan impotente era frente a las emociones desbocadas que gobernaban mi vida.

Así que tomé mi diario de oración y escribí una pregunta para Dios que llegó a ser el momento decisivo en mi vida. Antes de avanzar más, permíteme detenerme y decir que es-

> Al parecer tengo una ciudadanía doble: una es la del desierto, la otra, la de la Tierra Prometida; así que puedo pasar de un lado a otro a voluntad.

cribirle una pregunta a Dios es un ejercicio espiritual increíblemente poderoso. Te animo a que lo intentes. Simplemente consíguete un cuaderno en limpio y escribe, en forma de pregunta, lo que sea que te fastidia. Luego, observa la respuesta. Esa es la clave. Creo que Dios constantemente habla en nuestras vidas, pero puesto que no esperamos que él nos diga nada, no nos damos cuenta de lo que sucede. Es como estar en un cuarto atiborrado en donde alguien te mira y empieza a responder a una pregunta que tú no hiciste. Las primeras palabras que salen de tu boca probablemente serán: «¿Me hablas a mí?»

Así que ponlo por escrito y presta atención a lo que sucede luego. Entonces no tendrás que preguntarte si Dios te habla. Tendrás la respuesta. Esta es la pregunta acuciante que hice:

¿Cuál es la fuente y solución para mi enfermedad crónica?

Como una semana más tarde, Dios me dio una respuesta clara y contundente en las páginas de un libro devocional titulado *Come Away, My Beloved*, de Frances Roberts:

¿Cómo puedo darte sanidad para tu cuerpo mientras hay ansiedad en tu mente? Mientras haya trastorno en tus pensamientos, habrá enfermedad en tu cuerpo. Necesitas muchas cosas, pero una en particular debes desarrollar para tu propia preservación, y es una absoluta confianza en mi cuidado amoroso.

«Vengan a mí [está escrito] todos ustedes que están cansados y agobiados, y yo les daré descanso» (Mateo 11:28.) Solo cuando tu mente esté en reposo, puede tu cuerpo edificar salud. El afán es una fuerza activamente destructiva. La ansiedad produce tensión, y la tensión es el camino al dolor. El temor es devastador para el bienestar físico del cuerpo. La cólera hecha en el sistema un veneno que ningún antibiótico puede jamás contrarrestar.

Diez minutos de una rabieta desenfrenada pueden desperdiciar suficiente fuerza como para hacer medio día de trabajo sano. Tu energía física es un don de Dios que se te confió para que lo emplees para su gloria. Es un pecado tomar su don y disiparlo por las trampas de las emociones malas de la disposición.

No mires a otros y los condenes por poner en peligro su salud con hábitos dañinos [fumar, beber licores, drogas, relaciones sexuales ilícitas] y por desperdiciar energías en esfuerzos vanos mientras tú misma socavas tu salud con emociones malsanas. En vez de dedicar tu tiempo a pensamientos destructivos como la lástima, el remordimiento y otras conjeturas dañinas, deberías mantener tu mente en pensamientos constructivos como una actitud de alabanza y fe».[1]

Esa fue mi respuesta. Y aunque todavía me resta un largo camino para avanzar en términos de implementar esa respuesta, por lo menos ya no vago en la oscuridad. Por lo menos hay una columna de humo durante el día y otra de fuego por la noche. Por lo menos ahora me dirijo en la dirección correcta; y eso vale la pena. Quiero echar un rápido vistazo a lo que la Biblia dice en cuanto a cada una de esas emociones que pueden causar trastornos en nuestros pobres nervios, y eso para no mencionar a nuestros pobres amigos y parientes. Pero antes de hacerlo, quiero hacerte una pregunta sencilla: cuando Dios te dice que hagas algo y haces lo opuesto, ¿cómo se llama eso? Se llama pecado. Aunque el pecado no sea inmoral o ilegal, aunque no parezca que sea un ataque flagrante contra la fibra moral de nuestra nación, si Dios dice que no, y tú lo haces,

> Las emociones pueden causar trastornos en nuestros pobres nervios, y eso para no mencionar a nuestros pobres amigos y parientes.

es pecado. Se llama desobediencia. ¿Recuerdas mi pequeño poema en cuanto a dudar y desobedecer? Cuando termines este capítulo, tal vez cambies de parecer en cuanto a si esto se aplica o no a tu vida.

1. PREOCUPACIÓN

El primer pecado sancionado por la iglesia que necesitamos explorar es la preocupación. Irónicamente, no solo que una puede escaparse con este, sino que la gente en realidad te aplaude por ser una persona tan «preocupada». Incluso tenemos ciudadanos y líderes «preocupados». Pero Jesús dijo:

> ¿Quién de ustedes, por mucho que se preocupe, puede añadir una sola hora al curso de su vida?
>
> Mateo 6:27

La preocupación no es nada más que duda glorificada. Cuando te preocupas por la ropa, o la comida, o lo que pueda suceder mañana; cuando te preocupas por tus hijos, o el empleo de tu esposo; cuando te preocupas por cuántas personas asistirán a la reunión que planeas auspiciada por la iglesia, dudas de Dios. Y sí, cuando te preocupas que el país se vaya por el caño, dudas de Dios que dijo:

> Si mi pueblo, que lleva mi nombre, se humilla y ora, y me busca … yo lo escucharé desde el cielo … y restauraré su tierra
>
> 2 Crónicas 7:14

Al enfocar tus energías mentales en las cosas que Dios, con facilidad pudiera atender si simplemente se lo pidieras, dices: «Dudo de Dios. No creo que él en realidad me pueda cuidar. Tengo que cuidarme yo mismo. No puedo confiar en que Dios cuidará de mi familia y de mis finanzas (o de esta nación, a propósito), así que tengo que atender esto por mi cuenta».

Muchas dicen que simplemente no pueden memorizar pasajes bíblicos. Es demasiado difícil o no tienen tiempo. Pero todo lo que tienes que hacer es meditar en ellos con frecuencia. ¿Qué es la preocupación? La preocupación no es otra cosa que meditación, porque la meditación es simplemente pensar en lo mismo una y otra vez. ¿No es interesante que la misma mujer que no puede memorizar un solo versículo bíblico pueda recitar el capítulo y versículo de todos sus problemas y de las faltas de su esposo? No es ningún misterio. Dios es un genio, y cuando él creó el cerebro humano —incluyendo tu cerebro—, moldeó una obra maestra que absoluta y positivamente recordará cualquier cosa que repitas una y otra vez en tu cabeza.

Entonces Dios te da a escoger. ¿Qué es lo que quieres recordar? ¿Su bondad y misericordia o la ocasión cuando tu ex mejor amiga te lastimó los sentimientos? Lo que sea que piensas una y otra vez se filtrará a tu alma y será hebra y trama de tu ser. El problema es que meditas en tus problemas. ¿Qué bien posible puede hacerte eso? Así que toma la misma destreza que has desarrollado en todos los años de preocuparte —es decir, la capacidad de tocar el mismo disco una y otra vez— y dale buen uso.

La expresión «preocupado hasta enfermarse» debería provocar que hiciéramos un alto para considerar si la preocupación es la mejor inversión de nuestro tiempo. En contraste, la Biblia dice que meditar en la Palabra de Dios puede, en forma literal, dar sanidad física y emocional:

> Hijo mío, atiende a mis consejos; escucha atentamente lo que digo. No pierdas de vista mis palabras; guárdalas

muy dentro de tu corazón. Ellas dan vida a quienes las hallan; son la salud del cuerpo.

Proverbios 4:20-22

Permíteme darte un consejo práctico sobre cómo puedes poner esto en práctica en tu propia vida. Si tienes una medicina recetada que debes tomar todos los días, escribe esto en una etiqueta y pégala al envase: *tomar la medicina con meditación.*

Yo ya no tomo medicinas recetadas (no tienes ni idea del triunfo que es esto.) Sin embargo, sí tomo suplementos de nutrición (visita www.donnapartow.com para ver mis recomendaciones.) Las tengo en una canasta en el mostrador de mi cocina. En la canasta puse un sinnúmero de tarjetas de versículos bíblicos. Cada mañana, mientras tomo mi batido de proteínas y mis suplementos, repaso unos cuantos versículos. Es así de sencillo. A menudo les digo a las mujeres que si añaden un poco de meditación a su medicina, hallarán que a la larga necesitarán tomarla menos. Por supuesto, numerosas mujeres me aceptaron el reto y después me envían correos electrónicos para decir: «Volví al médico, y decidió reducir la dosis de mi medicina para la presión arterial».

Jesús dijo: «No se preocupen» (Mateo 6:25). Eso no fue una sugerencia; fue un mandato. La cura para la preocupación es la meditación.

2. Ansiedad

Si la preocupación es cuestión de pensar: «¿Qué tal si esto y esto no sucede?», la ansiedad avanza un paso más para preguntar: «¿Qué tal si sucede?» ¿Cuántas de nosotras nos quedamos despiertas por la noche, trastornadas por la ansiedad, y nos imaginamos giros y vueltas que harían que un largometraje se vea aburrido? ¿Qué tal si esto, qué tal si aquello,

qué tal si lo de más allá? ¿Piensas que eso no afecta a tu
salud, o a tus pobres nervios? Piénsalo de nuevo.

Alégrense siempre en el SEÑOR. Insisto: ¡Alégrense!
Que su amabilidad sea evidente a todos. El SEÑOR está
cerca. No se inquieten por nada; más bien, en toda ocasión, con oración y ruego, presenten sus peticiones a Dios
y denle gracias. Y la paz de Dios, que sobrepasa todo entendimiento, cuidará sus corazones y sus pensamientos
en Cristo Jesús. Por último, hermanos, consideren bien
todo lo verdadero, todo lo respetable, todo lo justo, todo
lo puro, todo lo amable, todo lo digno de admiración, en
fin, todo lo que sea excelente o merezca elogio. Pongan en
práctica lo que de mí han aprendido, recibido y oído, y lo
que han visto en mí, y el Dios de paz estará con ustedes.

Filipenses 4:4-9

¿Cuál es la cura para la ansiedad? La oración. Es un cliché
pero funciona: tal vez no sepas lo que nos depara el futuro,
pero si conoces al que tiene el futuro, ¿de qué te preocupas?
Volvemos a la duda y desobediencia, ¿verdad? En realidad no
le crees a Dios cuando dice: «El SEÑOR está cerca», y escoges
desobedecerle cuando dice: «No se inquieten» sino más bien
«oren». Sin embargo, si escoges confiar y obedecer, Dios te
dará la paz que trasciende todo entendimiento. Eso, por supuesto, es el problema real para nosotras. No queremos la
paz que no tiene sentido, una paz a pesar de nuestras circunstancias. Queremos la paz que tiene sentido perfecto debido
a que nuestras circunstancias son pacíficas y la vida siempre
marcha a nuestra manera. Pero Dios no promete esa clase
de paz. La palabra hebrea para paz es *shalom*, y quiere decir
integridad o bienestar total en tu espíritu, alma y cuerpo. Eso
es lo que Dios quiere para sus hijos. Él quiere que podamos
decir, suceda lo que suceda: «Todo está bien en mi alma».

Porque una paz que depende de circunstancias pacíficas no vale la pena tenerla.

3. Temor

Sin duda oíste la expresión de que el noventa por ciento de lo que tememos nunca sucede. Qué desperdicio de tiempo y energía emocional. El temor es verdaderamente una emoción destructiva, porque echa al torrente sanguíneo una sustancia química llamada adrenalina. ¿Escuchaste la frase: «Se murió del susto»? Puede ser literalmente verdad. Demasiada adrenalina puede producir un ataque cardíaco. Incluso toda una vida de temor a bajo nivel puede vaciar tus glándulas suprarrenales —lo que es particularmente debilitante para las mujeres— y conducir a la osteoporosis y varias complicaciones durante la menopausia; y sí, a la muerte prematura. Dios se preocupa por nuestros pobres nervios porque, entre otras cosas, él no quiere que nuestras vidas se acorten. Por eso la Biblia nos ordena ochenta y tres veces: «No temas». ¿Puedes adivinar qué es lo opuesto al temor? Confianza. La palabra *confía* aparece ochenta y siete veces. Este es un buen ejemplo:

> Pero ahora, así dice el Señor, el que te creó, Jacob, el que te formó, Israel: «No temas, que yo te he redimido; te he llamado por tu nombre; tú eres mío. Cuando cruces las aguas, yo estaré contigo; cuando cruces los ríos, no te cubrirán sus aguas; cuando camines por el fuego, no te quemarás ni te abrasarán las llamas. Yo soy el Señor, tu Dios, el Santo de Israel, tu salvador; yo he entregado a Egipto como precio por tu rescate, a Cus y a Seba en tu lugar. A cambio de ti entregaré hombres; ¡a cambio de tu vida entregaré pueblos! Porque te amo y eres ante mis ojos precioso y digno de honra. No temas, porque yo estoy

contigo; desde el oriente traeré a tu descendencia, desde el occidente te reuniré.

Isaías 43:1-5

Nota que Dios no dice: «Nunca jamás te sucederá nada que te asuste. Dispondré tu vida de modo que no tengas nada que temer». Más bien lo opuesto. La indicación clara del pasaje es que encontrarás situaciones en que lo más natural del mundo será «morirse del susto». Ríos rugientes, incendios. Cualquier mujer en sus cabales tendrá miedo de tales cosas. Podríamos añadir fácilmente a la lista adolescentes y menopausia, porque estas cosas son igualmente aterradoras. Pero Dios dice: «Quiero que mires de frente a las situaciones que causan miedo y tomes una decisión consciente de confiar en mí, sea como sea. Quiero que confíes en mí, y sepas que te amo y que te cuidaré». La cura para el temor es la confianza.

4. IRA

De todas las personas que conozco que sin duda alguna podrían calificar para una película especial de toda una vida, mi amiga Raquel estaría a la cabeza. Se casó con un hombre muy rico, guapo y encantador que resultó ser un alcohólico que la golpeaba, incluso mientras continuaba dirigiendo una empresa de varios millones de dólares. Cuando murió el esposo de Raquel debido a una sobredosis a los treinta y siete años, la madre de él le echó la culpa a Raquel; lo que era ridículo porque ella era impotente para detener la adicción de su esposo. Pocos sufrieron más a manos de él que Raquel y sus tres pequeños hijos. Con todo, su suegra contrató abogados para literalmente robarles a ella y sus nietos la herencia que les tocaba. Hizo todo lo que pudo para hacerles más difícil la vida. Casi todas las veces que hablaba con Raquel, estaba furiosa y alterada por la situación. Con justificación, añadiría.

Un día, mientras ella se desfogaba por la más reciente cosa podrida que su suegra había hecho, le dije: «Suena como si ella estuviera con gran dolor. Ella no quiere enfrentar la verdad en cuanto a su hijo. Pienso que deberías orar por ella». Más tarde me dijo que la oración en realidad cambió su corazón hacia su suegra, aunque eso no cambió la conducta de su suegra. La mujer ahora se está muriendo, así que Raquel llevó a sus hijos a visitarla. Pudieron hablarle a la abuela con bondad, y la vieron a través de los ojos de compasión de su madre. Más importante todavía, Raquel se siente de maravilla porque no permitió que esta persona rabiosa la convirtiera en una persona rabiosa.

Aunque no lo creas, la cura para la cólera es la compasión. Es aprender a ver a la persona que te hace daño como alguien que sufre. Piensa en una persona rabiosa en este mismo momento. En lugar de recapitular tu melodrama a todos los que te rodean, haz una pausa y ora. Pídele al SEÑOR que te ayude a ver a esa persona con ojos de compasión. Una vez oí decir que sabrás que has perdonado a alguien cuando algo bueno le suceda a esa persona y realmente te alegras. Recuerdo pensar: *cómo no, desde luego. ¡Claramente no sabes lo que esa persona me hizo!* Sin embargo, empecé a orar y le pedí a Dios que me diera su compasión. Como un mes después, a la persona que me enfurecía tanto le sucedió algo maravilloso; y yo me alegré de verdad. El mero hecho de que estuviera alegre hizo que me alegrara incluso más, porque vi que había esperanza para «mis pobres nervios» después de todo. No tenemos que dejarnos mandar por nuestros sentimientos; podemos aprender a vivir de forma diferente. Nuestro largometraje puede tener un final feliz si obedecemos a Dios cuando nos dice: «No dejen que el sol se ponga estando aún enojados, ni den cabida al diablo» (Efesios 4:26-27).

5. Sentir lástima de una misma

Debo admitir que esta es la más difícil de considerar, porque todavía lucho con esto a «brazo partido». Aun cuando el título de este libro tiene la intención de ser humorístico, verdaderamente viví la mayor parte de mi vida como si todo lo que me sucediera fuera lo suficiente horroroso como para garantizar un largometraje. Y si las cosas no parecen lo suficientemente grandes para empezar, cultivé el don de inflarlas fuera de proporción. Felizmente no estoy tan mal como solía estarlo, y hallo algún consuelo en eso.

La verdad es que literalmente me consumía la lástima por mí misma; y eso casi me destruyó. Pobre, pobre afligida de mí. ¡Cuán mal me había tratado el mundo! ¡Cómo había recibido injusticia y maltrato a cada vuelta! Nadie podía acercárseme a un kilómetro sin oír una letanía de mis ayes. Sin embargo, no podía creer por qué mi teléfono nunca timbraba. ¿Podría haber alguna desconexión? Yo tampoco pensaba que la había.

Tenía una persona en particular con quien me gustaba quejarme, porque no solo me escuchaba con empatía, sino que añadía algún comentario que confirmaba que ella sabía la magnitud del sufrimiento. La llamaré Cindy. Creía que era bueno que Cindy escuchara mis ayes, puesto que ella conducía un lindo coche y su esposo tenía un gran trabajo. Además, ella siempre tenía una gran sonrisa en la cara y obviamente tenía la vida hecha a la sombra. Por lo menos, ella nunca indicó tener ningún problema propio. Así que yo realizaba un importante servicio público al ayudarla a mantenerse en contacto con la vida de personas pobres y desaventajadas, como yo misma; aquellas que «sufren las flechas y dardos de la desventurada fortuna».

Un día, una amiga mutua mencionó al paso que Cindy estaba muriéndose. «¿Muriéndose? ¿Muriéndose, como *muriéndose*? Pero Cindy apenas tenía como cuarenta años. ¿Cómo era posible eso?», pregunté asombrada. Resultó que Cindy había contraído una enfermedad incurable varios años antes y desde entonces había estado batallando contra ella. Se había sometido a varias sesiones de quimioterapia, pero no había cura. Cindy se moría, pero era asombrosamente feliz.

¿Sabes por qué? Porque rehusaba revolcarse en la auto-compasión, y no desperdiciaba su tiempo al tratar de ganarse la lástima de otros. Por eso Cindy nunca me mencionó su enfermedad terminal, entre mis cuentos lastimeros de tostadas quemadas y muslos gordos; aunque en efecto un día me dio este consejo sabio: «Sabes, Donna, toda persona tiene que llevar su propia maleta llena de piedras».

Comencé a pensar en eso. Toda persona tiene que llevar su propia maleta llena de piedras. Toda persona tiene sus propias historias de guerra. Sus propias heridas de corazón. ¿Qué derecho tenía yo de pedirles a otros que llevaran mi maleta además de la propia? ¿Qué derecho tenía para doblegar a esta moribunda con mi interminable viaje de autolástima?

Ningún derecho. Por eso Jesús nos dijo que pusiéramos nuestras cargas a sus pies, para que fuera más fácil para nosotros resistir la tentación de ponerlos a la puerta de cualquier otra persona. Echa todos tus cuidados sobre él, porque él se preocupa por ti. Él es el único con fuerza suficiente para cargar tu maleta llena de piedras.

La depresión a veces tiene una base bioquímica. En particular, pienso que la depresión posterior al parto, o síntomas relativos al SPM y la menopausia son retos muy reales para la salud que tal vez requieran atención médica y cambios significativos en el estilo de vida. Sin embargo, también pienso que mucho de la depresión es resultado natural de revolcarse en la lástima de una misma. Como sabes, es casi imposible seguir deprimida sin sentir autolástima. Si estás deprimida, lo mejor que puedes hacer es ayudar a otra persona. Si estás deprimida debido a un desequilibrio bioquímico, alcanzar a otra persona no te hará daño, y tal vez puede ayudarte a poner tus problemas en perspectiva. Sin que importe cuán mal pienses que te toca, siempre hay alguien que está peor. De hecho, siempre que me aburro con mi propia fiesta de lástima veo *Fuera de África* o alguna otra película sobre una mujer que tuvo problemas reales, pero que se las arregló para superarlos.

Gracias a Mel Gibson ahora podemos ver *La Pasión del Cristo* y considerar los sufrimientos de Jesús, «quien por el gozo que le esperaba, soportó la cruz, menospreciando la vergüenza que ella significaba, y ahora está sentado a la derecha del trono de Dios» (Hebreos 12:2). No sé lo que tal vez puedas estar soportando en tu vida en este momento. Puede ser difícil, pero no se compara con el Gólgota, y tampoco puede compararse con lo que Dios preparó para los que le aman.

6. REMORDIMIENTO

En mi ministerio, a menudo hablo del daño que causa nuestra respuesta pecaminosa a los pecados de otros. Sin embargo, el remordimiento es nuestra respuesta pecaminosa a nuestro propio pecado. En realidad, necesitamos arrepentirnos del pecado del remordimiento. Arrepentirse quiere decir «estar de acuerdo con Dios». Esto es lo que Dios dice:

> Tan grande es su amor por los que le temen como alto es el cielo sobre la tierra. Tan lejos de nosotros echó nuestras transgresiones como lejos del oriente está el occidente.
>
> Salmo 103:11-12

Si continúas repasando los fracasos pasados, y te ahogas en un mar de remordimiento, es tiempo de concordar con Dios y creerle cuando dice: «Está perdonado». De nada sirve atascarse en el pasado. De todas maneras no puedes cambiarlo. Incluso si cometiste errores, todo lo que puedes hacer es pedirles perdón a los involucrados y tal vez hacer alguna forma de restitución. Entonces tienes que avanzar y arrojarte al pie de la cruz y escoger creer que la gracia de Dios es suficiente. Cuando te golpeas a ti misma, lo que en realidad dices es: «Esos soldados romanos no azotaron a Jesús lo suficiente. Yo tengo que añadir unos cuantos azotes a su obra para que todo termine». Llamas a Jesús mentiroso, porque él dijo: «Todo se ha cumplido», pero tú sigues diciendo: «Esto no se ha acabado todavía». Ya se ha terminado. Se acabó. Perdonado. Ahora avanza.

7. CONJETURAS MALAS

Cuando leí *Come Away, My Beloved* [Ven conmigo, amada mía], no estaba segura de lo que era una conjetura mala, ¡así que hice algo de investigación! Quiere decir dar por sentado lo peor en cuanto a la gente y las situaciones, o saltar a conclusiones antes de tener toda la información. Yo debo ser la reina de las conjeturas malas. Si alguien dice: «Necesito hablar contigo», el primer pensamiento es: *ella está enfadada conmigo. Debo haber hecho algo malo.* Hice eso hace poco. Había recibido varios correos electrónicos y una llamada telefónica acerca de hablar para una conferencia importante de ministerio. Estaba tan emocionada que dancé de alegría por mi cocina. ¡No bromeo! Envíe un correo electrónico de seguimiento para confirmar los detalles de nuestra última conversación, y no oí nada por una semana. Aquí vienen las conjeturas malas: ellas cambiaron de parecer, me rechazaron, descubrieron que soy una perdedora y decidieron buscar otra conferencista. Literalmente me atormentaba. Resultó que la mujer estaba fuera de la ciudad.

Jacob era el rey de las conjeturas malas. ¿Recuerdan cómo estaba seguro de que su hermano Esaú lo mataría? Jacob se apresuró a creer que José había sido destrozado por los animales, aunque no era verdad.

> En seguida los hermanos tomaron la túnica especial de José, degollaron un cabrito, y con la sangre empaparon la túnica. Luego la mandaron a su padre con el siguiente mensaje: «Encontramos esto. Fíjate bien si es o no la túnica de tu hijo». En cuanto Jacob la reconoció, exclamó: «¡Sí, es la túnica de mi hijo! ¡Seguro que un animal salvaje se lo devoró y lo hizo pedazos!»
>
> Génesis 37:31-33

Pero no pudo creer que José era el segundo al mando después del faraón, lo que *era* verdad:

> Los hermanos de José salieron de Egipto y llegaron a Canaán, donde residía su padre Jacob. Al llegar le dijeron: «¡José vive, José vive! ¡Es el gobernador de todo Egipto!» Jacob quedó atónito y no les creía.
>
> (Génesis 45:25-26).

Por supuesto, los hermanos pudieron convencer a su padre de que era verdad, pero solo debido a la abrumadora montaña de evidencia que habían traído desde Egipto. Semanas antes, cuando Dios ya tenía las ruedas bien en movimiento para su liberación, Jacob había declarado: «¡Todo esto me perjudica!» (Génesis 42:36). Aun cuando Jacob amaba a Dios, vivió toda su vida listo para creer lo peor y lento para creer lo mejor. No seamos así.

La mente es muy compleja, y puede jugarnos trucos. Podemos producir problemas de la nada. Las mujeres son notorias para hacerles esto a sus esposos, especialmente cuando ellos tienen que trabajar tarde por la noche. No permitas que tu mente suba en espiral fuera de control ni te imagines varios escenarios y ofensas. Disciplina tu mente para enfocarse no en lo que «pudiera» ser verdad, sino estrictamente en lo que sabes que es cierto. Por ejemplo: la Palabra de Dios. La vida está llena de suficientes problemas sin fabricar más en tu cabeza. Deja que tu mente se llene con las cosas del Espíritu, lo que da vida y paz. Diré mucho más en cuanto a la paz en el capítulo siguiente, pero por ahora, hazte tú misma un favor: toma una decisión consciente de creer lo mejor en cuanto a las personas y situaciones hasta que tengas alguna evidencia sólida de lo contrario.

«El amor cree lo mejor» según 1 Corintios 13. La Oración de la Serenidad lo resume en forma perfecta:

Dios, concédeme la serenidad para aceptar las cosas que no puedo cambiar, valor para cambiar las cosas que puedo, y la sabiduría para saber la diferencia.

Si quieres darle un descanso a tus «pobres nervios», haz una lista de todas las cosas que no puedes cambiar y escoge dejarlas. No desperdicies tu tiempo y energía emocional en ellas:

• Tu constitución genética.
• Tu edad; y las limitaciones inevitables de envejecer y andar más lento.
• La realidad de vivir en un mundo caído con seis mil millones de personas pecadoras que inevitablemente te desilusionarán.

• El hecho muy real de que el diablo es malo y que puede atacarte.

• Tu pasado: las personas que te hicieron daño y todas las cosas injustas que has tenido que atravesar; los errores y decisiones necias que tomaste.

• Lo que pudiera suceder en el futuro.

• Por último, pero por cierto no lo menor: otras personas. No puedes cambiar las decisiones que ellas toman o cómo escogen tratarte. No puedes cambiar lo que otros piensan, sienten o deciden. Puedes enfadarte cuando la gente dice cosas injustas o falsas en cuanto a ti; o puedes confiar en que Dios se hará cargo de la situación y creer que a la larga la verdad prevalecerá.

A menudo digo: «Acepta las cosas que no puedes cambiar, ¡o ellas te cambiarán en algo que tú no quieres ser!» Pero hay otra parte de la Oración de la Serenidad. Es cambiar las cosas que sí puedes hacer. ¿No es irónico cómo desperdiciamos incontables horas todos los días al enfocar nuestra energía en cosas que no podemos cambiar, y después nos quejamos de que no tenemos tiempo para crecer en nuestra relación con Dios? No tenemos tiempo para cultivar disciplinas espirituales como la oración, el estudio de la Biblia, la adoración o la comunión con otros creyentes. No tenemos tiempo para hacer ejercicio o comer como es debido. Y sin embargo, de alguna manera nos las arreglamos para hallar tiempo para la preocupación, la ansiedad, el temor, la ira, la lástima de uno mismo, el remordimiento y conjeturas perniciosas. Nos las arreglamos para hallar tiempo para todo ese sin sentido.

> Acepta las cosas que no puedes cambiar, ¡o ellas te cambiarán en algo que tú no quieres ser!

Una vez asistí a un seminario sobre cómo lograr más horas en mi vida. La verdad es que no necesitamos más tiempo. Simplemente necesitamos usar más productivamente el que tenemos. Necesitamos tomar el mismo tiempo y energía que desperdiciamos en nuestros «pobres nervios» y canalizarlo en un cambio positivo creador. Necesitamos canjear nuestra preocupación en meditación, nuestra ansiedad en oración, nuestro temor en confianza, nuestra ira en compasión, nuestra autolástima en alcance, nuestro remordimiento en perdón, y nuestras conjeturas perniciosas en amor. Entonces todo momento que estamos despiertas nos acercará más a Dios y a los demás.

Quiero volver a la selección de *Come Away, My Beloved* [Ven conmigo, amada mía]:

> ¿Cómo puedo darte sanidad para tu cuerpo mientras hay ansiedad en tu mente? Mientras haya trastorno en tus pensamientos, habrá enfermedad en tu cuerpo. Necesitas muchas cosas, pero una cosa en particular debes desarrollar para tu propia preservación, y es una absoluta confianza en mi cuidado amoroso.

Esa es la solución. Esa es la cura culminante para todo lo que aflige a nuestros pobres nervios, nuestros cuerpos adoloridos y nuestras relaciones arruinadas. «Absoluta confianza en el cuidado amoroso de Dios». Es la receta de salud que ahora busco en mi propia vida. Me parece perfectamente lógico que alguien que no confía en Dios, que se permite a sí misma preocuparse, ponerse frenética y aturdirse, se enferme mucho más que otra cuya mente está en paz perfecta, enfocada en la bondad de Dios y en el cuidado amoroso de nuestro Jehová Rafa, el Señor nuestro Sanador, el Gran Médico.

Lo mejor de cultivar confianza absoluta en el cuidado amoroso de Dios es que puedes retener su confianza incluso en las peores circunstancias. Horacio Spafford perdió a su único hijo por la fiebre escarlatina. Poco después sufrió un desastre financiero en el gran incendio de Chicago de 1871, que dejó trescientos muertos y cien mil personas sin vivienda. Por los próximos dos años, él trabajó incansablemente y ayudó a la gente a reconstruir sus vidas. En 1873, su amigo Dwight L. Moody planeaba una campaña de evangelización en Londres. Spafford decidió ayudar en la cruzada y llevar el resto de su familia (su esposa y cuatro hijas) en un viaje por Europa. A último minuto, Spafford tuvo que quedarse en los Estados Unidos de América por asuntos urgentes de negocios. El barco que llevaba a su familia chocó contra otra nave y se hundió en doce minutos. Cuando trajeron a su esposa a la playa, ella le envío el ahora famoso cable a su esposo: «Salvada sola». Sus cuatro hijas se habían ahogado en el Atlántico.

Horacio Spafford compró pasaje en el próximo barco. Mientras cruzaban el Atlántico, el capitán llamó a Spafford y le señaló el lugar donde era más probable que sus hijas se hubieran ahogado. Él era, por cierto, un candidato excelente para la preocupación, ansiedad, temor, ira, compasión de sí mismo, remordimiento y conjeturas perniciosas; y eso para no mencionar depresión, suicidio, y tal vez un ataque cardíaco. ¿Cuántos de nosotros podemos siquiera imaginarnos enfrentar pérdidas tan desvastadotas?

En cambio, la confianza absoluta de Horatio Spafford en el cuidado amoroso de Dios permaneció sin estremecerse. Esa misma noche escribió las palabras: «Cuando la paz como un río viene en mi camino, cuando las aflicciones rugen como las olas del mar, sea cual sea mi suerte, tú me enseñaste a decir: está bien, está bien con mi alma».

Dios quiere enseñarnos a decir: «Está bien con mi alma». Y será así conforme aprendes a confiar y obedecer en todo aspecto de tu vida. Sí, ¡incluso cuando se trata de tus pobres nervios!

4

PARECE QUE NO PUEDO TENER NI UN MOMENTO DE PAZ

No te preocupes, Dios, yo me hago cargo del mundo hoy. Tú puedes tomar asiento y reposar mientras lo resuelvo todo.

A veces me pregunto qué haría Dios sin mi ayuda. Quiero decir, yo hago tanto: me mantengo al tanto del horario de todos, les señaló a otros sus pecados, estoy alerta por peligros ocultos, hostigo a mi esposo, leo el diario de mi hija adolescente, me quedo despierta toda la noche para calcular y recalcular mi proporción de deuda. ¡Oh! Me canso solo de pensar en todo eso.

Es bueno que Jesús me dejara a mí a cargo.

¿Cómo dijo? ¿Que no me dejó a mí a cargo? Bueno, entonces ¿qué fue lo que me dejó?

> La paz les dejo; mi paz les doy. Yo no se la doy a ustedes como la da el mundo. No se angustien ni se acobarden.
>
> Juan 14:27

Probablemente te quedas sentada pensando: *¡hablando de mala comunicación! ¡No tenía ni idea! Pensé que yo le hacía un gran favor a Dios si llevaba sobre mis hombros el* *peso del mundo; ¿ahora resulta que todo lo que él quiere que haga es que me tranquilice? ¡Nadie me dice nada!*

Pues bien, hermana, te lo habría dicho antes si lo hubiera sabido; pero acabo de conocerlo. Difícil de creer, especialmente si se mira el estilo de vida de la mujer promedio de la iglesia. Pero al parecer, Jesús dice que quiere que vivamos en paz. Es más, la palabra *paz* aparece más de doscientas veces en la Biblia. Espero que recuerdes lo que dijimos en el capítulo previo, que la paz o *shalom*, quiere decir integridad y bienestar total en espíritu, alma y cuerpo. ¿Podrías usar algo de eso?

En el Nuevo Testamento encontramos a una mujer que obviamente necesitaba en forma desesperada la paz: integridad en su espíritu, alma y cuerpo:

Había entre la gente una mujer que hacía doce años padecía de hemorragias. Había sufrido mucho a manos de varios médicos, y se había gastado todo lo que tenía sin que le hubiera servido de nada, pues en vez de mejorar, iba de mal en peor. Cuando oyó hablar de Jesús, se le acercó por detrás entre la gente y le tocó el manto. Pensaba: «Si logro tocar siquiera su ropa, quedaré sana». Al instante cesó su hemorragia, y se dio cuenta de que su cuerpo había quedado libre de esa aflicción.

Al momento también Jesús se dio cuenta de que de él había salido poder, así que se volvió hacia la gente y preguntó:

—¿Quién me ha tocado la ropa?

—Ves que te apretuja la gente —le contestaron sus discípulos—, y aun así preguntas: «¿Quién me ha tocado?»

Pero Jesús seguía mirando a su alrededor para ver quién lo había hecho. La mujer, sabiendo lo que le había sucedido, se acercó temblando de miedo y, arrojándose a sus pies, le confesó toda la verdad.

—¡Hija, tu fe te ha sanado! —le dijo Jesús—. Vete en paz y queda sana de tu aflicción.

Marcos 5:25-34

En el capítulo 2 hablamos de los hipocondríacos y las mujeres que se enferman a sí mismas o no hacen lo suficiente para mantenerse en buen estado físico. Pero aquí encontramos a una mujer con unos serios problemas de salud, que obviamente había hecho todo lo que sabía para tratar de curarse. Sabemos que necesitaba sanidad física, porque había pasado doce largos años sometiéndose a tratamiento de médicos, sin ningún resultado. Pero pienso que ella también necesitaba

A veces me pregunto qué haría Dios sin mi ayuda.

sanidad para su alma. Esta pobre mujer había pasado todo su tiempo como una paria social, porque cualquiera que tenía hemorragia era declarada impura. Probablemente necesitaba sanidad espiritual, puesto que, casi con toda certeza, los líderes espirituales de su día la habían juzgado, y sin duda le habían dicho que tenía la culpa y que debía haber algún pecado en su vida.

Ella quedó sana físicamente en el momento en que tocó el borde del vestido de Jesús, pero eso *no fue suficiente* para Jesús. Él quería hacer más que sanarla físicamente; quería que tuviera paz. Tal vez Jesús sabía que a menos que ella fuera restaurada en espíritu, alma y cuerpo, lo más probable es que se enfermaría de nuevo en lo físico. La Biblia no nos dice el por qué, pero sí nos dice el qué: él le ofreció paz. Le ofreció integridad de espíritu, alma y cuerpo. Él nos ofrece lo mismo a ti y a mí hoy.

Uno de los nombres de Dios es Jehová Shalom o el Señor de Paz (cf. Jueces 6:24, RVR), y a Jesús se le llama el
Príncipe de Paz (cf. Isaías 9:6). Acabo de pasar una hora meditando en la Palabra de Dios con respecto a cómo hallamos y
cultivamos la paz en nuestras vidas y cosechamos sus recompensas. Es una gran bendición para mí. Literalmente estoy
sentada con lágrimas de alegría en mis ojos. Quiero que tú
experimentes la misma bendición. Así que, aunque me doy
cuenta de que esto es diferente a los capítulos previos, quiero
darte una tarea. Despacio y con oración lee cada uno de los
pasajes bíblicos que siguen. Después, en las líneas en blanco
que se proveen, escribe lo que aprendes en cuanto a la paz.

En paz me acuesto y me duermo, porque sólo tú, Señor, me haces vivir confiado (Salmo 4:8).

_____

_____

El Señor fortalece a su pueblo; el Señor bendice a su pueblo con la paz (Salmo 29:11).

_____

_____

Que se aparte del mal y haga el bien; que busque la paz
y la siga. Los ojos del Señor están sobre los justos, y sus
oídos, atentos a sus oraciones (Salmo 34:14-15).

_____

_____

Voy a escuchar lo que Dios el Señor dice: él promete paz
a su pueblo y a sus fieles, siempre y cuando no se vuelvan
a la necedad. Muy cercano está para salvar a los que le
temen, para establecer su gloria en nuestra tierra. El amor
y la verdad se encontrarán; se besarán la paz y la justicia.

De la tierra brotará la verdad, y desde el cielo se asomará la justicia. El SEÑOR mismo nos dará bienestar, y nuestra tierra rendirá su fruto (Salmo 85:8-12).

El corazón tranquilo da vida al cuerpo, pero la envidia corroe los huesos (Proverbios 14:30).

Más vale comer pan duro donde hay concordia que hacer banquete donde hay discordia» (Proverbios 17:1).

Al de carácter firme lo guardarás en perfecta paz, porque en ti confía» (Isaías 26:3).

SEÑOR, tú estableces la paz en favor nuestro, porque tú eres quien realiza todas nuestras obras (Isaías 26:12).

El producto de la justicia será la paz; tranquilidad y seguridad perpetuas serán su fruto (Isaías 32:17).

Los que van por el camino recto mueren en paz; hallan reposo en su lecho de muerte (Isaías 57:2).

Por lo tanto, esforcémonos por promover todo lo que con-
duzca a la paz y a la mutua edificación (Romanos 14:19).

_____

_____

Que el Dios de la esperanza los llene de toda alegría y paz
a ustedes que creen en él, para que rebosen de esperanza
por el poder del Espíritu Santo (Romanos 15:13).

_____

_____

Que gobierne en sus corazones la paz de Cristo (Colosenses 3:15).

_____

_____

Primera de Tesalonicenses 5:23-24 capta en forma hermosa la naturaleza holística de la paz. Pablo escribe una oración para sus hermanos en Cristo:

Que Dios mismo, el Dios de paz, los santifique por completo, y conserve todo su ser —espíritu, alma y cuerpo—
irreprochable para la venida de nuestro Señor Jesucristo.
El que los llama es fiel, y así lo hará.

No sé en cuanto a ti, pero siempre pensaba que las palabras *alma* y *espíritu* eran sinónimos. Muchos las usan en
forma intercambiable, pero este versículo indica claramente
que son dos cosas diferentes. Tu espíritu es la parte de tu
ser en donde el Espíritu Santo viene a residir; es la porción
que tiene comunión con Dios. Tu alma, en contraste, abarca
tu mente, tu voluntad y tus emociones. En otras palabras, lo
que piensas, haces y sientes. Por muchos años estaba perpleja
por el versículo: «Lleven a cabo su salvación con temor y

temblor» (Filipenses 2:12). Sabía que no podemos ganarnos nuestra salvación por eso, ¿qué es lo que se suponía que debíamos llevar a cabo? Esto es lo que pienso que quiere decir: toma lo que Dios ya ha realizado en tu espíritu y permítele que transforme tu alma: mente, voluntad y emociones.

Más de la mitad de los libros del Nuevo Testamento empiezan con la frase «gracia y paz». La gracia tiene que ver con el favor inmerecido que Dios nos extiende, por el cual nos concede la entrada a su reino. Quiere decir que tendremos el gozo indecible de experimentar el cielo en el cielo. Sin embargo, la paz es lo que necesitamos aquí en esta tierra. Es la manera de Dios de capacitarnos para saborear algo del cielo en la tierra.

Pero, hablando en lo práctico, ¿cómo entramos en esta paz? Y, ¿por qué tan pocos creyentes parecen experimentarla? Por mi observación, los creyentes tienden a vivir en dos extremos: los que se empujan a sí mismos al agotamiento físico y emocional y tratan de agradar a Dios, y los que se contentan con lograr entrar al cielo por un pelo. Ambos enfoques son excelente material para un largometraje, pero el terreno medio se brinda para la cordura.

Demos un vistazo a ambos extremos y veamos si podemos descubrir un lugar de paz en algún punto en el medio. En un extremo tienes el legalismo. Los legalistas no pueden reposar para nada, porque trabajan muy duro para asegurarse de que nadie que lleva el rótulo de «creyente» tenga algo de diversión. En lugar de gracia y paz, tienen gracia y reglas. Reglas en cuanto a lo que puedes y no hacer, lo que puedes ponerte, lo que puedes ver, cómo arreglarte o no el pelo, según sea el caso. Rebuscan todo el Antiguo Testamento, escogen y seleccionan cuáles leyes y ritos quieren acatar. Así que aunque estos creyentes entrarán al cielo por la gracia de Dios, con certeza no experimentarán mucha paz en la tierra; y cero de buena voluntad hacia los hombres.

¿Notaron alguna vez cómo estos creyentes trabajan tan duro que parecen enojados todo el tiempo? ¡Es asombroso! Hace pocas horas recibí un correo electrónico de un total extraño que estaba absolutamente furioso conmigo. Al parecer había oído la noticia de que, después de dieciocho años como esposa que sufrió maltrato físico y cuatro años como mamá soltera, finalmente hallé un esposo cariñoso. (En realidad, mi esposo me halló, pero no nos detengamos en detalles menores, o me veré tentada a cambiar al modo de largometraje.) Pues bien, este hombre no se quedaría sentado a esperar que el Espíritu Santo me convenciera de la perversidad de mis caminos. No señor. Dios puede estar demasiado preocupado tratando de rescatar a los niños que se mueren de hambre en el Sudán, o a los cristianos perseguidos en Corea del Norte, que a lo mejor no nota lo que *realmente* anda mal en este mundo: como Donna Partow disfrutando de algo de paz en la tierra. Así que este hombre cargó su Biblia como ametralladora y me disparó directamente unos cuantos versículos.

> Los legalistas no pueden reposar para nada, porque trabajan muy duro para asegurarse de que nadie que lleva el rótulo de «creyente» tenga algo de diversión.

¡Qué manera más agotadora de vivir! ¿Puedes imaginarte asumiendo como responsabilidad personal escribir un correo electrónico a toda persona del planeta que toma una decisión con la cual discrepas? *¡Ay!* Me recuerda a la mujer que me envió una carta de varias páginas para instruirme sobre todo, desde cuál versión de la Biblia debo leer hasta a cuál iglesia debo asistir. ¿Alguna vez duermen estas personas?

Prefiero vivir según las palabras de San Agustín: «Ama a Dios y haz lo que quieras». Por supuesto, las personas pueden llevar eso al otro extremo. Están en eso de la gracia y mundanalidad. Su actitud es: «Vamos, simplemente elevo la oración y estoy listo para salir. Puedo hacer lo que se me antoja, porque de todas maneras iré al cielo. Puedo ver películas inmorales. Puedo robar artículos de oficina de mi jefe. Puedo hacer trampa en mi declaración de impuestos. Puedo chismear hasta el cansancio a título de mencionar peticiones de oración. Puedo hacer lo que me venga en gana. Dios de todas maneras me ama».

Es cierto. El amor que Dios te tiene es absolutamente incondicional. Tú no te ganaste su amor, y no hay nada que puedas hacer para que él deje de amarte. Pero, ¿están estos santos disfrutando de paz en la tierra? Claramente tienen mucho tiempo libre en sus manos (puesto que no microadministran el planeta) y, con toda franqueza, pienso que es más divertido estar con ellos. Pero no, en verdad ellos tampoco tienen paz. Más bien, están plagados por la culpa y un sentimiento de intranquilidad que, aunque pueden «salirse con la suya en algo» porque Jesús es su boleto gratuito al cielo, muy adentro saben que están destinados a una vida más elevada. Sus espíritus gimen bajo el peso de todo su pecado.

La Biblia dice que no estamos bajo la ley sino bajo la gracia:

> ¿Qué concluiremos? ¿Vamos a persistir en el pecado, para que la gracia abunde? ¡De ninguna manera! Nosotros, que hemos muerto al pecado, ¿cómo podemos seguir viviendo en él?
>
> Romanos 6:1-2

Al meditar en los pasajes bíblicos respecto a la paz, lo que se destacó ante mis ojos es cuán a menudo van unidas la paz y la justicia. Solo cuando vives como es debido, cuando tu conciencia está clara ante Dios, puedes disfrutar de paz.

Para mí, el epítome del estilo de vida tranquilo que Dios desea que nosotros experimentemos se halla en el Salmo 23.

> El Señor es mi pastor, nada me falta; en verdes pastos me hace descansar. Junto a tranquilas aguas me conduce; me infunde nuevas fuerzas. Me guía por sendas de justicia por amor a su nombre. Aun si voy por valles tenebrosos, no temo peligro alguno porque tú estás a mi lado; tu vara de pastor me reconforta. Dispones ante mí un banquete en presencia de mis enemigos. Has ungido con perfume mi cabeza; has llenado mi copa a rebosar. La bondad y el amor me seguirán todos los días de mi vida; y en la casa del Señor habitaré para siempre.

A menudo quedo intrigada no solo por lo que la Biblia dice, sino por lo que esta *implica*. Cuando Dios nos dice que él es nuestro pastor, implica que necesitamos uno. Si lo piensas, la única razón por la que las ovejas necesitan un pastor es porque están rodeada de peligros: no solo de depredadores que quieren hacerles daño, sino de riesgos que son inherentes en su medio ambiente tales como precipicios o ríos torrentosos. Además, las ovejas son un peligro para sí mismas porque a menudo se comportan en forma necia.

Necesitamos un Pastor porque tenemos tres enemigos: el mundo, la carne y el enemigo. Y, ¿qué dice David que el pastor hace por él? Dice: «Me infunde nuevas fuerzas». Él no dice: «Él me agobia con reglas y regulaciones, de modo que pueda sentirme desdichado y hacer que todos los que me rodean se sientan igual». No, lo que dice es: «Me infunde nuevas fuerzas». No dice: «Él me deja libre para que me meta en toda clase de problemas, de modo que pueda amalgamarme con los paganos que me rodean». No, él dice: «Me infunde nuevas fuerzas. Me guía por sendas de justicia *por amor a su nombre*» (énfasis añadido).

Nota que no dice que nos guía por sendas de justicia para que podamos mirar por encima de nuestras narices espirituales a todos los demás y gastar nuestra energía para decirles cómo vivir. Dice que Dios restaura nuestra alma para que *nosotros* podamos vivir en forma correcta por amor a su nombre. ¿Qué es un nombre? Es su reputación. Así que lo que está en juego en tu vida no es tu destino eterno. Eso quedó resuelto en la cruz. Eso queda cubierto por la gracia. Lo que está en juego es tu paz y la reputación de Dios, es decir, el que tu vida le dé al mundo o no un cuadro acertado del Dios que libremente dio su vida por ti.

> Dios quiere que experimentes su paz para que la gente pueda ver tu vida y captar una idea acertada de lo que Dios se propone.

Dios quiere que experimentes su paz para que la gente pueda ver tu vida y captar una idea acertada de lo que Dios se propone. Por eso necesitamos que Dios restaure nuestra alma: mente, voluntad y emociones. Tal vez más que ningún otro aspecto, la batalla para restaurar nuestras almas se libra en la mente. Oswald Chambers observaba: «Nuestra energía se agota no tanto debido a problemas externos que nos rodean sino por los problemas en nuestro pensamiento»[1].

En particular, tienes que cambiar tu manera de pensar en cuanto a ti misma. Sé que escribí antes en cuanto a esto en libros anteriores, ¡pero es tan importante! Permíteme preguntarte: ¿cómo te sentirías si la persona más importante en tu vida constantemente te dice en voz alta las cosas que tú te dices a ti misma? La mitad de tu persona estaría en posición fetal, incapaz de funcionar.

Constantemente no decimos cosas terribles de nosotras mismas, y después nos preguntamos por qué no podemos tener un momento de paz. William Backus, autor de *Telling Yourself the Truth*, explica:

> Tu monólogo interno es el torrente nunca en silencio de palabras e imágenes que corren por tu cabeza noche y día, los pensamientos automáticos que en forma habitual salen a tu cabeza sin que se los llame, generados en forma automática de tus creencias. Podemos saber la verdad bíblica y, sin embargo, permitirnos ser influidos [negativamente] por el autosermoneo falso. Demasiado a menudo *nos hacemos nosotros mismos desdichados* y *nos conservamos siendo desdichados* al escuchar el incontenible torrente del sinsentido interior [y la autocrítica que es autoderrota]. La causa de nuestros altibajos emocionales viene desde adentro; no de lo que nos sucede sino de lo que nos decimos a nosotros mismos al interpretar lo que nos sucede. Lo que nos decimos determina la calidad de nuestras vidas[2].

La mayoría de personas «rumian» el mismo puñado de temas día tras día. Somos criaturas de hábito, incluso en nuestros patrones de pensamiento. Muchas nos robamos la paz al enfocar nuestras mentes en cosas negativas que producen conflicto emocional. Conozco demasiadas mujeres creyentes deprimidas que se consumen con pensamientos tales como: «Soy una perdedora. Soy muy gorda. Soy muy vieja. No me parezco a las mujeres de las cubiertas de las revistas. Soy un fracaso como esposa y madre. Detesto mi vida». Y así, sin fin. Negativo, negativo. ¡Luego se preguntan por qué no tienen nada de paz!

Algunas de ustedes tienen una larga historia de atraer a su vida al tipo incorrecto de personas. Sí, dije *atraer*. Sea la clase incorrecta de amigas, o la clase incorrecta de enamorados. El término teológico para tales personas es *ratas*. Viene del latín, *rottenous ratinous*. Algunas de ustedes se hallan en una situación terrible tras otra, o enfrentan un desastre tras otro. Hasta hace poco me describía a mí misma como «un imán para experiencias extrañas». ¡Las cosas que en forma rutinaria me pasan a mí nunca le suceden a nadie más! La gente constantemente se aprovecha de mí, o me veo envuelta en una trifulca tras otra. El término teológico para tales situaciones es también, en forma convenientemente suficiente, *ratas*.

¡Nuestro lío es que pensamos que el problema son las ratas! Es ese enamorado asqueroso. Esa rata. Tenemos que librarnos de él, así que lo espantamos con un palo. Y, ¿te imaginas? Otro parecido a él sale de quién sabe dónde. ¿Alguna vez lo notaste? O tienes una rata por jefe. Así que te consigues un nuevo trabajo y, ¿adivinas? ¡Tu nuevo patrón es gemelo del antiguo! O adonde quiera que vayas, acabas con un hato de compañeras de trabajo leguleyas. ¡Esas ratas! Así que continúas cambiando de trabajos. O tal vez hallas ratas en toda iglesia a la que asistes, así que continuamente cambias de congregación. Pero donde quiera que vayas, la brigada de ratas ya te espera.

Tal vez las ratas en tu vida son reveses financieros, amistades arruinadas, sobrepeso o problemas crónicos de salud. ¡Constantemente luchas o huyes de las ratas! Sabes, de cuando en cuando alguien te ama lo suficiente para poner los puntos sobre las íes. Un pastor amigo mío, Mike Mugavero, de Texas, hizo eso por mí hace un tiempo. Yo estaba sentada a la mesa en su cocina y le suplicaba que me ayudara a luchar contra esas ratas. Me miró directamente a los ojos, y me dijo: «Donna, si te libras de la basura, las ratas se irán». Será mejor que lo repita: si te libras de la basura, las ratas se irán.

Una parte de ti ha luchado contra el enemigo errado toda su vida. Pensabas que el problema eran las ratas, pensabas que el problema estaba allá afuera. El problema está precisamente entre oreja y oreja. Es toda la basura que tienes en la cabeza. Conocimos a la enemiga: somos nosotras.

Irónicamente, la mejor manera de liberarse de la basura *no* es concentrarse en la misma y sacar un fragmento a la vez, estudiarlo, y tratar de pensar quién tiene la culpa de ponerla allí. Si ese método funcionará, sería ya la Madre Teresa. Créeme, no funciona. Más bien, deliberadamente vuelve tu atención a lo positivo; y quiero que seas muy agresiva. No hablo de desperdiciar tu tiempo en ilusiones. No, me refiero a reprogramar tu mente con la verdad de la Palabra de Dios. Romanos 12:2 dice:

> No se amolden al mundo actual, sino sean transformados mediante la renovación de su mente. Así podrán comprobar cuál es la voluntad de Dios, buena, agradable y perfecta.

Alguien me dijo una vez que lo que la mayoría de nosotras necesitamos es un lavado de cerebro, usando la Palabra de Dios como jabón. Un diccionario define *lavar el cerebro* de esta manera: «Enseñar un conjunto de ideas de forma tan completa como para cambiar radicalmente las creencias y actitudes de la persona». Suena bastante bien, ¿verdad? Tal vez sea tiempo de que tomes en serio esto de lavar tu cerebro. (Incidentalmente, si te gustaría más ayuda en esto de restaurar tu alma, por favor, refiérete a mi libro previo *Becoming The Woman I Want to Be: 90 Days to Renew Your Spirit, Soul, and Body,* Bethany House, 2004.

> Alguien me dijo una vez que lo que la mayoría de nosotras necesitamos es un lavado de cerebro.

Me propuse como objetivo no convertir este libro en un guión para un largometraje al contar todas mis tristes historias. Sin embargo, a fin de darte una reflexión acertada del Dios a quien servimos, hay algunas cosas de mi vida que me siento obligada a contarte. Cuando Dios vio que yo había llegado al fin de mí misma y estaba lista para cooperar con él conforme él empezaba a hacer su obra para restaurar mi alma, me llevó a alguien que se especializaba en asesorar a mujeres maltratadas. El asesor me dijo que yo era el caso más severo que jamás había visto en más de veinticinco años de ejercer la profesión. No digo eso para lograr un efecto dramático, sino para decirte que era un desastre absoluto. Física, emocional, mentalmente; en toda manera era un desastre. No digo eso para recabar tu lástima. No la quiero. Es más, no quiero nada. «El SEÑOR es mi pastor, nada me falta». O mi paráfrasis: «El SEÑOR es mi pastor, no me pierdo nada». Te cuento esto solo porque quiero que sepas que si Dios puede restaurar mi alma, si yo puedo tener paz en la tierra, hay esperanza para toda mujer que lee estas palabras.

Él me conduce a aguas tranquilas. Me hace descansar en pastos verdes. Pone ante mí una mesa en presencia de mis enemigos. ¿En dónde están tus enemigos? ¿Están allá en el cielo? No; están precisamente aquí en la tierra, ¿verdad? Dios dice que te preparará una mesa —símbolo de su provisión abundante, de su cuidado absoluto por ti— delante de ti en presencia de tus enemigos. Y todos verán con sus propios ojos lo que Dios puede hacer cuando él *restaura tu alma.* Cuando él te conduce a sendas de justicia *por amor de su nombre.* ¡Cuando finalmente puedes tener un momento de paz!

5

De lleno en la Villa de los Escorpiones

Pienso en todas las que vinieron antes que yo y tuvieron que soportar las pruebas que nos pondrían a nivel a la mayoría de nosotras en nuestras zonas de comodidad urbana, y me doy cuenta de que no soy la primera persona que enfrenta grandes desafíos. Esto se ha hecho antes. Puedo hacerlo de nuevo, tal vez incluso mejor.[1]

Oprah Winfrey

¿Alguna vez te sentiste como si Dios la tomara contigo? ¿O tal vez pensaste que el enemigo se ensañaba contigo? ¿O que presentías que *alguien* se ensañaba contigo pero simplemente no estabas segura de quién? ¿Alguna vez te sentiste como si Job no hubiera pasado lo que tú experimentaste? Ya admití que solía describirme como «un imán para experiencias extrañas». Simplemente para darte una pequeña muestra, le daban el servicio anual al sistema séptico en mi casa cuando oí que llamaban a la puerta. No cabía la menor sombra de duda en mi mente de qué se trataba. (Me sé de memoria esas conjeturas perniciosas.) Con certeza, abrí la puerta a tiempo para inhalar el olor más delicioso. El hombre alicaído en mis escalones de la puerta del frente juraba por los cielos más altos: «Esto nunca me ha sucedido en veinte años de limpiar sistemas sépticos, pero…»

Lo detuve antes de terminar: «Pero usted está en *mi* casa ahora. Este es un juego totalmente diferente. A mí me suceden cosas *todos los días* que jamás le pasan a nadie más». Sí, de verdad, tenía aguas negras en todo mi patio. Eso fue justo después de que mi pozo se secó y tuve que vérmelas para conseguir agua potable por seis semanas, justo antes de que el segundo incendio forestal más grande en la historia de los Estados Unidos de América llegara como a quince kilómetros de mi casa. ¿Debo continuar? Te prometo, apenas llego a las cosas buenas.

Vaya, ¡Donna está en modo de largometraje!

Esta es la clase de preguntas aturdidoras en las que de manera rutinaria pienso: «Si Dios es Soberano, ¿por qué el mundo está tan fuera de control? Si es Todopoderoso, no debe ser un Dios muy bueno para permitir que a sus hijos se les secuestre, se les ultraje y asesine. ¿Por qué permite que la hambruna caiga y las guerras rujan? Si Dios es amor, ¿por qué hay tanto odio en el mundo? ¿A quién engaño? Olvídate del mundo en general. Si él es Soberano, ¿por qué mi pequeño mundo tan a menudo está fuera de control? ¿Tan lleno de corazones partidos y desilusiones? Si Jesús vino a traer paz, salud y vida, ¿por qué hay tanto conflicto, enfermedad y muerte en el mundo? ¿Dónde está Dios, y qué *piensa* de todo esto?

A veces luchamos por entender lo que Dios se propone en nuestro planeta y en nuestros mundos privados.

Pensemos en forma personal. ¿Alguna vez te preguntaste: «Si Dios me ama, ¿por qué al parecer se queda con los brazos cruzados y permite que me pasen estas cosas asquerosas?» ¿Está bien ser así de real en las páginas de un libro cristiano? Con certeza espero que sí. Pienso que si somos francas, todas debemos admitir que a veces luchamos por entender lo que

Dios se propone en nuestro planeta y en nuestros mundos privados.

Quiero contarte dos experiencias recientes mediante las que Dios obró de una manera profunda para enseñarme más acerca de toda esta locura que llamamos la experiencia humana; y para ayudarme a mí en esos momentos cuando mi vida con franqueza se siente como un largometraje.

En diciembre de 2002 compré una casa en las afueras de Phoenix, Arizona. Puesto que me aterran los escorpiones, específicamente pregunté *por escrito* si la casa que me interesaba comprar tenía problemas con estos animales. Por supuesto, los dueños me aseguraron: «No hay ningún problema». Mintieron. Poco después de que nos mudamos, el adolescente de la casa del frente vino a verme para comentarme con gran admiración: «¿Así que usted no tuvo miedo de mudarse a la Casa de los Escorpiones?»

Mi respuesta estupefacta: «*La ¿qué?*»

«Así es», explicó él con calma. «La llamamos la Casa de los Escorpiones porque allí es donde a todos les gusta reunirse. ¿Quiere que venga por la noche con mi luz negra y vea cuántos puedo hallar?».

Todo lo que pude pensar fue: «No, no quiero buscar escorpiones. Quiero que Dios los aleje». Poco tiempo después caminaba más allá de la mecedora donde me siento con mi pequeña canasta de oración para tener mis devociones por la mañana. Es mi lugar favorito en todo el mundo; es mi refugio, mi fortaleza. Como que vivo y respiro, ¡había un *escorpión* trepando por el lado de mi mecedora! Sé que planeaba esconderse en el cojín y esperar por mí hasta la mañana.

Por mucho que ore, sin embargo, no puedo cambiar el hecho de que vivimos en la Villa de los Escorpiones. Todavía espero un milagro, para que lo sepas. Pero hasta este día, he dedicado mi vida a batallar contra los escorpiones. A mi modo de ver, no es la casa de los alacranes; no hasta que ellos empiecen a hacer los pagos de la hipoteca. Es mi casa. Y he tomado como tarea pelear la buena batalla con toda la sabiduría, fuerza y personas contra pestes que Dios provee. ¿Sabes lo que me hace sonreír? Sé que algunas de esas asquerosas criaturas son demasiado necias para entender. Algún día —no sé cuando—, pero algún día, conseguiré una casa linda en alguna parte. No sé dónde, pero pienso que Dios tiene un lugar especial escogido precisamente para mí. Tal vez cerca del océano. Hierva verde, flores hermosas. Nada de desierto. Nada de serpientes cascabel. Y sin escorpiones.

Mientras tanto, decidí que disfrutaré de esta casa. Cuando me mudé, al principio estaba muy desalentada. Pero entonces simplemente tomé la resolución: mientras esté atascada aquí, la aprovecharé de la mejor manera. Y cuando me mude, esos escorpiones quedarán detrás, atrapados para siempre en el desierto de Arizona. No tienes ni idea de cuánta alegría ese simple pensamiento le da a mi vida.

No sé por qué Dios creó a los escorpiones. Pienso que este mundo sería un lugar mucho mejor sin ellos. Puedo pretender que no existen, pero eso solo los haría más peligrosos. Tenemos un enemigo mucho más mortal que un escorpión. Sé a ciencia cierta que este mundo sería un lugar mucho mejor sin la influencia del maligno, el *gran escorpión*. Si creara el universo, no hubiera creado a Satanás. Tampoco hubiera creado ángeles capaces de llegar a ser demonios. Pero Dios, cuyos caminos no son nuestros caminos, escogió hacerlo. Y están vivos y activos en el planeta Tierra. Podemos pretender que el gran escorpión no existe, pero eso no nos servirá de nada. Tenemos que librar la batalla. Si rehusamos pelear, si nos hacemos los de la vista gorda, el enemigo solo crecerá en poder e influencia en este mundo.

Podemos desalentarnos y deprimirnos cuando miramos a este mundo «lleno de demonios», como lo dijo Martín Lutero. O podemos observar el lado brillante. Algún día tendremos casas nuevas en el cielo. Y cuando las tengamos, esas criaturas llenas de odio se freirán en una tierra calcinada por el sol para siempre. Mientras tanto, tenemos que tomar una resolución santa de pelear la batalla y disfrutar de nuestras vidas al mismo tiempo.

No olvidemos el otro lado de la ecuación. Esos escorpiones me detestan tanto como yo a ellos. Por eso es que quieren clavarme su aguijón para inyectarme su veneno. Desde su perspectiva, probablemente me miran y se preguntan: *¿por qué Dios la creó! La gran zopenca. ¡En realidad no veo en que contribuya ella!* Además, ellos vivían en esta casa antes de que yo me mudara. Es más, estaban en este lugar antes de que el primer ser humano pusiera un pie en el suelo vacío y dijera: «Gran lugar. Pienso que construiré una casa precisamente aquí».

De la misma manera, Satanás es una criatura llena de odio; y te detesta porque eres una hija de Dios. Él considera este planeta su casa. Estaba aquí mucho antes de que tú te asomaras. Él sabe que no puede matarte, pero se conformará con inflingirte tanto dolor como sea posible.

En Juan 10:10, Jesús dijo:

> El ladrón no viene más que a robar, matar y destruir; yo he venido para que tengan vida, y la tengan en abundancia.

Hay una tensión. Jesús quiere que tengas y disfrutes de la vida a lo máximo; el *gran escorpión* quiere robar, matar y destruir. Hay una guerra que es mayor que cualquier largometraje que jamás hayas visto. Es la *Guerra de las Galaxias* multiplicada al infinito, y somos parte de esta fuerza de batalla intergaláctica.

Por último, fortalézcanse con el gran poder del SEÑOR.
Pónganse toda la armadura de Dios para que puedan hacer frente a las artimañas del diablo. Porque nuestra lucha
no es contra seres humanos, sino contra poderes, contra
autoridades, contra potestades que dominan este mundo
de tinieblas, contra fuerzas espirituales malignas en las regiones celestiales.

Efesios 6:10-12

Satanás te aborrece y quiere hacerte daño. Mientras te
niegues la existencia del *gran escorpión*, o no te des cuenta
de la magnitud del odio que te tiene, tu vida nunca tendrá
sentido. Le echarás a Dios la culpa por las acciones del enemigo.

Tal vez sea muy ingenua, pero necesito mantener las cosas sencillas. Esto es lo que me ayudó a hallar sentido en este
mundo. Todo lo que tiene que ver con robar, matar o destruir
viene del enemigo. Punto. Dios no mata, ni roba, ni destruye.
Santiago 1:13-15, explica:

Que nadie, al ser tentado, diga: «Es Dios quien me
tienta.» Porque Dios no puede ser tentado por el mal, ni
tampoco tienta él a nadie. Todo lo contrario, cada uno es
tentado cuando sus propios malos deseos lo arrastran y
seducen. Luego, cuando el deseo ha concebido, engendra
el pecado; y el pecado, una vez que ha sido consumado, da
a luz la muerte.

Pienso, por implicación, que puedo añadir a modo de
aclaración: siempre que *recibes un aguijonazo,* cuando tu
vida está bajo ataque, cuando hay robo, matanza y tiene lugar
la destrucción, eso *no* es obra de Dios. Santiago quiere asegurarse de que captemos esto, así que los próximo versículos
advierten:

Mis queridos hermanos, no se engañen. Toda buena dádiva y todo don perfecto descienden de lo alto, donde está el Padre que creó las lumbreras celestes, y que no cambia como los astros ni se mueve como las sombras.

Santiago 1:16-17

De nuevo vemos la tensión. Dios quiere bendecirnos con toda dádiva buena y perfecta, pero hay escorpiones sueltos. Satanás quiere trastornar los planes de Dios para ti. Si él puede llevarte al infierno, hará todo lo que pueda para darte el infierno en la tierra. Tal vez tengas amigas no creyentes cuyas vidas parecen color de rosa, mientras tu vida parece una zona de guerra. Eso se debe a que el *gran escorpión* sabe que vivirá con ellas por la eternidad, pero *tú* te saliste y escapaste. Él puede atormentarlas a ellas más tarde; pero tiene que hacerlo contigo *ahora*.

La palabra *Satanás* en realidad quiere decir «acusador». Allá, en el huerto del Edén, Satanás acusó a Dios de esconder de sus hijos las buenas dádivas. Su mensaje a Eva fue básicamente: «Dios te esconde algo. Él tiene todas estas buenas dádivas, pero no te las da. Eres una hija sin privilegios. Puedes echar mano tú misma de lo que quieras». El objetivo de Satanás fue sembrar la duda en la mente de Eva. Quería que ella dudara de la bondad de Dios porque sabía que su duda automáticamente conduciría a la rebelión.

Necesitamos detenernos precisamente allí.

Satanás quiere que dudes de la bondad de Dios. Esa es su meta número uno. Él piensa que si puede lograr que dudes de la bondad de Dios, te revelarás. Sus mentiras y tácticas nunca cambian. ¿Cuál fue el propósito de sus ataques hacia

> Esto es lo que me ayudó a hallar sentido en este mundo. Todo lo que tiene que ver con robar, matar o destruir viene del enemigo. Punto.

Job? Quería que él «maldijera a Dios y se muriera», como la esposa de Job tan dulcemente le sugirió (cf. Job 2:9). Siempre es lo mismo. Él pasó meses diciéndome: «Oye, Donna. ¡Dios te esconde algo! Mira, estás atascada en la Casa de los Escorpiones mientras todos los demás viven en alguna parte maravillosa». ¡Y yo le creía todo eso! Finalmente me desperté y dije: «Satanás, ¡eres un mentiroso! Dios no me esconde nada».

Tienes que saber que Dios tampoco te esconde nada. No permitas que el *gran escorpión* te haga dudar de la bondad de Dios. Volvamos a nuestros dos versículos clave:

> Toda buena dádiva y todo don perfecto descienden de lo alto.
>
> Santiago 1:17

Pero:

> El ladrón no viene más que a robar, matar y destruir.
>
> Juan 10:10

Así que Dios está en el negocio de dar dádivas, pero Satanás está en el de arrebatarlas. Hay algo muy personal que quiero contarte, y espero que no suene como un largometraje. Con toda sinceridad, me doy cuenta de que hay millones en este mundo cuyos sufrimientos exceden cualquier cosa que yo pueda imaginarme. Sin embargo, tuve una experiencia dolorosa el verano pasado que hizo un profundo impacto en mi vida. Tenía programado enseñar en mi iglesia una serie de cinco semanas titulada: «Jornada a la esperanza». En verdad estaba llena de esperanza y alegría, ya que descubrimos mi esposo y yo que esperábamos un bebé. Sabíamos que Dios nos había dado un don precioso. ¡Estábamos tan agradecidos! Pero entonces, justo dos semanas antes de que empezara la

conferencia, tuve un aborto espontáneo: un nene diminuto, de
once semanas, tal vez de como diez centímetros de largo, y
con unas pocas onzas de peso. Le pusimos el nombre de Jack,
por mi padre. Los sepultamos en nuestro patio, y plantamos
un rosal en memoria de su corta vida.

Creo que el corazón de Dios era darnos una dádiva pre-
ciosa. Y lo hizo. Jack siempre será parte de nosotros. Hallé
más fuerza, más determinación, más alegría en su corta vida
que casi con cualquier otra cosa en la que pueda pensar. Soy
una mujer cambiada. En serio.

En mi libro anterior, *This Isn't the Life I Signed Up For*,
mencioné a mi hermana Helen que trabaja con pacientes de
cáncer en el Hospital Infantil St. Christopher, en Filadelfia.
Ahora, en lo que a mí respecta, niños y cáncer no deberían
estar en la misma frase. Pero ella lo ve todos los días. Mi hermana dice —y de todos ella debe saberlo— que la tragedia
meramente saca lo que ya está allí. No hace a los padres más
fuertes. Si son fuertes, sobrevivirán. Si no, se desbaratarán.
Ella dice: «Algunos le echan la culpa a Dios. Otros dudan de
él. Los inteligentes *agradecen* a Dios por permitirles experimentar el tiempo que hayan tenido con su hijo».

¡Qué sabiduría! Los inteligentes *agradecen* a Dios por
permitirles experimentar el tiempo que hayan tenido con su
hijo. Yo estoy agradecida por esas pocas semanas que mi esposo y yo tuvimos a Jack. Es un recuerdo precioso, y Satanás
no puede robárnoslo. Escribí en ese libro (esto fue antes de
perder a Jack):

> Solía pensar que la adversidad era la mejor manera de
> edificar el carácter. Estaba equivocada. Es por cierto una
> manera, pero no es la más efectiva. (Y sin embargo, es otra
> torsión en el cerebro para los que nos especializamos en
> aprender todo mediante experiencias dolorosas.) La mejor

manera de edificar nuestro carácter es la meditación en las promesas de Dios, y convencer a nuestros corazones de su bondad. De esa manera, cuando la tragedia caiga, resistiremos. Esto lo sé con certeza: dos meses de tal meditación hicieron más para transformar mi personalidad que veinte años de estudio bíblico para tratar de «buscar y hallar la respuesta correcta».

No somos transformadas elevándonos a la altura de la ocasión. No ascendemos a la altura de la ocasión porque fuimos transformadas. ¿Cómo somos transformadas? Por la renovación de nuestro entendimiento. *Convenciendo a nuestro corazón de que Dios es bueno, aunque nuestras circunstancias no lo sean.*

Pues bien, al parecer el *gran escorpión* había leído mi libro, pero pienso que en realidad yo no creía lo que había escrito. Estaba a punto de hallar por mí misma lo que realmente creía, pero primero este es un pensamiento que me vino a la mente: *¿en dónde estaba Dios cuando el ladrón vino a robar, matar y destruir? ¿No lo vio venir? ¿Por qué no lo detuvo?*

Debo decirte que cuando le hice a Dios esa pregunta, su respuesta fue tan clara que sencillamente no pude dejar de verla. Hallé que cuando Dios me habla, lo hace a través de las Escrituras. Y esto fue lo que me dijo:

> «Satanás ha pedido *zarandearlos* a ustedes como si fueran trigo. Pero yo he orado por ti, para que no falle tu fe. Y tú, cuando te hayas vuelto a mi, fortalece a tus hermanos.
>
> Lucas 22:31-32 (*énfasis añadido*)

Esas fueron las palabras que el Señor le dijo a Simón Pedro. Ahora, esto es lo que la mayoría de nosotras quisiéramos que el versículo dijera: «Satanás ha pedido zarandearte como a trigo, pero yo le he dicho que ¡ni en sueños! No puedes ponerle ni un dedo encima». Pero no es eso lo que dice. Es más, permíteme leer entre líneas un poco más. Pienso que Jesús decía:

> Simón, Satanás pidió zarandearte como a trigo. No fue una decisión fácil para mí, pero decidí, en este caso en particular, permitirle que lo haga. Tengo una tarea muy importante para ti. No hay otra manera en que puedas hacer lo que te llamo a hacer a menos que domines ciertas lecciones. El deseo de mi corazón era enseñarte cada una de ellas de la manera más fácil. Por eso pasé tres años contigo. Llegaste hasta aquí, pero tienes que ir mucho más allá. Las cosas que no aprendiste sentado a mis pies ahora debes aprenderlas por la vía dura, conforme el enemigo te zarandea como a trigo. Pero yo oro por ti, y sé que saldrás avante. Cuando lo hagas, usa todo lo que aprendiste para fortalecer a tus hermanos.

Eso es precisamente lo que pienso que Dios quería decirme. Creo que eso es lo que quiere decirles a algunas de ustedes. Dios desea que aprendamos nuestras lecciones de la manera fácil, sentadas a los pies de Jesús. Él no quiere que nuestra vida provea suficiente material dramático para formar un largometraje. Desdichadamente, algunas de nosotras simplemente no nos quedamos allí lo suficiente, así que acabamos aprendiéndolo por la vía dura, conforme Satanás nos zarandea como a trigo.

Creo que Dios tiene una tarea específica para cada creyente. Junto con esa tarea, él preparó un curso específico de estudio para tu vida. Hay ciertos requisitos previos que tienes que reunir antes de que puedas pasar al siguiente nivel de servicio y utilidad en su reino. Ahora bien, si todo lo que haces es sentarte en una banca, Satanás no te zarandeará mucho; pero entonces, tu vida tampoco contará para gran cosa.

Pero no te equivoques en esto: mientras más significativa sea la tarea que estás dispuesta a realizar, más riguroso será el curso de estudio que Dios requerirá. Y él te dará una oportunidad tras otra de «captarlo»; de dominar las lecciones. ¿Notaste alguna vez cuánto de lo mismo sigue sucediéndote? ¿O sigues hallándote en situaciones que recaban la misma respuesta? Y piensas: *¿por qué estas cosas siguen sucediéndome? ¿Por qué?* Porque todavía no lo «captas». Cuando finalmente lo hagas, podrás tomar una clase diferente. Por supuesto, con toda probabilidad será una enseñanza incluso más dura, pero al menos no será la misma, la misma vieja.

Como ya confesé, mi clase en particular era «Experiencias extrañas 101». A pesar de mis años de estudio bíblico y profundas nociones teológicas, nunca se me ocurrió que Dios estaba allí todo el tiempo para decirme: «¡Hola! ¿Podrías, por favor, captar esto antes de que podamos *avanzar?* ¡Porque no podemos hacerlo mientras no lo captes!»

Me avergüenza admitirlo, ¡pero fallé el mismo tonto examen una y otra vez! Cada vez que algo extraño sucedía, lo primero que hacía era cuestionar la bondad de Dios. Entonces organizaba una fiesta de lástima. Me quejaba y gemía a cualquiera que me oía. Ahora, cuando miró hacia atrás, es dolorosamente obvio que Dios permitiera que Satanás siguiera atizando la llama. Las cosas pasaban de «extrañas» a «peores». El enemigo atacaba mi coche, mi casa, mis amistades, mis finanzas, mi salud, mi ministerio y mi vida personal. Y casi sin excepción fallé la soberana prueba cada vez.

Pero, el enemigo exageró su mano. La empujó demasiado. Estoy convencida de que perder a nuestro nené fue el más grande error de cálculo que el enemigo jamás hubiera cometido en mi vida. Creyó que organizaría otra de mis famosas fiestas de lástima: «Dios en realidad no me ama. Se ensañó conmigo de nuevo. ¿Por qué permite que esto siga sucediéndome a mí?» Allá es exactamente adonde me dirigía. Una hora después del nacimiento del nené, estaba sentada junto a mi esposo y lloraba histéricamente. Empecé a quejarme a grito entero: «¿Por qué, Dios? ¿Por qué? ¿Por qué estas cosas siguen sucediéndome? ¿Por qué? ¿Por qué? ¿Por qué?»

Entonces algo vino sobre mí. Pienso que fue el poder del Espíritu Santo. Literalmente me puse de pie y dije: «No, diablo. No me vencerás en esto». Sabía con todo lo que tenía por dentro y como nunca antes que «Dios es bueno... aunque mis circunstancias no lo fueran».

Supe en ese momento, muy dentro de mi ser, que esas eran las palabras más verdaderas que jamás había dicho. Estoy convencida de que la fuerza vino de las horas incontables que pasé meditando en la Palabra de Dios, meditando en su bondad. Mi corazón finalmente estaba convencido dentro de mí: Dios es bueno. Como Job dijo: «He aquí, aunque él me matare, en él esperaré» (Job 13:15, RVR-60). Sabía que todo don perfecto que jamás había disfrutado, toda cosa buena que jamás me había sucedido en la vida venía directamente de la mano de Dios. Lo sabía: «Dios es bueno... aunque mis circunstancias no lo fueran».

¿Sabes? El enemigo es el que viene a robar, matar y destruir. Satanás y sus secuaces estaban detrás de cada cosa terrible que siempre nos ha sucedido a ti y a mí. Y será mejor que el enemigo se cuide ahora porque *ya lo capté*. Por fin, *ya lo entendí*. Te diré otra cosa: estoy en la misión de asegurarme de que el enemigo pague el precio completo por cada cosa que me pudo robar. Pienso en este mismo momento, mientras escribo estas palabras, y tú las lees, ¡que él está pagando!

Porque sé que algunas de ustedes finalmente *lo entendieron.* ¡Despiértate! El enemigo es el que viene para robarte el gozo, matar tus sueños, y destruir tu vida.

La iglesia tiene un problema de ira. No que nosotras estemos también furiosas. No estamos furiosas lo suficiente. Necesitamos ser buenas y furiosas. Excepto que necesitamos enfurecernos contra lo correcto: no furiosas contra nuestros padres ni contra nuestros esposos; ni furiosas contra nuestras compañeras de trabajo o nuestro pastor; no furiosas contra nuestras circunstancias, y por cierto no furiosas contra Dios, que jamás ha hecho nada excepto bendecirnos. Necesitamos ser buenas y furiosas contra el enemigo. Ese *gran escorpión.* Y debemos dedicar nuestras vidas a aplastarlo bajo nuestros pies. La Biblia dice que es allí donde él pertenece. Algunas de ustedes necesitan levantarse y confesar: «Diablo, ahora sí que me enfureciste. Te haré pagar por todo lo que siempre me pudiste hacer».

¿Cómo le haces pagar? Nada puede ser más fácil: dedicarás tu vida a glorificar a Dios, decidirás firmemente cumplir sus propósitos para tu vida. Poder decir, incluso como Jesús pudo hacerlo al hablar con el Padre: «He terminado la tarea que me diste que hiciese». Haces que el enemigo pague al aprender tus lecciones, al aprobar tus pruebas *la primera vez,* y al cumplir la tarea específica que se te asignó en el reino de Dios.

Dios tiene una tarea específica para ti. Junto con eso viene un programa de estudio específico: un conjunto de lecciones que aprender y exámenes que aprobar. La decisión es tuya. Puedes aprender las lecciones a la manera fácil, sentada a los pies de Jesús; o puedes aprenderlas por la vía dura, con Satanás que te zarandee como a trigo. Veamos la opción número uno.

Opción uno: la manera fácil, sentada a los pies de Jesús

Nos sentamos a los pies de Jesús mediante las disciplinas espirituales de la oración, ayuno, estudio bíblico y adoración congregacional, que consideraré en mayor detalle en el próximo capítulo. Por ahora, permíteme simplemente decir que toda persona que lee este libro necesita asistir a un estudio bíblico semanal. Si piensas: *pues bien, ya sabía eso,* excelente. Entonces ya deberías enseñar. Lo sé, lo sé, no tienes tiempo. Pues bien, créemelo, aprender a la manera fácil consume muchísimo menos tiempo que por la vía dura. Si con sinceridad piensas que puedes ahorrar tiempo al descuidar la comunión y la responsabilidad, y al descuidar el estudio sistemático de la Palabra de Dios, estás seriamente engañada.

Cuando se trata de aprender en el salón de clases de Dios, no podemos esperar graduados si estamos constantemente ausentes a clases. Dios provee la oportunidad, pero nosotros debemos exponernos a la misma. Él enviará personas a tu vida: pastores, maestros, autores y amigas con palabras para atizar tu crecimiento espiritual. Sin embargo, es tu responsabilidad estar disponible y dispuesta a oír sus palabras con el corazón abierto. Dios se comunicará contigo mediante la oración, pero tú eres la responsable de separar tiempo para la oración. Dios te

> Cuando se trata de aprender en el salón de clases de Dios, no podemos esperar graduados si estamos constantemente ausentes a clases.

enseñará mediante la Biblia y ajustará la lección para que encaje en tus necesidades, pero es responsabilidad tuya estudiar y meditar en su Palabra. Dios te limpiará en los momentos de silencio y hablará con su voz apacible y delicada, pero tú tienes que apagar el ruido lo suficiente como para escuchar.

Algunas piensan: *¿disciplinas espirituales? Suena aburrido. ¿Cuál es la opción número dos?* Me alegro de que lo pregunten.

Opción número dos: la vía dura Satanás te zarandea como a trigo

Antes de avanzar más, pienso que es importante recalcar que Dios permitirá que Satanás te zarandee solo si hay algo en tu vida que quiera limpiar. ¡Espero que eso sea algo de consuelo! La forma más básica de ese zarandeo es estar alrededor de *personas irritantes.* Por ejemplo, por muchos años enseñé en casa a mis hijos, y a menudo decía: «Si no fuera por mis hijos, me encantaría enseñar en la casa. Y si no fuera por la escuela en casa, probablemente amaría a mis hijos». Cuando estaba rodeada todo el día por esos «pequeños pecadores», ellos parecían pecar todo el tiempo. Pero eso no es lo peor. ¡Ellos *me hacían* pecar! Una cosa con la que lucho en mi vida son mis pensamientos. A veces cuando mis hijos me enloquecían, me alejaba a mi mundillo de fantasía. Soñaba con un hombre… en un bus escolar amarillo que los raptaba. Sabía que si simplemente pudiera despachar a mis hijos a un internado, sería la madre del año. En lugar de eso, ¡ellos seguían haciéndome pecar! Un día Dios me dijo: «Donna, tus hijos no *te hacen* pecar. Ellos *revelan* tu pecado».

¿Lo adivinas? Tus hijos no te hacen pecar. Tu esposo no es el que te hace pecar. El que te falte esposo no te hace pecar. Tu jefe no te hace pecar. La gente de la iglesia no te hace pecar. *Revelan tu pecado.* Y encima de eso, te hacen un favor. Con el pecado hay que lidiar en tres pasos, según 1 Juan 1:9: «Si confesamos nuestros pecados, Dios, que es fiel y justo, nos los perdonará y nos limpiará de toda maldad».

Eso es cristianismo 101. Dios desea que seamos limpios de pecado. A fin de que eso suceda, debemos confesarlo. Pero no lo confesaremos a menos que lo confrontemos. Piensa en esto por un momento. La gente irritante te obliga a:

1. Confrontar tu pecado para que puedas
2. Confesarlo para que Dios pueda
3. Limpiarte de ese pecado

Así que, como ves, la gente irritante en realidad realiza un servicio público importante. Tengo una asignación especial para ti. Quiero que escribas una nota de agradecimiento a la persona más irritante que conozcas. Puedes ser sincera: *«Querida Sara, quiero agradecerte por el papel poderoso que juegas en mi crecimiento espiritual. Me faltan palabras para decirte las maneras en que Dios transforma mi vida mediante mi relación contigo. Sinceramente, tu hermana en Cristo».*

Las circunstancias irritantes son el próximo nivel de aprendizaje por la vía dura. Ya hablé algo sobre este tema en particular, pero sospecho que algunas de ustedes puedan ser imanes de experiencias extrañas también. Algunas no pueden ir a ninguna parte sin encontrar una circunstancia irritante. A dondequiera que van, algo sale mal: el supermercado, el cine, el centro comercial. ¿Siempre te toca el carril lento dondequiera que vas? ¿Siempre te toca la cajera que no tiene ni idea de lo que hace? Yo estaba convencida de que había una persona cuya única responsabilidad en la vida era conducir delante de mí todo el día, y que ponía esos conos plásticos anaranjados de zona de construcción simplemente para estorbarme el paso.

Piensa en esto de esta manera: tal vez si te sientas con calma a los pies de Jesús, no acabarías sentada en el tráfico siempre, ¡porque Dios no permitiría tantas circunstancias irritantes en tu vida!

Si todavía no lo captas, Dios permitirá que Satanás realmente te zarandee como a trigo y permitirá pruebas dolorosas: «Hermanos míos, considérense muy dichosos cuando tengan que enfrentarse con diversas pruebas, pues ya saben que la prueba de su fe produce constancia» (Santiago 1:2-3).

La verdad es que algunas lecciones se pueden aprender solo por la vía dura, en el mundo real. Yo saqué calificaciones sobresalientes en mis exámenes de química, pero fallé en la parte de laboratorio. Era muy buena para el conocimiento del libro, pero entonces tuvimos que dar el siguiente paso y aplicar a una situación real en el mundo lo que habíamos aprendido. Allí es donde lo eché todo a perder. Para algunas clases de la vida, Dios exige que tomemos el componente de laboratorio. Permaneciendo en calma y confiadas en Dios, incluso al enfrentar los exámenes del mundo real, progresaremos en nuestro curso de estudio. Así es como Andrew Murray, un autor del siglo diecinueve, lo describió en su libro *Humildad:*

> En tiempo de problemas di: primero, él me trajo aquí. Es por su voluntad que estoy en este lugar; en eso descanso. Luego, él me guardará en su amor y me dará la gracia en esta prueba para que me comporte como su hijo. Después, él hará de la prueba una bendición, y me enseñará las lecciones que quiere que yo aprenda, y obrará en mí la gracia que quiere para mi vida. Finalmente, en su tiempo, él me sacará de nuevo, cómo y cuándo solo él lo sabe. Di: Estoy aquí. Por asignación de Dios, al cuidado de Dios, bajo su entrenamiento, por el tiempo que él decida.[2]

La manera fácil o la vía dura. Puedes sentarte a los pies de Jesús o dejar que Satanás te zarandee como a trigo. Depende de ti. Incluso cuando aprendes por la vía dura, recuerda que Dios está en medio de todo eso. Dios nunca permitirá que Satanás te zarandee a menos que tenga un plan específico en mente sobre cómo él puede obrar en esa experiencia para tu bien, al fin. No que tu dolor sea idea de Dios, sino que él tiene una idea para sacar de eso algo bueno.

Uno de mis personajes favoritos de la Biblia es José. Estoy segura de que recuerdas su historia. Sus hermanos lo vendieron como esclavo. La esposa de su dueño trató de seducirlo, y luego lo acusó falsamente de atacarla. Lo echaron en la cárcel —una mazmorra, en realidad— y allí lo dejaron que se «pudriera» por muchos años. El enemigo estaba detrás de todo eso. El odio de los hermanos, la seducción y mentiras de la esposa de Potifar; y puedes estar segura de que Satanás estaba muy atareado obrando en esa mazmorra. Pero Dios estaba allí también. José aprendió algunas de sus lecciones por la vía dura, pero las aprendió bien. Cuando por fin tuvo la oportunidad de confrontar a sus hermanos que le causaron tanto dolor, él dijo:

> Es verdad que ustedes pensaron hacerme mal, pero Dios transformó ese mal en bien para lograr lo que hoy estamos viendo: salvar la vida de mucha gente.
>
> Génesis 50:20

Dios quiere darte buenas dádivas, pero tiene una meta incluso más alta para tu vida. Yo quiero darles buenas dádivas a mis hijos, pero más importante, quiero forjar su carácter para prepararlos para el resto de sus vidas. Solo un padre irresponsable colmaría a sus hijos de regalos y nunca los entrenaría ni disciplinaría. Dios disciplina a sus hijos porque los ama. Él quiere prepararnos para el servicio en su reino, tanto aquí en la tierra como en el reino que viene.

El enemigo siempre se entromete en tus circunstancias, y Dios obviamente le da espacio para que lo haga. ¿Por qué? Porque Dios siempre se concentra en tu carácter y tu futuro:

> Una gloria eterna que vale muchísimo más.
>
> 2 Corintios 4:17

La película *Fuera de África* contiene una escena interesante en donde Karen Blixen acaba de llegar a Kenia de Dinamarca, y no tiene ni la menor idea de la vida en la sabana. Está caminando por el campo, sin armas, cuando una leona la confronta. Mientras ella se queda helada, presa del terror, un cazador sabio la ve y le ofrece su consejo desde la distancia gritándole: «No corra, baronesa, o la leona pensará que usted es algo bueno para comer». Entonces ella mira fijamente a la leona directo a los ojos y se queda quieta; con toda certeza, la leona se aleja.

Sí, tenemos un enemigo que anda por todos lados como león rugiente, buscando activamente a alguien a quien devorar. Pero si sencillamente nos quedamos firmes frente a sus ataques, él se irá a rugir a otra parte. Tenemos la Palabra de Dios respecto a eso: «Resistan al diablo, y él *huirá* de ustedes» (Santiago 4:7 *énfasis añadido*). No necesitamos obsesionarnos por él, pero tampoco debemos ignorarlo. Debemos verle como el león rugiente que es, y responderle de acuerdo a eso. Así que no corras, mantente firme.

¿DE QUÉ PEREGRINA MANERA SE SUPONE QUE DEBO HALLAR TIEMPO PARA DIOS?

«Estoy atrasado. Estoy atrasado para una cita muy importante. Estoy atrasado, estoy atrasado, estoy atrasado», dice el conejo blanco en *Alicia en el país de las maravillas*.

Quiero empezar donde terminé el capítulo previo, con el asunto de aprender nuestras lecciones a la manera fácil, en lugar de por la vía dura (también conocida como la manera de largometraje). Demasiadas de nosotras vivimos a un ritmo frenético al tratar de ser todo para todos. Algunas de ustedes todavía tratan de criar a sus hijos, y ahora sus padres se convirtieron en hijos pequeños. Son parte de la generación sándwich, atrapada entre lealtades y obligaciones en competencia. Entre llevar a Jasón a la escuela y traerlo, o llevarlo a los juegos de baloncesto, y llevar a Catalina a tiempo para la práctica de la banda, tienes que llevar a tu madre por enésima vez en este mes a la cita con el médico. O tus hijos ya crecidos actúan como niños, así que ahora tienes que criar a los hijos de ellos justo cuando pensabas que ya habías terminado de hacerlo.

Tal vez eres una madre que trabaja, dividida entre las demandas de tu jefe y las de tu familia. Tal vez eres una madre que se queda en casa y lucha por sobrevivir con un salario en un mundo donde se vive con dos. Pasas la mitad del día persiguiendo a los chiquillos y la otra recortando cupones y corriendo a tres diferentes supermercados en un esfuerzo desesperado para ahorrar unos cuantos centavos.

El único tiempo que te sientas lo suficiente para meditar en la locura de tu drama personal digno de un premio Emmy es el domingo por la mañana, cuando el pastor tiene el coraje de sermonearte sobre la importancia del tiempo de devociones diarias. *¡Por favor! ¿A quién engaña él?* Aun si pudieras lograr que tu vida se detuviera por cinco segundos, probablemente no podrías pasar ese tiempo leyendo la Biblia, ¡porque estarías aturdida! Las únicas mujeres que tienen un tiempo diario de quietud son las que tienen esposos que ganan salarios de seis cifras. También son las únicas que derrochan suficiente energía como para saltar de la cama por la mañana, porque tienen un entrenador personal y pasan su tiempo libre tomando lecciones de tenis y masajes faciales.

Pero las mujeres reales no tienen tiempo para Dios. El mundo entero nos *necesita ahora* mismo, y si no manejamos todo personalmente *ahora mismo,* no se hará, y el mundo se desbaratará. Me encanta lo que dice el canto de Sara Groves, «*How Is It Between Us*» [Cómo van las cosas entre nosotras]:

> Cuando me despierto, estoy en camino para reinventar la rueda ¡y salvar el día!

En caso de que te hayas olvidado, la rueda ya fue inventada, así que no necesitas agotarte tratando de hacerlo. ¡Pero eso no impide que la gente siga tratando de hacerlo de todas maneras! ¿Cuántas de nosotras pasamos *horas* todos los días haciendo cosas que no se necesitan o que con facilidad pudiera hacerlas *otra persona*? ¡Somos indispensables! O por lo menos eso pensamos. ¿Puedo preguntarte algo? ¿Cómo es posible que seas más indispensable que el Hijo de Dios? ¿Cómo es posible que cuando Jesús anduvo en esta tierra, de alguna manera se las arregló para hallar tiempo para pasarlo con su Padre Celestial, pero nosotras estamos demasiado atareadas, demasiado importantes como para separarnos de nuestra agenda por treinta minutos? Perspectiva, hermanas. Pon tus problemas y demandas diarias en perspectiva. De eso es lo que trata todo este libro. Observemos a los discípulos mientras tratan de arrastrar a Jesús al modo de largometraje:

> Muy de madrugada, cuando todavía estaba oscuro, Jesús se levantó, salió de la casa y se fue a un lugar solitario, donde se puso a orar. Simón y sus compañeros salieron a buscarlo.
> Por fin lo encontraron y le dijeron:
> —Todo el mundo te busca.
>
> Marcos 1:35-37

¿Todo el mundo buscaba a Jesús? *¿Todo el mundo?* Sin duda miles buscaban, pero no *todo el mundo.* ¿Ves cómo el melodrama simplemente eleva las cosas fuera de control? ¿No era suficiente dramático que miles buscaran a Jesús? Los discípulos tenían que exagerarlo a proporciones incluso mayores. Tuvieron que «buscarlo» (como si estuviera perdido), y exclamar (como si él no lo supiera): «¡El planeta entero te busca!»

Estoy segura que eres una mujer maravillosa y con los pies bien plantados en el suelo, y no tengo la intención de lastimar tus sentimientos. Pero sí quiero darte una prueba real seria y aleccionadora: *no todos* te buscan. *No todos* te necesitan. La Tropa Café no se derrumbará si renuncias como madre del cubil. La iglesia no se desbaratará si tomas un año sin enseñar el estudio bíblico. Tus hijos no se morirán si cenan con sándwiches de mantequilla de maní y mermelada una noche por semana.

Me apresuro a añadir que debe ser mantequilla de maní sin aditivos y pan de trigo integral. Añado eso porque en una ocasión recibí una carta de una mujer que estaba profundamente preocupada debido a que la revista *Enfoque a la familia* había publicado una fotografía de mi familia, junto con un artículo que escribí, titulado: «Cuando papá está sin trabajo». Alístate para la sorpresa: yo servía a mis hijos sándwiches *¡y papitas fritas!* La mujer no se interesó en lo más mínimo en que mi esposo había estado desempleado o subempleado por cinco años, sino que todo ese asunto del escenario de las papitas fritas simplemente la sacó de sus «casillas».

Si Jesús, que vino a esta tierra para salvar al mundo, pudo tomar tiempo libre de su trabajo de predicar las Buenas Nuevas a los pobres, dar de comer a los hambrientos, sanar a los enfermos y revivificar a los muertos, estoy segura que tú puedes tomar un receso también. Es más, apuesto a que podemos hallar a una docena de tus amigas y parientes que se levantarían y exclamarían: «¡Quisiéramos que esa mujer se tomará un receso!» Si simplemente escucháramos a Dios y siguiéramos adonde nos dirige, pronto descubriríamos que él abre una senda ante nosotras. «Ya sea que te desvíes a la derecha o a la izquierda, tus oídos percibirán a tus espaldas una voz que te dirá: "Éste es el camino; síguelo"» (Isaías 30:21). Dios enviará a nuestro camino a las personas y oportunidades apropiadas. Literalmente arreglará encuentros «casuales» con las *mismas personas* que tendrán respuestas que de otra manera acabaríamos buscando frenéticamente sin resultados.

Apenas como un pequeño ejemplo: hace unas pocas semanas me sentía entregándome al modo de largometraje por el concierto escolar venidero de mi hija. Simplemente *tenía* que llamar a la maestra a cargo, y *urgentemente necesitaba* decirle que Lea no estaba preparada para interpretar las dos piezas que se suponía que debía tocar. Yo hacía todo lo que podía en el frente de casa para que practicara intensamente, pero tenía que cubrir todas las bases. Llamé a la casa de la maestra una docena de veces en el curso de dos semanas, pero ella (como mujer muy inteligente que es) evidentemente tenía descolgado su teléfono. Por supuesto, ya que nunca podía hallar su número telefónico cuando *lo necesitaba, tenía* que pasar diez minutos en su búsqueda y gritando a mis hijos cada vez que me acordaba de llamar. ¿Cómo podía de alguna manera peregrina tener mi tiempo de quietud cuando yo tenía que ¡*salvar el día!*?

Ahora bien, esto es cierto. Una mañana me arrastré fuera de la cama decidida a pasar tiempo con Dios, así que me senté en mi mecedora. Mi hija ya estaba atrasada, pero por primera vez, no perdí los estribos. Más bien, con toda calma, la llevé a la escuela. Para sorpresa, la maestra en cuestión estaba sola leyendo un libro. Esta es una escuela cristiana con poco personal (amigas). Nunca jamás, ni antes ni después, he visto a una de las maestras sentada imperturbable durante horas de clases. Pero allí estaba ella. Empecé a hablarle de la catástrofe inminente, pero ella sonrió con toda cortesía y miró a mi hija, la cual, con toda calma, dijo: «Yo estaré lista». En ese momento regrese corriendo a mi automóvil. En cuanto al resto de la historia, mi hija pasó al piano a la noche siguiente e interpretó dos hermosos solos. Pues bien, gracias a Dios que tuve mi parte en reinventar la rueda.

¿Te asombraría descubrir que Dios sabe lo que necesitas antes de que tú lo necesites? ¿Suena eso demasiado difícil para Dios? Es más, Dios sabe lo que tu esposo, tus hijos y tu iglesia necesitan. Las cosas son incluso mejores. No solo que él sabe tus necesidades, sino que puedes tener completa confianza de que él *puede y quiere* suplirlas, conforme a sus riquezas en gloria. Por eso Jesús dijo:

Y al orar, no hablen sólo por hablar como hacen los gentiles, porque ellos se imaginan que serán escuchados por sus muchas palabras. No sean como ellos, porque su Padre sabe lo que ustedes necesitan antes de que se lo pidan. Ustedes deben orar así: «Padre nuestro que estás en el cielo, santificado sea tu nombre, venga tu reino, hágase tu voluntad en la tierra como en el cielo. Danos hoy nuestro pan cotidiano».

Mateo 6:7-11

Dios sabe lo que necesitas antes de que tú lo necesites. Ahora bien, combinemos esto con nuestro versículo clave del capítulo previo, y veamos qué es lo que podemos tener:

Toda buena dádiva y todo don perfecto descienden de lo alto.

Santiago 1:17

Así que servimos a un Dios que sabe lo que necesitamos *y* se deleita en dar buenas dádivas a sus hijos. Llegué a creer que la mejor analogía para la oración es la que propuso Andrew Murray en el año 1800:

La oración es la recolección de dádivas.

Mediante la oración entramos al salón del trono de Dios, en donde él espera con buenas dádivas que anhela darnos. Nos acercamos al trono de la gracia con confianza (cf. Hebreos 4:16), y Dios llena nuestros brazos con regalos para nosotros, para nuestros seres queridos y para el mundo en general. Solo cuando pasamos tiempo recogiendo dádivas en el salón del trono, tenemos algo de genuino valor que ofrecer a las personas que encontramos todos los días.

Si te pareces en algo a la mayoría de los creyentes, tu vida de oración no es exactamente una aventura emocionante.

Por supuesto que oras. Pero, ¿es la oración la *cosa singular* que preferirías hacer más que casi cualquier otra cosa? Pienso que puede serlo, una vez que descubras qué es la oración. Con toda probabilidad tienes una lista de oración. Miras a tu alrededor y tomas notas respecto a los problemas que ves en el mundo, y empiezas contigo misma y tus necesidades personales, pero luego la amplías para incluir a tu familia, amigos, y vecinos; y tal vez hasta oras por el mundo. No hay nada inherentemente malo en eso. Sin embargo, a veces las listas de oración pueden llegar a convertirse en un estorbo para la oración auténtica.

> Solo cuando pasamos tiempo recogiendo dádivas en el salón del trono, tenemos algo de genuino valor que ofrecer.

Pensamos que sabemos lo que la gente necesita, pero en realidad no lo sabemos. Por eso nuestras listas de oración a menudo no son nada más que nuestra propia agenda: en el mejor de los casos, adivinanzas sensatas; y en el peor, una lista de demandas. Conozco a una mujer que oró por varios años y le pidió a Dios que le enviara amigos consagrados a su hija adolescente. Pues bien, eso suena como una petición razonable de oración, ¿verdad? Amigos consagrados serían la dádiva perfecta para cualquier adolescente. Sin embargo, día tras día, año tras año, esa oración quedó sin contestar. Cuando la joven llegó a la edad adulta, le dijo a su madre: «*Jesús* es el mejor de mis amigos». Así que resultó que solo Dios sabía lo que la adolescente en verdad necesitaba. ¡Qué gran sorpresa! Si esto fuera un largometraje, ¡ese final sería toda una maravilla!

A lo mejor piensas que tu esposo merece una ascenso en su trabajo, pero Dios sabe que él necesita reconocer que es tiempo de dejar ese trabajo porque Dios tiene algo mejor en mente. O tu esposo no recibió la promoción porque tiene defectos de carácter que Dios quiere transformar. Mientras más pronto se realice «el zarandeo», más rápido tendrás un mejor cónyuge (esa es tu *otra* petición de oración, ¿verdad?). Puedes incluso pensar que *tú* mereces una promoción, pero vuelve a leer el párrafo.

Nuestras listas de oración pueden ser útiles, pero a veces estorban. Si no aprendes nada más de este libro, quiero que recuerdes esto:

Dios es el que tiene las listas de oración.

Tal como lo oyes. La lista real de oración es la que Dios tiene en el cielo. Así como deseas compartir tu lista de oración con él, él quiere compartir su lista contigo. En efecto, 2 Crónicas 16:9 dice:

El SEÑOR recorre con su mirada toda la tierra, y está listo para ayudar a quienes le son fieles.

Dios busca activamente a personas que dejen a un lado sus propias listas de oración y en su lugar escuchen atentamente su voz para que él pueda decirles lo que tiene en el corazón. Eso es lo que Jesús quiso decir cuando nos instruyó con respecto a orar al Padre: «Venga tu reino, hágase tu voluntad».

La próxima vez que ores, ¿por qué no tomas una hoja en blanco y dices: «Padre, ¿qué hay en tu lista de oración hoy? ¿Qué buenas dádivas deseas darle a tu pueblo?» Pero ten cuidado, a lo mejor resulta que Dios quiere organizarle una fiesta a alguien que piensas que él debe castigar. ¿Podrías vértelas con eso? Me encanta Lucas 15:31, en donde el padre le dice al obediente hermano mayor (en la parábola del hijo pródigo): «Tú siempre estás conmigo, *y todo lo que tengo* es tuyo» (*énfasis añadido*).

Tal vez lo que recuerdes es que el hermano mayor se hizo
a sí mismo desdichado al *trabajar* para su padre, pero obviamente no entendía lo que se proponía su padre. ¿Por casualidad
estás viviendo como el hermano mayor? Si es así, me gustaría
interrumpir tu largometraje programado en forma regular para
darte un noticiero relámpago: el planeta entero, con todos y
todo lo que hay en él, está a disposición de Dios. No es que él
se quede sin dinero o el tiempo se le acabe. Dios puede manejar los problemas mucho mejor que tú. Sin embargo, él no
manejará tus problemas mientras tú sigas en la tarea.

Martín Lutero lo dijo de esta manera: «Tengo tanto que
hacer hoy que pasaré las primeras tres horas en oración». Creo
que una de las acciones más poderosas que podemos realizar,
que cambian la vida y que destruyen el modo de largometraje, es cultivar disciplinas espirituales en nuestras vidas. Hace
veinticinco años, Richard Foster escribió un
fenomenal libro titulado *Cele-
bración de disciplina*. Muchos
estadounidenses probable-
mente miran el título y dicen:
«¿Eh? ¿Por qué iba uno a celebrar la disciplina? ¿De qué
manera la disciplina es algo
para celebrar?» La disciplina
tiene connotaciones negativas

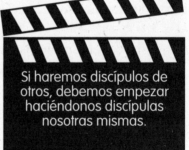

Si haremos discípulos de otros, debemos empezar haciéndonos discípulas nosotras mismas.

para la mayoría de nosotros. Disciplina quiere decir una zu-
rra, un castigo.

Pero la disciplina es la esencia de ser discípulo. Según el
diccionario, un discípulo es «un aprendiz, un estudiante, uno
que recibe instrucción de otros». Jesús no dijo: «Vayan, y
hagan convertidos»; «Procuren que la gente tome decisiones
con Cristo». Él dijo: «Hagan discípulos». Si haremos discípulos de otros, debemos empezar haciéndonos discípulas nosotras mismas.

¿Empiezo a ponerte nerviosa? ¿Suena esto como otro sermón sobre la importancia del tiempo diario de quietud? Sigue prestando atención y te prometo recompensarte con un don al final. Uno de los más grandes autores cristianos de la era moderna fue fray Henri Nouwen, un sacerdote holandés de agudo intelecto y rara perspectiva espiritual. Él observaba:

> La disciplina es el esfuerzo humano de hacer el espacio en
> el que Dios puede ser generoso y darte lo que necesitas.[1]

Si eso no te bendice hasta el tuétano, se me acabaron las ideas. Leemos la Palabra de Dios, ayunamos, asistimos a la adoración congregacional. ¿Por qué? Porque necesitamos abrir espacio en nuestras vidas para que Dios *nos dé libremente lo que necesitamos*... ¡y mucho más! ¿Cómo hacemos espacio para que eso suceda? Quisiera sugerir tres cosas:

1. Hacer el espacio físico
2. Despejar los escombros
3. Vivir como discípula

HACER EL ESPACIO FÍSICO

Primero, hacemos el espacio para que Dios nos bendiga separando un lugar físico en donde encontrarnos con él. Pero antes de decirte cómo hacerlo, permíteme ilustrar por qué esto es tan importante. Cuando me mudé a mi cabaña en las montañas, en 1988, traje conmigo dos perros muy necios: Apestoso y Zambullidor. Ocasionalmente descendía al punto tan bajo de llamarlos Tonto y Tonto de Capirote. Aunque estábamos rodeados de diez hectáreas de tierra deshabitada, a mis perros les encantaba salir a correr en la carretera. Ahora bien, si yo fuera un perro, me gustaría correr por los bosques y perseguir conejos y codornices. Desdichadamente, mis caninos preferían quedarse en plena mitad de la carretera. Y puesto que eran en extremo tontos, nunca se les ocurrió que debían salirse de la carretera cuando venía un auto.

Evidentemente, el hecho de que mis perros producían una versión de camino de tierra de un embotellamiento de tráfico no divertía a algunos de mis vecinos. Repetidamente secuestraban a mis perros y los entregaban a las autoridades locales. A la larga no tuve otra alternativa que ponerlos en una jaula. Ladraban noche y día, pero nunca se daban cuenta de que fue su propia necedad lo que arruinó su libertad. Fue su insistencia de correr por el lugar equivocado lo que los metió en problemas.

Pienso que eso es lo que nos mete a nosotras en problemas también. Corremos al lugar equivocado. Luego, cuando nos hallamos en jaulas de nuestra propia creación, ladramos contra nuestras circunstancias y los que nos rodean. Incluso le ladramos a Dios. Hay una mejor manera de vivir.

> Así dice el Señor: «Deténganse en los caminos y miren; pregunten por los senderos antiguos. Pregunten por el buen camino, y no se aparten de él. Así hallarán el descanso anhelado».
>
> Jeremías 6:16

¿Te pararás en el cruce de caminos de tu vida hoy y mirarás? ¿Serás sincera contigo misma en cuanto a dónde estás y cómo llegaste ahí? De una vez por todas, deja de echarle la culpa a todos y a todo; enfrenta a la persona en el espejo. ¿Te humillarás lo suficiente como para buscar a Dios para pedirle que te muestre otra manera de vivir? Y cuando Dios te muestra el buen camino, ¿decidirás andar en él? Si es así, Dios te ofrece una promesa en vez de una jaula. Hallarás descanso para tu alma:

Sólo en Dios halla descanso mi alma; de él viene mi salvación. Sólo él es mi roca y mi salvación; él es mi protector.
¡Jamás habré de caer!

Salmo 62:1-2

Un refugio es el lugar a donde corres en tiempos difíciles. Es el sitio en donde te sientes segura.

¿Adónde corres en tiempos difíciles? ¿Adónde corres
cuando te sientes deprimida? ¿Cuándo estás furiosa contra
alguien? ¿Cuando alguien lastimó tus sentimientos? ¿Cuándo te sientes derrotada y desalentada? Puesto que tengo la
audacia suficiente para hacer tales preguntas, permíteme dar
otro paso y contestarlas yo misma. No es raro que yo corra a
la comida (en la próxima sección te diré el otro lugar adonde
solía correr). Cuando digo comida, no quiero decir frutas y
legumbres. En el curso de muchos años cultivé el hábito de
correr a mis alimentos chatarra favoritos: galletas, helados,
caramelos, especialmente cuando alguien lastimaba mis sentimientos. Me ha ido mucho mejor en años recientes, pero
todavía tengo mucho camino para andar en esto.

Daba una mañana mi caminata regular cuando empecé a
juguetear con el Salmo 62. En lugar de decir que Dios es mi
fortaleza, lo sustituí diciendo que son mis comidas favoritas
el consuelo:

Solo en las *galletas de chocolate* halla descanso mi
alma; de las *galletas de chocolate* viene mi salvación.
Solo las *galletas de chocolate* son mi roca y mi salvación;
las *galletas de chispitas de chocolate* son mi protección.
¡Jamás habré de caer!

Inténtalo por ti misma y te darás cuenta lo ridículos que
podemos ser. Llena los espacios en blanco con el lugar a donde corres para consolarte.

Solo en _____ halla descanso mi alma;
de las _____ viene mi salvación. Solo
las _____ son mi roca y mi salvación;
las _____ son mi protección. ¡Jamás
habré de caer!

El primer paso para hacer el espacio en el cual Dios puede ser generoso y darte lo que necesitas es construir una fortaleza, un lugar seguro y saludable al que puedas huir; no solo cuando estás en problemas, sino para prevenir meterte en ellos, para empezar. Escoge algún lugar en tu casa para transformarlo en un oasis de oración o fortaleza espiritual. Puede ser todo un cuarto o simplemente un rincón. Puede ser en tu antejardín o en el patio trasero. Simplemente busca un lugar, y luego hazlo el lugar al que corres, el lugar en donde te sientes más segura, más contenta. Correrás allá en lugar de ir a la mitad de la carretera, ese lugar que te mete en problemas, sea el refrigerador, el televisor o la Internet.

Mi casa es un caos perpetuo, pero mi cuarto de oración siempre está nítido, y trato de hacerlo el lugar más hermoso y acogedor de la casa. Las paredes están pintadas con un color cálido. Hay encantadores cuadros victorianos en la pared. Arreglos florales. Una mesita cubierta de encaje blanco con una cascada y una vela encima. Cada ramo de rosas que mi esposo siempre me ha traído ahora ya está seco y cuelga en mi cuarto de oración. Tengo dos mecedoras y mi canasta de oración que contiene mi Biblia, diario de oración, y el libro devocional que leo ahora. Paso tiempo en mi cuarto de oración porque alimenta mi espíritu.

Las mujeres en mi Programa de Renovación en 90 días que aceptaron el reto de hacer un refugio dicen que eso transformó sus vidas. En lugar de una actitud que dice: «Pues bien, *tengo* que tener mi tiempo diario de quietud», enfócate en lo positivo. Fíjate en lo que puedes hacer, en lugar de en lo que «tienes que» o que «no se te permite» hacer. Tú puedes hacer un oasis de oración; tu propio refugio personal. Pasarás tiempo para nutrir tu espíritu allí. ¿No es mejor eso que decir: «No se me permite ver televisión»? Es: «Oigan, soy una mujer adulta y puedo hacer lo que quiera. Escojo nutrir mi alma y mi espíritu. Paso tiempo en mi oasis de oración porque es mi lugar favorito». Probemos el Salmo 62, pero esta vez sustituyamos con la frase *lugar de oración*, y veamos cuánto mejor resulta:

> Sólo en mi lugar de oración halla descanso mi alma; de mi lugar de oración viene mi salvación. Sólo mi lugar de oración es mi roca y mi salvación; mi lugar de oración es mi protección. ¡Jamás habré de caer!

¡Construye un refugio para ti misma! Luego, la próxima vez que necesites un lugar a donde huir, no solo tendrás un lugar seguro donde ir, sino que harás el espacio en el cual Dios puede ser generoso y darte lo que necesitas.

DESPEJAR LOS ESCOMBROS

Segundo, hacemos espacio para que Dios nos bendiga limpiando los escombros de nuestras vidas. El año pasado experimenté un avivamiento personal tremendo mientras escribía un libro basado en la vida de Nehemías, que volvió a Jerusalén con un grupo de personas con el propósito expreso de reconstruir los muros de la ciudad. Por mucho que me encantaría contarte todo lo que Dios me enseñó en ese proceso, tengo que contentarme con dos cosas que se destacan muy vívidas:

Por su parte, la gente de Judá decía:
«Los cargadores desfallecen, pues son muchos los escom-

bros; ¡no vamos a poder reconstruir esta muralla!»

Nehemías 4:10

Antes de que pudieran reconstruir las murallas, tenían que limpiar los escombros. Antes de que Dios pueda reedificar tu vida, tal vez tengas que limpiar algo de los escombros también. Proverbios 25:28 dice: «Como ciudad sin defensa y sin murallas es quien no sabe dominarse». Las murallas para nosotros son las disciplinas espirituales. Antes de que podamos reconstruirlas, antes de que podamos dedicarnos a tener un tiempo diario de quietud, a lo mejor necesitamos limpiar algo de escombros. Tal vez necesites limpiar los escombros de tu alacena, o de tu nevera. Tal vez necesites limpiar la basura de tu colección de video o DVD, o tu colección de libros y música. Tal vez necesites limpiar la basura de lo que ves en televisión, o tus hábitos en la Internet. Tal vez necesites limpiar los escombros de tu cabeza.

Algo en qué pensar, de todas maneras. Ahora para el aguijonazo real:

Antes de esto, el sacerdote Eliasib, encargado de los almacenes del templo de nuestro Dios, había emparentado con Tobías y le había acondicionado una habitación grande. Allí se almacenaban las ofrendas, el incienso, los utensilios, los diezmos del trigo, vino y aceite correspondientes a los levitas, cantores y porteros, y las contribuciones para los sacerdotes. Para ese entonces yo no estaba en Jerusalén, porque en el año treinta y dos de Artajerjes, rey de Babilonia, había ido a ver al rey. Después de algún tiempo, con permiso del rey regresé a Jerusalén y me enteré de la infracción cometida por Eliasib al proporcionarle a Tobías una habitación en los atrios del templo de Dios. Esto me disgustó tanto que hice sacar de la habitación todos los cachivaches de Tobías. Luego ordené que purificaran las habitaciones y volvieran a colocar allí los utensilios sagrados del templo de Dios, las ofrendas y el incienso.

Nehemías 13:4-9

Cuando leí esto la primera vez, quedé aturdida. ¿Por qué Nehemías perdió los estribos simplemente por un cuarto en el gigantesco templo? Pero entonces recordé que Tobías era el enemigo jurado de los israelitas, y se había opuesto activamente a su programa de reconstrucción. ¡Dios nos muestra algo aquí! Nosotras somos el templo del Espíritu Santo, y *solo un cuarto es todo lo que se necesita* para darle al enemigo un pie poderoso en nuestras vidas. Muchas mujeres cristianas tienen *solo un cuarto* lleno de escombros, y no tienen ni idea de que *solo un cuarto* es todo lo que se necesita para privarles de una vibrante relación con Dios.

Permíteme contarte de mi *un solo cuarto* y el daño que hizo. Cuando estaba en primer año de secundaria, teníamos un excelente equipo de baloncesto gracias a un muchacho rubio y de ojos verdes llamado Jimmy. Ahora bien, resulta que yo estaba locamente enamorada de él. También resulta que él ni siquiera sabía que yo existía, lo que me dejaba sintiéndome rechazada y no querida. Un sábado por la tarde, sentada en las gradas mientras gritaba a favor de Jimmy, mi mente divagó a un lugar en donde Jimmy estaba locamente enamorado de mí y la vida era hermosa.

En ese momento, sin darme cuenta le había entregado *solo un cuarto* al enemigo de mi alma. En lugar de hacer espacio para que Dios me bendijera, había preparado un cuarto que me llevaría a mi destrucción. Llegó a ser el lugar a donde corría cada vez que la vida real me desilusionaba. El lugar donde era la muchacha más hermosa y más buscada del mundo. Un lugar en donde nadie podría rechazarme ni hacerme daño. Era mi refugio y mi escondedero. Con el correr de los años, produje toda una serie de episodios románticos —yo los llamo mis vídeos— y siempre que sentía dolor iba a ese cuarto en mi cabeza y colocaba uno de los vídeos. Parecía tan inocente.

Hasta que un día Dios me pidió que le entregara mi «colección de vídeos». Por un momento quedé aterrada. No podía creer que él siquiera me pidiera tal cosa. Luché en oración por más de una hora, pero no podía convencerme de soltarlos. «¿Adónde voy para ser bonita?», clamé llorando una y otra vez. «¿Adónde voy para que me quieran? ¿Adónde iré?» Oprimí contra mi corazón mis vídeos invisibles y me acuné como una niña asustada; literalmente no podía soltarlos. Dejar mi adicción a la cocaína veinte años antes *no había sido nada* comparado con esto. No podía soportar el pensamiento de una vida sin mis vídeos. ¡Ellos habían sido mis amigos! ¡Me habían ayudado a vivir el día! ¿Por qué debía dejarlos? No eran tan malos. Si mis vídeos fueran convertidos en largometrajes, habrían sido catalogados como para adolescentes en el peor de los casos. Además, me sentía con derecho a mis pequeñas fantasías, porque mi mundo real estaba muy lleno de dolor.

¿Qué había de malo? Esa es la pregunta que se me retó a confrontar. ¿Cuánto daño habían hecho los vídeos? Resultado: inmensurable. Al principio, solo necesitaba un vídeo ocasional para que me ayudara por una semana. Pero conforme mi vida se volvía cada vez más dolorosa, necesitaba vídeos diariamente. Luego vídeos cada hora. Con el tiempo llegué al punto en que pasaba días enteros en *un solo cuarto* para ver mis vídeos y visitaba solo en forma ocasional el mundo real.

Pensaba que mis vídeos eran mis amigos. Pensaba que me ayudaban a vérmelas con la vida, pero en secreto me robaban. ¡Eran una herramienta del enemigo para mi destrucción! Les privaba a mis hijos de la atención concentrada de su madre. Les robaba a mis amigos la compañía y la noción espiritual que debería haber provisto. Más al punto: cada vez que corría a mis vídeos, huía de Dios. Me escapaba en la dirección equivocada. Debería haber corrido a mi refugio espiritual para pasar tiempo con Dios en oración, ¡y no a mi cuarto de vídeos!

No obstante, me sentí profundamente ofendida cuando un asesor me dijo que necesitaba someterme a un programa de doce pasos para que me ayudara a vencer mi adicción. ¿Yo, Donna Partow, que había sido librada de manera instantánea de las drogas? ¿Ahora me dices que debo seguir un programa de doce pasos para esta minucia de pasatiempo? Entonces se volvió real para mí. Corría a mis vídeos por las mismas exactas razones por las que había inhalado cocaína: para consuelo en medio de situaciones de tensión, para sentirme deseable, invencible, para escapar, para anestesiar el dolor.

¿Por cuáles razones huyes tú a *ese solo cuarto?*

Curioso. Yo tenía todo el tiempo del mundo para correr a mis vídeos, pero no podía hallar tiempo para tener mis devocionales por la mañana. ¿Es el diablo un engañador, o qué? Con sinceridad, pensaba que mis vídeos aliviaban la tensión, pero en realidad la producían porque pasaba horas incontables en ese solo cuarto, y luego tenía que empacar mis responsabilidades de la vida real en el tiempo restante. ¡Con razón siempre andaba a la carrera! Yo los llamaba mis vídeos, y pensaba que a Dios realmente no le importaba eso gran cosa. Pero no es así como Dios los llamaba. Él los llamaba lujuria y los prohibía, porque sabía que aunque mis vídeos me hacían sentir bien por un momento, a la larga me destruirían. Por eso su Palabra dice:

> Porque nada de lo que hay en el mundo —los malos deseos del cuerpo, la codicia de los ojos y la arrogancia de la vida— proviene del Padre sino del mundo.
>
> 1 Juan 2:16

Me siento muy avergonzada al admitir esto ante el mundo. No tiene nada de divertido ser un libro abierto, ¡sabes! Como una amiga hace poco me señaló: «Básicamente eres una telenovela de una sola mujer. La gente compra tus libros porque no pueden esperar a sintonizar el siguiente episodio». Pero la pura verdad es esta: simplemente un cuarto fue suficiente para privarme de las bendiciones que Dios quería derramar sobre mí. Apenas un cuarto fue suficiente para casi destruir mi vida. Me preguntaba por qué mi vida era tal desastre; por qué estaba tan tensa todo el tiempo; por qué mis lágrimas y súplicas ante Dios, y por qué todos mis estudios bíblicos, tiempo de oración y ayuno no eran tan eficaces como había esperado. Todo el tiempo era *solo un cuarto*.

Nunca me propuse escribir sobre mis vídeos; Dios simplemente se apoderó del teclado a altas horas una noche, y la verdad salió a la luz. Si piensas que esto fue sorpresa para ti, fue mucho más para mí. Nunca les había dicho ni a mis amigas más íntimas de esta batalla. Esta fue idea de Dios, no mía. Así que pienso que hay miles de mujeres que necesitan oír este mensaje. ¿Eres tú una de ellas? Si es así, es tiempo de limpiar la basura. Es tiempo de cerrar la puerta de ese cuarto y huir más bien a tu refugio espiritual. Pídele a Dios que te muestre los aspectos de desobediencia en tu vida en donde violas las leyes divinas. Todo lo que se necesita es *solo un cuarto*.

VIVIR COMO DISCÍPULA

Tercero, hacemos espacio para que Dios nos bendiga viviendo como una discípula; y seamos una que *aprende al escuchar.*[2] La palabra *escuchar* en latín es *audire*. Si escuchas con gran atención, las palabras son *ob audire,* que es de donde viene nuestra palabra «obediencia». Así que obediencia literalmente quiere decir: «escuchar con atención». Jesús dijo: «Si ustedes me aman, obedecerán mis mandamientos» (Juan 14:15). Es una de las frases más mal entendidas que Jesús pronunció. La gente lee eso como si hubiera dicho: «Si me amas, *lo demostrarás* obedeciéndome. Andarás corriendo como gallina con la cabeza cortada, y te agotarás trabajando hasta llegar a una tumba prematura». Eso no es lo que él quiso decir, para nada. Jesús afirma: «Concéntrate en amarme, y la obediencia se encargará de sí misma».

Permíteme preguntarte algo: ¿Cómo te enamoraste de tu esposo? Sospecho que conversaciones largas tuvieron algo que ver con eso. ¿No fue que él *te dijo* lo mucho que te quería, y lo especial y hermosa que pensaba que eras? ¿No fue que él *te dijo al oído* promesas dulces? Te enamorarse de tu esposo al escucharle y permitirle que te dijera lo que tenía en su corazón.

Conforme *escuchas con gran atención* a Dios, él te dirá lo mucho que te ama, y lo especial y hermosa que cree que eres. Él te susurrará promesas dulces y te colmará de regalos. Cuando *escuchas con gran atención* a Dios, no podrás evitar enamorarte de él. Y cuando una ama a alguien, *quiere* agradarle. *Quiere* obedecerle. Puedo sinceramente decir que nunca he tenido problemas con «obedecer» a mi esposo. ¿Por qué habría de tenerlos? Él me ama y solo quiere lo mejor para mí. Él nunca me pediría que hiciera algo que no fuera para mi bien. Cuando te enamoras de Dios, lo obedecerás.

> La vida cristiana es, o bien una gran aventura o no es nada.

Ahora la cosa se pone interesante: si no escuchas, la palabra latina es *surdus*. No escuchar para nada, estar completamente sorda; es *absurdus*. Lo adivinaste. De allí es de donde viene nuestra palabra *absurdo*. La vida absurda es la que se vive sin *escuchar*. ¿Es tu vida absurda? No dedicar tiempo para escuchar a Dios, no hacer un espacio en el que él pueda bendecirte y darte lo que necesitas, *eso* es absurdo. ¡Eso sí que es locura!

Practicamos las disciplinas espirituales para que podamos escuchar y así Jesús pueda impartirnos vida. Él vino para que puedas tener vida en abundancia. Él quiere que estés completamente viva. San Ireneo dijo: «La gloria de Dios es el hombre plenamente vivo».

¿Estás viva espiritualmente? ¿Te energiza tu fe cristiana? Si los presbiterianos tienen razón —y pienso que la tienen—, entonces «el principal objetivo del hombre es glorificar a Dios» (del Catecismo Breve Westminster). Si la razón total por la que estamos en este planeta es glorificarle —*glorificar* quiere decir dar un reflejo acertado—, debemos llegar a este plenamente vivas y energizadas por su Espíritu Santo.

¿Cómo se vería para ti estar *plenamente viva*? ¿Será una diferencia dramática de tu vida corriente de *mera existencia* o *a duras penas sobrevivir*? ¿Está la Palabra de Dios viva y activa en ti? Cuando abres sus páginas, ¿saltan las palabras ante tus ojos? ¿Se acelera tu corazón cuando lees? ¿Anhelas oír la proclamación de la Palabra de Dios? ¿Preferirías oír un sermón que ver una película? ¿Preferirías leer tu Biblia que la revista *People?* ¿Preferirías memorizar pasajes bíblicos que repasar los defectos de tu esposo?

La vida cristiana es, o bien una gran aventura o no es nada. Si tu religión consiste en un conjunto de creencias doctrinales o normas de conducta, no es nada. Si las disciplinas espirituales que practicas no te dan vida, algo anda mal. Quiere decir que en realidad no *escuchas* a Dios; simplemente te dejas llevar por la corriente. Tienes una forma de religión que niega el poder de Dios. Esa clase de enfoque de la vida cristiana es *absurdo*.

Viví la vida cristiana de ambas maneras y, francamente, no hay comparación. Viví la vida absurda; una controlada por un sentido de obligación. Ahora vivo *completamente viva,* sencillamente escucho su voz y voy adonde él me dirige. En verdad, su yugo es fácil y su carga es ligera.

Imagínate si en lugar de que la gente te evada como si fueras una puerca espín, no pudieran *esperar* verte venir cada día. ¿Qué tal si la gente saltara de alegría cuando ve tu nombre en la identificadora de llamadas antes que pretender que no están en casa? Cuando en forma rutinaria pasas tiempo recogiendo dádivas en el salón del trono del Padre, la gente pronto creerá que eres una mujer con los brazos cargados de dádivas para repartir. La gente empezará a *abalanzarse* para estar cerca de ti y ayudarte. Yo lo experimenté. De repente, tendrás abundante tiempo extra en tus manos... y si yo estuviera en tu lugar, pasaría cada minuto de él recogiendo aun más dádivas del salón del trono.

¿Que no tienes tiempo para Dios? ¡No seas absurda! Más bien, invierte el tiempo en hacer el espacio en el que Dios pueda ser generoso y darte lo que necesitas.

7
ESTÁ BIEN, ASÍ QUE TUVISTE UNA INFANCIA DESDICHADA

Nadie en toda la historia del mundo podría posiblemente haber tenido una peor niñez que la mía.

Probablemente ya te imaginaste que esa oración no es cierta en realidad, lo que indica por qué es tan asombroso que lleve creyéndolo cuarenta años. Sabía que algo andaba seriamente mal en mí, pero ya que no aceptaba la idea de que yo era simplemente una papanatas autoconsumida, tenía que explorar otras posibilidades. Tenía que haber alguna otra explicación para mi conducta estrambótica. Gracias a Freud, y otros, buscar a alguien a quien echarle la culpa por mi niñez parecía una senda productiva.

Sin que quepa duda, si estás trastornada, si no puedes mantener un trabajo o si tu teléfono nunca suena, necesitas respuestas. Y es mejor empezar desde el principio. Hay mucho material con que trabajar. Para empezar, nuestra niñez la moldean en gran parte las decisiones de otros: padres, hermanos y hermanas, maestros, amigos, parientes, cuidadores, pastores, políticos, incluso pedófilos. Hay todo un ejército de gente que moldea nuestros pequeños mundos. Luego, nada es nuestra culpa y toda es de algún otro. Está bien, eso me sirve. Primero que todos los demás están tus padres. Y si se quedaron a medio centímetro del ideal creado por los medios de comunicación, tienes en tus manos todo lo necesario para un largometraje.

No hay nada como una niñez desdichada para dar pie a un gran relato. Piénsalo, casi todos los libros y películas que nos encantan empiezan con un principio miserable: Heidi queda huérfana; lo mismo la Pequeña Princesita y Ana de Green Gables. Casi todas las películas de Shirley Temple la muestran como una niña en peligro, bien sea huérfana o alejada a rastras de la única persona que la cuida (*Ojos brillantes, Capitán enero, Ricitos, Susana de las montañas,* para nombrar unas pocas). Las mujercitas soportaron las privaciones de la guerra y la separación de su padre que servía en el ejército de la Unión durante la Guerra Civil de los Estados Unidos de América.

> No hay nada como una niñez desdichada para dar pie a un gran relato.

Pero lo que nos conmueve *no* son los diálogos de estas jóvenes sino su respuesta a los mismos. Los sumarios de una frase que proveen los libreros por la Internet son muy informativos. Dover Publications da una descripción de la película clásica *La Princesita:* «Dejada sin un centavo y a merced de un ama de casa vengativa cuando su padre muere, Sara prevalece gracias a su ingenio, optimismo e imaginación». Mientras tanto, en las páginas de *Anne of Green Gables,* «La buena voluntad de Ana, su inteligencia y alegría de vivir, a la larga, hacen que amigos y vecinos la quieran, así como también lectores por todas partes». *El jardín secreto* dice: «Un huérfano malcriado y enfermizo desarrolla en una vida de bondad encantadora».

De alguna manera perdí el punto de que fue su respuesta de gracia lo que hizo que estos personajes sean queridos en nuestros corazones. En lugar de enfocar el melodrama y pensar que fue la clave para ganar amor y atención, creí que si podría exagerar mis relatos a estatus de largometraje, la gente se preocuparía por mí también. La gente querría leer mi historia; me tendrían compasión y me darían el codiciado beneficio de la duda.

La cuestión de fondo es: ningún ser humano jamás ha sido un padre perfecto.

Como una mujer lo dice: «¿Por qué no cambio? Probablemente para poder seguir contando mi triste historia. Si alguien puede simplemente ver todo el dolor que yo he tenido que soportar toda mi vida, entonces… entonces, ¿qué? De alguna manera pienso que todo quedaría vindicado si todos llegan a saber lo que todos me hicieron». Así es exactamente como me sentía, y por qué nunca cambié. De alguna manera tergiversada; estaba decidida a seguir siendo desdichada hasta que todo el planeta gritara: «Ya basta», y reconociera mi derecho a sentirme desdichada. Seguía esperando que el vehículo de la patrulla de premios se estacionara frente a mi puerta, con cámaras encendidas para anunciar al mundo: «Damas y caballeros, buscamos por todo el mundo, y aquí la tenemos, la persona más desdichada del planeta. ¡Felicitaciones, Donna Partow!»

Si leíste algunos de mis otros libros o los estás leyendo, o estás aunque sea en forma remota relacionada con mi ministerio, sin duda sabes que tuve una niñez bastante trastornada. He escrito al respecto por más de una década, para disgusto de mi familia. En realidad no me importaba si mis relatos lastimaban los sentimientos de otros, porque los únicos que objetaban cuando yo convertía mi trauma de la niñez

en mi propio largometraje fueron los que me hicieron daño,
para empezar. Yo era la que había sido lastimada, y eso me
daba plena licencia literaria.

Pero empiezo a crecer un poco en estos últimos tiempos,
y me di cuenta:

Aunque tu niñez fue en gran medida moldeada por decisiones de otros, *tú* eres la única que puede decidir a dónde vas
desde aquí.

¿Te atascarás en el modo de largometraje para siempre?
¿Volverás a repetir escenas antiguas, a repasar viejas heridas?
¿O buscarás una manera de avanzar para poner tu pasado en
perspectiva? No puedes controlar lo que te sucede, pero sí
puedes decidir cómo responder. No puedes cambiar tu niñez,
pero con toda certeza puedes decidir qué tipo de adulta quieres ser. Puedes hundirte o remontarte a las alturas. La decisión es tuya.

El primer problema que necesitamos poner en perspectiva es la ineptitud universal de nuestros padres. Pudieron haber sido santos o enfermizos, pero la cuestión de fondo es:
ningún ser humano jamás ha sido un padre perfecto. El rango
de imperfección es obviamente amplio: desde el maltrato y
abandono a June Cleaver. Puesto que no sé en dónde cae tu
niñez en ese rango, decidí quedarme en terreno medio con un
ejemplo bíblico que casi todos pueden relacionar: padres que
amaban a sus hijos pero que cometieron unos cuantos serios
errores de todas maneras. Los padres son Isaac y Rebeca, y
uno de sus más grandes errores fue tener favoritos.

Sucede en casi todo hogar. Con todo, los padres les causan un daño indecible a todos sus hijos cuando desarrollan
un apego malsano a uno de ellos. A menudo el propósito es
moldear a ese hijo en una versión miniatura de sí mismos.
¿Conociste alguna vez a alguien que sabías que tenía un problema, pero simplemente no podías asegurar cuál era? Pen-

sabas: «¿Qué anda mal con esa mujer?» Entonces conociste a su madre. ¡Aquí es donde se enciende el bombillo! La Biblia habla de los pecados del padre, pero empecemos con los de la madre. Las mamás pasan por muchos patrones de conducta destructiva, y tal vez ni siquiera nos demos cuenta de que todavía los llevamos en la adultez a menos que escarbemos un poco. Así que, empuñemos una pala y dediquémonos a escarbar.

El mayor largometraje de todos los tiempos es, por supuesto, la Biblia. Y al principio hubo favoritismo:

> Los niños crecieron. Esaú era un hombre de campo y se convirtió en un excelente cazador, mientras que Jacob era un hombre tranquilo que prefería quedarse en el campamento. Isaac quería más a Esaú, porque le gustaba comer de lo que él cazaba; pero Rebeca quería más a Jacob.
>
> Génesis 25:27-28

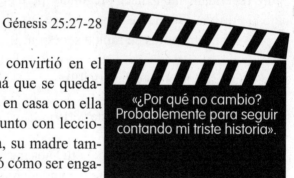

«¿Por qué no cambio? Probablemente para seguir contando mi triste historia».

Jacob se convirtió en el nené de mamá que se quedaba cocinando en casa con ella todo el día. Junto con lecciones de cocina, su madre también le enseñó cómo ser engañador:

> Ella le dijo a su hijo Jacob:
> —Según acabo de escuchar, tu padre le ha pedido a tu hermano Esaú que cace un animal y se lo traiga para hacerle un guiso como a él le gusta. También le ha prometido que antes de morirse lo va a bendecir, poniendo al SE-ÑOR como testigo. Ahora bien, hijo mío, escúchame bien, y haz lo que te mando. Ve al rebaño y tráeme de allí dos de los mejores cabritos, para que yo le prepare a tu padre

un guiso como a él le gusta. Tú se lo llevarás para que se lo coma, y así él te dará su bendición antes de morirse.

Pero Jacob le dijo a su madre:

—Hay un problema: mi hermano Esaú es muy velludo, y yo soy lampiño. Si mi padre me toca, se dará cuenta de que quiero engañarlo, y esto hará que me maldiga en vez de bendecirme.

—Hijo mío, ¡que esa maldición caiga sobre mí! —le contestó su madre—. Tan sólo haz lo que te pido, y ve a buscarme esos cabritos.

Génesis 27:6-13

Notas que Rebeca ni siquiera pierde el paso. Ella prepara su truco elaborado para engañar a su esposo y arreglárselas para salirse con la suya, aun cuando él sospecha que se trae algo entre manos. Cuando Jacob lleva la comida al cuarto, su padre repetidamente le hace preguntas, pero él no se doblega bajo la presión. ¡Su madre debe sentirse orgullosa! Es más, él dispara cuatro mentiras en rápida sucesión:

—Soy Esaú, tu primogénito (v. 19).

Ya hice todo lo que me pediste (v. 19).

Esta es mi favorita: «El SEÑOR tu Dios me ayudó» (v. 20). Eso es clásico, ¿verdad? Miente para ayudar a Dios.

El versículo 24 nos da la mentira número cuatro. Su padre le pregunta sin rodeos: «¿En serio eres mi hijo Esaú?» De nuevo, y sin pestañear: «Claro que sí», respondió Jacob.

Obviamente, esta no fue la primera vez que estos dos habían conspirado para echarle tierra a los ojos del papá. Apuesto a que era una práctica común. Esa actitud es una destreza en demasiados hogares hoy. «Está bien, hijos. Haremos esto y esto, pero no se lo digan a papá». O a veces es lo trillado: «Pues bien, no queremos que papá se enfade, así que no tiene por qué saber de la llamada telefónica de tu maestra hoy». Así que le mentimos porque le queremos. Cuando una realmente quiere a alguien, miente para proteger sus sentimientos, ¿verdad? O, espera; eso es engaño. No es bueno. Es necio cómo enseñamos a nuestros hijos a mentir, y después nos preguntamos por qué vienen ellos y nos engañan a nosotras, o a sus cónyuges, o a las autoridades en sus vidas. Estos patrones de conducta realmente tienen su manera de quedarse en nosotros.

Alcanzamos de nuevo a Jacob muchos años más tarde y, ¿lo puedes imaginar? Él sigue engañando a la gente:

> Y le reclamó a Jacob:
> —¿Qué has hecho? ¡Me has engañado, y te has llevado a mis hijas como si fueran prisioneras de guerra! ¿Por qué has huido en secreto, con engaños y sin decirme nada?
>
> Génesis 31:26-27

Así que no hay duda de que las madres tienen un impacto increíble en los patrones de conducta de sus hijos, aun cuando esos hijos estén bien entrados en edad. Esta es una pregunta que vale la pena responder:

¿Qué patrones de conducta destructiva heredaste de alguno de tus padres?

El engaño no es el único patrón destructivo que le pasaron a Jacob. También cayó en la trampa del favoritismo de mamá y papá.

> Israel amaba a José más que a sus otros hijos, porque lo había tenido en su vejez. Por eso mandó que le confeccionaran una túnica especial de mangas largas. Viendo

sus hermanos que su padre amaba más a José que a ellos, comenzaron a odiarlo y ni siquiera lo saludaban.

Génesis 37:3-4

Es importante notar que los problemas de José empezaron con la decisión de sus abuelos de tener favoritos, lo que pasaron a sus padres, quienes continuaron el patrón. De seguro notaste esto en tu propia familia y en la vida de los que te rodean. Tradiciones, recetas favoritas y chistes de familia no son las únicas cosas que pasan de generación a generación. Alcoholismo, obesidad, incesto, y toda otra disfunción humana, en efecto, corre en familia, y continuará para siempre hasta que alguien diga: «¡Ya basta!» Esta es otra pregunta dolorosa, pero pienso que es importante considerarla precisamente aquí: ¿qué patrones destructivos le heredas a tus hijos?

Casi me *mata* admitir esto, pero me las arreglé para pasar *el* patrón más destructivo y doloroso de mi niñez: sentirme como una paria, sentirme como si fuera la única persona en el planeta con una familia en problemas, que se sentía como la niñita con quien nadie quiere jugar en el barrio. Ese sentimiento, y las acciones que resultan del mismo, casi destruyeron mi vida. Sin embargo, ahora veo a una de mis hijas reflejar esto en su propia vida. Eso me destroza por dentro.

Algunas tal vez piensen: *¿niñez? Eso es historia antigua. ¿Por qué hablamos? Ninguno de mis problemas tiene nada que ver con mi niñez. Pensé que este libro hablaría acerca de mis problemas* reales, *es decir, todos los demás.*

¿Puedo ser franca contigo? ¿Simplemente ponerlo delante tuyo? Habló de la niñez porque continuamente encuentro a señoras de la iglesia muy infantiles. Dios las ama, pero son unas pequeñitas todavía.

Pienso que muchas de nosotras estamos atrapadas en una conducta infantil porque en realidad nunca nos hemos enfrentado con el pleno impacto de los mensajes de la niñez que recibimos. Te prometo no convertir este libro en una expedición de pesca en la que nos sentamos buscando a quién echarle la culpa. Todo lo contrario. Sin embargo, debemos confrontar nuestros problemas antes de que podamos ponerlos en perspectiva y, a la larga, resolverlos.

Si se te dio *algún* mensaje durante la niñez diferente de «Dios te ama incondicionalmente», tal vez tengas asuntos que resolver. Permíteme darte algunos ejemplos de lo que me refiero:

- Tomar nota de quién invita a quién, cuándo y dónde, y tomar nota de a quién no se invitó.
- Llevar una lista mental de las personas que te ofendieron.
- Competir por la atención y aprobación en situaciones sociales.
- Tratar de «superar» los relatos de otras personas con relatos de los logros de ti misma, tu cónyuge, tus hijos (o incluso nietos).
- Empujar a tus hijos a que triunfen, de modo que se perciba a tu familia como que tiene el equipo ganador.
- Formar grupos y alianzas en la iglesia o en el lugar de trabajo.
- Tomar parte en el chisme, y tratar de promocionarte tú misma a costa de destruir a tus compañeras.
- Obsesionarte por tu apariencia personal e ir a extremos con tal de verte más joven de lo que eres.
- Trabajar hasta agotarte y casi hasta la muerte para superar a otras, es decir, si Susana renta un pony para el cumpleaños de su hija, tú rentas un elefante.

Todas estas acciones y actitudes son de niños. ¿Adivina de dónde vienen estas niñerías? De tu infancia. Bien se dijo: «Lidia con tu pasado o tu pasado lidiará contigo». Si tienes en tu cabeza una grabadora de cinta que toca algo como esto: «Será mejor que haga esto bien, o si no…», tienes un problema con el cual lidiar, y la mejor manera de hacerlo es poner las cosas en perspectiva. Así que, aquí está:

O si no, ¿qué?
O si no, ¿qué?

¿A qué le tienes tanto miedo? Me imagino que depende. Si tus padres te maltrataban, tienes miedo de que el «o si no» significará más maltrato. Si ellos eran controladores, el «o si no» quiere decir control más estricto. Si fueron los padres perfectos y tú eras su «perfecta» pequeña, el «o si no» podría sencillamente haber sido un levantar las cejas o un ligero fruncir el ceño por la desilusión. Te animaría a pensar y orar en cuanto a tu «o si no». Con toda probabilidad es como el monstruo debajo de tu cama: invención de tu imaginación. Sí, a menudo hay consecuencias de nuestras acciones, pero rara vez son tan cataclísimicas como nos imaginamos.

Volvamos a la historia de Jacob y Esaú para captar una idea de lo que Jacob tanto temía. En otras palabras, ¿cuál era su «o si no»?

Cuando los mensajeros regresaron, le dijeron a Jacob: «Fuimos a hablar con su hermano Esaú, y ahora viene al encuentro de usted, acompañado de cuatrocientos hombres». Jacob sintió mucho miedo, y se puso muy angustiado. Por eso dividió en dos grupos a la gente que lo acompañaba, y lo mismo hizo con las ovejas, las vacas y los camellos, pues pensó: «Si Esaú ataca a un grupo, el otro grupo podrá escapar». Entonces Jacob se puso a orar:

«SEÑOR, Dios de mi abuelo Abraham y de mi padre Isaac, que me dijiste que regresara a mi tierra y a mis familiares, y que me harías prosperar: realmente yo, tu siervo, no soy digno de la bondad y fidelidad con que me has privilegiado. Cuando crucé este río Jordán, no tenía más que mi bastón; pero ahora he llegado a formar dos campamentos. ¡Líbrame del poder de mi hermano Esaú, pues tengo miedo de que venga a matarme a mí y a las madres y a los niños!»

Génesis 32:6-11

Claramente, Jacob pensaba: *será mejor que apacigüe a mi hermano, o si no...*

¿O si no, qué? O si no su hermano *lo matará.* Asesinato, caos. ¡Melodrama! Ahora, ¿de dónde sacó él esa idea? Fue un mensaje viejo, viejo, plantado en su corazón por su madre, la misma estrella de largometraje plagado de culpa:

A partir de ese momento, Esaú guardó un profundo rencor hacia su hermano por causa de la bendición que le había dado su padre, y pensaba: «Ya falta poco para que hagamos duelo por mi padre; después de eso, mataré a mi hermano Jacob». Cuando Rebeca se enteró de lo que estaba pensando Esaú, mandó llamar a Jacob, y le dijo:

—Mira, tu hermano Esaú está planeando matarte para vengarse de ti. Por eso, hijo mío, obedéceme: Prepárate y huye en seguida a Jarán, a la casa de mi hermano Labán, y quédate con él por un tiempo, hasta que se calme el enojo de tu hermano. Cuando ya se haya tranquilizado, y olvide lo que le has hecho, yo enviaré a buscarte.

Génesis 27:41-45

Pocos en la Biblia pueden pasar a un modo de largometraje como Rebeca, la reina original del drama. Personalmente, pienso que ella reaccionó exageradamente, como a menudo lo hacía. Ella se entrega al pánico y a tomar medidas drásticas, ¡y le ordena a su hijo que *huya al instante!* Mucho mejor hubiera sido respirar muy hondo y poner las cosas en perspectiva. Todo el mundo sabe que, cuando la persona se enfurece, pierde los estribos y dice cosas que en verdad no quiere decir. Cosas como: «Me dan ganas de estrangularla». «Podría sacarte la cabeza con mis propias manos». O, «Le haré pagar por lo que me hizo».

En lugar de calmarse, Rebeca se deja llevar por el melodrama del momento; y Jacob también es arrastrado, para nunca más volver a ver a su madre. Pero la toma del largometraje de ella de la situación acosa a Jacob por dos décadas. Él es ya un hombre crecido con dos familias y una pequeña fortuna, y sigue viviendo en el terror, seguro de que su hermano lo matará en la primera oportunidad que tenga.

¿Lo mata en efecto su hermano?

No. Todo lo contrario, es obvio por la respuesta de Esaú que Jacob había reaccionado con total exageración:

> Pero Esaú corrió a su encuentro y, echándole los brazos al cuello, lo abrazó y lo besó. Entonces los dos se pusieron a llorar.
>
> Génesis 33:4

También podemos decir que Esaú pasó abundante tiempo con la mentora de Jacob (la mamá de ambos) y sabía de qué se trataba toda esta producción de largometraje. No te pierdas el sentido del humor de sus comentarios:

—¿Qué significan todas estas manadas que han salido a mi encuentro? —preguntó Esaú.

—Intentaba con ellas ganarme tu confianza —contestó Jacob.

—Hermano mío —repuso Esaú—, ya tengo más que
suficiente. Quédate con lo que te pertenece.

Génesis 33:8-9

En otras palabras, Esaú dijo: «*Tranquilízate y cálmate.
¡Te comportas igual que mamá!*» Buen consejo para todas
nosotras, sospecho. A Jacob lo impulsaba una vieja mentira:
apacigua a tu hermano, o te matará. Todos tenemos mentiras
plantadas en nuestros corazones. Cada mentira es como un
botón. Y cada vez que se oprime uno, ¡nosotras saltamos!
Mientras más botones tengas, más saltas. Y mientras más saltas, más personas lastimas y tropiezas. Y puesto que continuamente te tropiezas y saltas, quedas lastimada y agotada en
el proceso.

Para ser franca, tenía tantos botones en mi corazón que
todo lo que tenías que decirme era: «Donna, te ves muy linda
hoy», y yo me ofendía. Pensaba: *¿qué? ¿Pensabas que me
veía horrible ayer?* O si alguien decía: «Donna, parece que
bajaste de peso», reaccionaba respondiendo: *¿qué? ¿Pensabas que me veía gorda?* Sin que importe lo que alguien decía,
estaba lista para tomarlo como ofensa. Por supuesto, si no me
decías nada, también me ofendía por eso. Así que no había
manera de ganar conmigo.

¿Qué era mi «o si no»? ¿En qué mentira creía? Veinticuatro horas al día había una cinta que tocaba en mi cabeza:
«Será mejor que convenzas a la gente a que sientan lástima
de ti, *o si no* nadie jamás jugará contigo. Nunca podrán gustar
de ti o admirarte por tus puntos fuertes; lo mejor que puedes
esperar es lástima». Fui hecha libre de una manera maravillosa cuando oí a un predicador decir una vez: «Puedes ser
lastimera o poderosa, pero no ambas cosas al tiempo». (De
paso, eso es poderoso en el mejor sentido de la palabra, pues
una tiene un tremendo impacto para el reino de Dios.)

Te instó a considerar en oración tu «o si no». Luego, pon tus problemas en perspectiva para desarmar la mentira. Jacob necesitaba decirse: «Me porté como todo un real zoquete, y mi hermano tiene toda la razón de estar enojado conmigo. Pero eso fue hace décadas, así que no viviré más en el temor. Le pediré a mi hermano que me perdone para poder continuar con mi vida». En mi caso, necesitaba decir: «No quiero ni necesito la lástima de nadie. Tengo el poder de Dios en mi vida ahora. Tengo que hacer el trabajo del reino. Es tiempo de crecer y avanzar».

No puedo señalarte capítulo ni versículo, pero francamente pienso que Jacob a la larga creció y siguió con su vida. Sin embargo, antes de dejar el problema del dolor de la niñez, quiero brevemente dirigir la atención a Esaú. Dos de los versículos más tristes de la Biblia tienen que ver con él:

> —¡Padre mío, te ruego que también a mí me bendigas!
>
> Génesis 27:34

Esas fueron las palabras que Esaú exclamó en el lecho de muerte de su padre. Quería la bendición de su padre, pero le fue negada porque había tomado una decisión muy necia cuando le vendió a su hermano Jacob su herencia a cambio de un plato de sopa. Con toda certeza tenía la libertad para tomar esa decisión; le gustaba esa parte. Pero no quedó tan contento cuando las consecuencias lógicas de esa decisión le penetraron en la cabeza. Suena como algunas de nosotras.

Reflexionando en la angustia de Esaú, Hebreos 12:17 explica:

> Después, como ya saben, cuando quiso heredar esa bendición, fue rechazado: No se le dio lugar para el arrepentimiento, aunque con lágrimas buscó la bendición.

Jacob, a la larga, se libró del melodrama de su madre. Pero Esaú nunca se recuperó de perder la bendición de su padre. La Biblia dice que *fue rechazado,* y pocas cosas duelen más que el rechazo. Es tiempo de mirar a los pecados del padre. Un pastor del centro de la nación una vez me contó cómo las iglesias de su comunidad habían organizado un alcance en la prisión local para el Día de la Madre. Consiguieron que algunas organizaciones donaran tarjetas de saludo y dijeron a los presos: «Aquí tienen; pueden seleccionar una tarjeta para su mamá, escribirle una nota, ponerle la dirección, y nosotros le pondremos la estampilla y se la enviaremos por correo». La respuesta fue abrumadora. Las iglesias lucharon por conseguir suficientes tarjetas para atender la demanda.

Decidieron hacer lo mismo en honor al Día del Padre. Ni un solo preso se asomó. Ni un solo preso quería enviarle una tarjeta a su padre. Ni uno solo. La verdad más poderosa del universo es que tenemos un amoroso Padre celestial. ¿Es acaso sorpresa que Satanás trabaja a sobre tiempo en toda nuestra niñez para tratar de distorsionar nuestra noción de lo que es un padre? ¿Crees que un padre es alguna de estas cosas?

- Ausente
- Abusivo
- Indigno de confianza
- Colérico
- Severo (Sr. respuestas bíblicas)
- Exigente
- Que desaprueba
- Desilusionado
- El que impone la ley

Todo esto representa alguna forma de rechazo. Mientras no tratemos con el problema de sentirnos rechazadas por nuestro padre terrenal, tenemos gran dificultad para recibir el amor incondicional de nuestro Padre celestial. ¿Recuerdas cómo definí *perspectiva?* «El arte de dar la debida disminución de la fuerza de la luz, matiz y color de los objetos, de acuerdo a su distancia y la cantidad de luz que cae sobre ellas, y el lente por el cual se las ve». Es tiempo de poner el problema de tu padre imperfecto en perspectiva. Es tiempo de arrojar la luz de la verdad de Dios sobre la vida y poner algo de distancia emocional entre tú y tu dolor. Es tiempo de ver a tu papá mediante un nuevo lente: el de la gracia de Dios. Sin duda, tu padre hizo lo mejor que pudo con lo que tenía; pero no podía darte lo que no tenía, y no podía decirte lo que no pensaba.

Sin que importe lo imperfecto que fue tu papá, con certeza sus imperfecciones palidecen a la luz de la perfección infinita de Dios. Ahora que tienes el Padre más grande del mundo, ¿acaso no es tiempo de dejar a tu otro papá libre del anzuelo? Es como una mujer con un Mercedes Benz flamante, sentada lamentando su mala suerte porque su antiguo Honda Civic de 1976 no funciona. ¿A quién le importa? Tienes lo que necesitas. Sé agradecida y escoge enfocarte en lo bueno. Tienes el Padre Perfecto ahora:

> ¡Fíjense qué gran amor nos ha dado el Padre, que se nos llame hijos de Dios! ¡Y lo somos!
>
> 1 Juan 3:1

Ahora que tienes el Padre más grande del mundo, ¿acaso no es tiempo de dejar a tu otro papá libre del anzuelo?

Para siempre, una narración de una cenicienta moderna, protagonizada por Drew Barrimore, es una de mis películas favoritas. Al final, después de que se casó con su guapo príncipe, le dice a su perversa madrastra: «Después de este momento, nunca más pensaré en ti». Ella lo dice con tanta convicción que lo creemos. Detestaría ver una secuela en la cual Drew Barrimore rehúse disfrutar de la vida y prefiera más bien volver a repasar las injusticias de su niñez. Sinceramente espero que ella escoja vivir feliz para siempre. Eso es lo que es la felicidad, como sabes: una decisión.

Si tu vida alguna vez se convirtiera en un largometraje, tendría que ser una historia de una cenicienta también. Tu nuevo Padre es el Rey de reyes, y eso hace de cada una de nosotras una princesa. Por supuesto, eso ya lo «sabes», pero me pregunto si *en realidad* lo sabes. Si toda mujer que sabe intelectualmente que es una princesa en verdad lo creyera en su corazón, la iglesia local sería un lugar muy diferente. Nuestros hogares y lugares de trabajo serían muy diferentes también.

Nunca puedes jugarle una broma a una bromista. Yo sabía la Biblia desde Génesis a los mapas. Incluso tenía una «buena doctrina». Pero eso no me impidió vivir como una niña sub-privilegiada antes que como una princesa. Escogí creer las mentiras de mi corazón antes que creer la verdad de la Palabra de Dios.

Con certeza oíste estas verdades antes pero, *¿funcionan para ti?* Déjame decirlo de otra manera: ¿Estás afurera disfrutando tu vida, o sentada en tu casa junto a la chimenea, cubierta de ceniza, para sentir lástima de ti misma mientras esperas que el hada madrina se asome y agite una varita mágica sobre tu cabeza?

Si estás cubierta de ceniza, tomaste este libro justo a tiempo. Quiero que cierres tus ojos y te imagines que soy la que agita una varita mágica sobre tu cabeza. Haz chocar tus talones y di:

Caigo bajo el poder de la varita.
Caigo bajo el poder de la varita.
Caigo bajo el poder de la varita.

¿No sería grandioso si fuera así de sencillo? Bueno, es así de sencillo, pero solo en los largometrajes. En el mundo real nadie agitará una varita mágica sobre tus problemas. En algún momento tienes que tomar una decisión. ¿A quién le creerás? ¿A las mentiras que tus padres tal vez te dijeron inadvertidamente? ¿Al sinsentido que te metieron en tu cabeza tus hermanos o compañeras de escuela? ¿O lo que la gente dice? ¿O creerás lo que dice la Palabra de Dios?

Jacob escogió creer lo que su madre le dijo, por eso acabó actuando como un paranoico. ¿Te hacen una estrambótica tus creencias? ¡Las mías lo hacían!

No tienes ni idea de cuánto hay que luchar por estas verdades. Pero si te lo dijera, sería como un largometraje, así que simplemente lo dejo a tu imaginación. Pero créeme cuando te digo que pasé más años de los que quisiera recordar cubierta de ceniza para esperar que alguien me rescatara de mis problemas. El hada madrina nunca se asomó ni agitó esa varita mágica sobre mí. Más bien, encontré mi *para siempre* en una relación personal con Dios. Tú puedes hacer lo mismo. Para ayudarte con esto, pasa ahora mismo a la sección de pasos a la libertad, en la parte posterior de este libro.

Sɪ ᴘɪᴇɴsᴀs ǫᴜᴇ ᴛᴜ ᴍᴀᴛʀɪᴍᴏɴɪᴏ ᴇs ᴜɴ ᴄᴀᴏs, ᴏʙsᴇʀᴠᴀ ᴇsᴛᴏ

En ninguna parte se manifiesta más el estado mental de puerca espín que en la relación matrimonial. La esposa que es así tiene absolutamente la razón y, por consiguiente, se siente absolutamente desdichada. La puerca espín no puede permitir la posibilidad de que su cónyuge tal vez tenga un buen punto o dos en su defensa; todo lo que ella puede ver es: «Yo tengo la razón, y él está equivocado». Como consecuencia, la esposa es un desastre emocional y una persona antipática.

Antes de avanzar más en el tema del matrimonio, quiero aclarar de lo que *no* hablo. No me refiero a relaciones de maltrato. Si tu cónyuge tiene un problema serio de adicción a alcohol, drogas, apuestas, pornografía o infidelidad crónica, necesitas buscar ayuda profesional. Si tu cónyuge es violento contigo o tus hijos, necesitas buscar de inmediato un lugar seguro y quedarte allí hasta que tengas una prueba sólida de que él verdaderamente se arrepintió y buscó la ayuda profesional que necesita. Por cierto, no hay escasez de relaciones de maltrato conyugal en los Estados Unidos de América hoy. La causa principal de muerte en los jóvenes entre los dieciocho y treinta y cuatro años es asesinato por un cónyuge, ex cónyuge u otro significativo. Es triste decirlo, pero las relaciones de abuso en realidad sirven para largometrajes o, por lo menos, para un especial de toda una vida hecho para la televisión.

En caso de adicción o abuso, en realidad *tienes toda la razón* y él en realidad *está equivocado*. Incluso así, te insto a que eches un vistazo largo y tendido a cómo acabaste con un cónyuge insalubre, porque por lo general, Dios los cría y ellos se juntan. Con certeza, hay *algo* dentro de ti que te atrajo a él, y viceversa. Sin duda hubo señales de problemas inminentes antes de que te casaras con él, pero escogiste avanzar a toda marcha de todas maneras. ¿Por qué? Cuando percibiste el peligro, ¿por que no retrocediste? Eso es algo en lo que debes pensar. Cuando seguí el programa de recuperación para mujeres maltratadas, la maestra a menudo decía: «El siguiente abusador siempre es peor». Nunca olvidaré el día en que me miró de frente y me dijo: «El próximo abusador te matará». Déjame decirte, eso me dejó *muy* motivada para lidiar con mis «asuntos».

Pero esto ya empieza a sonar como que escribo el guión para un largometraje, así que cambiemos de engranajes muy rápido. La vida rara vez es sencilla, y es más bien desusado que una persona *tenga completamente la razón* en tanto que el otro *se equivoque por completo*. Donde dos o más se reúnen, por lo general hay abundante culpa para dar la vuelta.

Con esas salvaguardas en mente, hurguemos en la Palabra de Dios para captar una perspectiva de nuestros problemas matrimoniales. Estamos a punto de mirar un ejemplo que deprime de un matrimonio crónicamente desilusionador; pero si sigues en mi compañía, pienso que podremos hallar alguna esperanza y sanidad al otro lado. El cuento lamentable empieza en Génesis 29:16, en donde hallamos a dos hermanas:

> Labán tenía dos hijas. La mayor se llamaba Lea, y la
> menor, Raquel. Lea tenía ojos apagados, mientras que Ra-
> quel era una mujer muy hermosa.
>
> Génesis 29:16-17

Pienso que, en el hebreo original, todo esto quería decir
que Lea tenía la terrible figura de pera y que Raquel grandes
pechos. Cuando llegue al cielo, mi primera pregunta a Dios
será: «¿Cómo es que las mujeres que tienen grandes pechos
también tienen muslos delgados? ¿Cómo es eso justo?». En
cuanto a la palabras: *ojos apagados,* eso probablemente era
una manera cortés de decir que no era muy agradable a la vista. De todas maneras, tal vez recuerdes que un tipo llamado
Jacob estaba locamente enamorado de Raquel, pero el papá
de ella le jugó sucio. En lugar de enviar a Raquel a la ceremonia matrimonial, envió a Lea, cubierta
con un velo. Debe haber sido
una ceremonia a la luz de las
velas, porque Jacob al parecer
recibió la sorpresa de su vida
cuando se despertó a la mañana siguiente y se dio cuenta
de que se había casado con la
hermana equivocada.

> La esposa puerca espín es
> un desastre emocional y
> una persona antipática.

¿Sabes qué es lo triste?
En realidad el papá de Lea pensaba que le hacía un favor. Ah,
grande es el dolor de corazón que les causamos a nuestros
hijos cuando tratamos de *ayudarles*. Jacob hizo una rabieta
por la situación, y su suegro le ofreció un compromiso:

> Así lo hizo Jacob, y cuando terminó la semana nupcial
> de la primera, Labán le entregó a Raquel por esposa.
>
> Génesis 29:28

Así que Lea tuvo exactamente *una semana* para tratar de ganarse el afecto de su esposo. No funcionó:

> Jacob entonces se acostó con Raquel, y la amó mucho más que a Lea.
>
> Genesis 29:30

Es obvio que esto debe haber sido una situación que partía el corazón. Incluso cuando Lea al fin recibe algo de buenas nuevas, con todo describe su vida como miserable:

> Cuando el Señor vio que Lea no era amada, le concedió hijos. Mientras tanto, Raquel permaneció estéril. Lea quedó embarazada y dio a luz un hijo, al que llamó Rubén, porque dijo: «El Señor ha visto mi aflicción; ahora sí me amará mi esposo».
>
> Genesis 29:31-32

Así que Lea estaba en un matrimonio desdichado, pero ahora que tenía un nené, todo marcharía «viento en popa», ¿verdad? Está bien, tal vez no. (Te sorprendería ver cuántas mujeres tratan esto en casa.) Un año o algo así más tarde, evidentemente su esposo todavía no la amaba, y Lea dice que Dios mismo escuchó al respecto. ¿Me pregunto quién se lo dijo?

> Lea volvió a quedar embarazada y dio a luz otro hijo, al que llamó Simeón, porque dijo: «Llegó a oídos del Señor que no soy amada, y por eso me dio también este hijo.
>
> Genesis 29:33

Al poco tiempo, la pobre Lea reduce sus expectativas un poco. Con Simeón, ella esperaba que su esposo la *amara,* pero como pronto lo veremos, decide conformarse con un *apego.* ¿Alguna vez te sentiste de esa manera en tu matrimonio? ¿Como que te *conformas?* ¿Alguna vez pensaste: *no pido una historia de amor o el romance del siglo. Si tan solo el hombre fuera un poquito más apegado que a* _____

_____. Puedes poner en la línea en blanco lo que sea a lo que tu esposo se apega más que a ti, sea su trabajo, sus amigos o su juego de golf.

Pero antes de que caigas en un largometraje, imagínate lo mucho peor que te sentirías si tu esposo se apegara a tu hermana. No a cualquier hermana sino tu hermana delgada, supermodelo y con los pechos grandes. Pienso que eso era contra lo que Lea estaba:

> Luego quedó embarazada de nuevo y dio a luz un tercer hijo, al que llamó Leví, porque dijo: «Ahora sí me amará mi esposo, porque le he dado tres hijos».
>
> Genesis 29:34

Antes de decir lo que en realidad pienso en cuanto a Lea, quiero dar un poco de crédito donde es debido. Por lo menos ella permite que la esperanza brote eterna en su matrimonio. Ella queda encinta de nuevo y piensa: *esto cambiara el rumbo de la marea. Ahora estoy de subida. Puedo sentirlo.* Pero obviamente queda desilusionada de nuevo. Podemos dar por sentado que por lo menos pasó otro año, o probablemente mucho más:

> Lea volvió a quedar embarazada, y dio a luz un cuarto hijo, al que llamó Judá, porque dijo: «Esta vez alabaré al Señor». Después de esto, dejó de dar a luz.
>
> Genesis 29:35

Pues bien, Lea finalmente lo comprendió como es debido. ¿No te sientes orgullosa de ella? Por fin parece que se dio cuenta de que su esposo no supliría todas sus necesidades. A menudo les digo a las mujeres que, cuando una deja de esperar que el esposo la satisfaga, muy a menudo él tendrá un cambio de corazón. Cuando dejas de exigirle su atención, en realidad él *querrá* prestártela.

Así que Lea está en la senda correcta ahora. Está alabando al Señor. Está en paz. Fue liberada de ese estado mental de puerca espín. Ella está en un clímax espiritual con Jehová. Parece que asistió a un retiro de señoras o algo así. No lo sé, pero ella tiene una nueva actitud. Y como todas sabemos, cuando una alaba al Señor, abre las puertas de las bendiciones de Dios. Aleluya. Alabado sea el Señor. Que empiece el regocijo.

Es tan interesante cómo Dios obra. Mientras empezaba a escribir esto, oí a un predicador enseñar sobre la vida de Lea. ¿Lo puedes imaginar? El pastor se detuvo justo aquí en el relato para poder terminar con una nota alta. El mensaje fue sencillo: Lea lo hizo a la manera de Dios —la fórmula funcionó—, y ella vivió feliz para siempre. Vaya, ¡me suena como material para largometraje!

> La Biblia no tiene miedo de decir toda la verdad. No sé por qué nosotras sí lo tenemos.

Por desdicha, no es aquí donde termina el relato. La Biblia no tiene miedo de decir toda la verdad. No sé por qué nosotras sí lo tenemos. Mucho de lo que pasa por verdad en la iglesia en estos días es simplemente un hermoso retrato de la manera en que la vida debería ser. Debería serlo, pero no lo es. Debería ser verdad que si eres una buena esposa, a la larga tu cónyuge entrará al programa. Debería ser verdad, pero no lo es. ¿Lo es?

¿Estás lista para leer la frase que sigue de inmediato? ¡Ni siquiera se trata del *versículo* que sigue! Es la siguiente frase en el *mismo versículo:*

Después de esto, dejó de dar a luz.

Genesis 29:35

Ahora bien, en nuestra cultura eso tal vez se consideraría una bendición; pero no en la cultura hebrea antigua. Tener hijos era en gran medida la *única* señal que una mujer tenía de gozar de la bendición de Dios. Así que dejar de tener hijos, para Lea, fue una increíble desilusión. Ella había obtenido toda su identidad de su capacidad de alumbrar hijos para su esposo. Era la única fuente de su autoestima.

¿Que salió mal? Quiero decir, la pobre mujer finalmente hace las cosas como es debido. Ella trabajaba en la fórmula mágica:

Deja de esperar que tu esposo supla todas tus necesidades	+	Alaba a Dios	=	Cualquier bendición en particular que andes buscando

Suena como una gran fórmula. ¿Cuál es el problema? Que Dios no anda en fórmulas. Las fórmulas no funcionan. Debería ser verdad que si haces A + B se te garantiza que lograrás C. Pero no es así como el mundo real funciona. La vida no es así de sencilla, aunque nos gustaría creer que lo es. La Biblia no es así de simplista, aunque nunca te imaginarías eso al escuchar a algunos de los maestros bíblicos de hoy.

Una de mis antiguas vecinas atravesó una terrible odisea cuando descubrió que su esposo tenía un enredo amoroso. Su iglesia con todo cuidado le explicó la fórmula para arreglar su matrimonio. Ella la aplicó con todo su corazón pero, ¿lo adivinas? Su esposo escogió dejarla por la otra mujer de todas maneras. Ella quedó completamente devastada. No podía cambiar las decisiones que tomó su esposo, por mucho que se esforzará. Por mucho que ella oraba, él ya había tomado la determinación. Así que él entabló el divorcio y se casó con la infamante otra.

Algunas de ustedes saben de primera mano de qué hablo. Es tiempo de que la iglesia haga una comprobación de la realidad: puedes pararte firme en la fe por tu matrimonio. Puedes también hacerlo de puntillas o de cabeza. Con todo, la otra persona tal vez nunca cambie. Lea lo trató todo, pero Jacob nunca cambió su actitud hacia ella.

Tengo un noticiero relámpago para ti. Probablemente me detestarás por esto: no podemos controlar a otras personas. No con fórmulas. Ni siquiera con oración. Podemos influir profundamente en otras personas mediante la oración, pero no podemos controlarlas. La oración puede abrir oportunidades increíbles para que una persona le entregue su vida a Dios, pero Dios no se impondrá a la fuerza sobre nadie.

El mensaje de Dios para todas y cada una de las personas del planeta es: «Elijan ustedes mismos». A nuestros esposos, Dios les dice: «Elijan ustedes mismos». Y a propósito, tal vez bien podría mencionarlo:

A nuestros hijos, Dios les dice: «Elijan ustedes mismos».

A nuestros amigos y seres queridos, Dios les dice: «Escojan ustedes mismos».

A total extraños, Dios les dice…

Captas la idea. Dios no se impondrá a la fuerza sobre nadie. Allí es cuando nuestras hermosas y nítidas formulitas cristianas se desbaratan, especialmente en lo que tiene que ver con el matrimonio. Porque mientras tú escoges ser una gran esposa y madre, tu esposo es libre para tomar decisiones contradictorias. Entonces te quedas pensando:

yo hice A + B… ¿en dónde está mi C?

Tú tienes todos los buenos puntos. Tienes absolutamente la razón. Lo próximo que te das cuenta es que estás de vuelta a ese estado mental de puerca espín.

Me faltaría el tiempo para contarte sobre cuántas mujeres cristianas conocí cuyos esposos (o hijos, o nietos, o yernos, etc.) toman decisiones que estremecen sus mundos. Es alarmante ver cuántos esposos escogen la pornografía en estos días. Sí, esposos creyentes. La adicción a este pecado es literalmente una epidemia entre los hombres creyentes, incluso (algunos dirían *especialmente)* entre pastores. Menciónalo; y si sucede en el mundo, también entre creyentes encantadores. Cualquiera que te diga lo contrario trata de venderte algo.

Pienso que toda mujer que lee este libro tiene por lo menos una persona en su vida que tomó decisiones que le partieron el corazón. Para muchas de ustedes esa persona es el esposo. Jacob escogió amar a Raquel más que a Lea. Punto. Principio y fin de la historia.

Pienso que muchas de ustedes pueden pensar en una persona por la que oraron, y que observaron cómo Dios le da una oportunidad tras otra para cambiar su curso, para dar la vuelta, para tener un cambio de corazón. Dios hizo todo excepto descender ante

Menciónalo; y si sucede en el mundo, también entre creyentes encantadores.

esa persona para decirle: «Elígeme ahora mismo o te daré un buen porrazo en la cabeza». Incluso puede haber descendido y dicho: «Elige a tu esposa ahora mismo, o lo lamentarás». Pero algunas personas simple y obstinadamente rehúsan seguir el programa.

Tienes razón. Esa persona se equivoca. ¿Cuánto piensas que eso te ayudará a avanzar?

De regreso a nuestro relato de largometraje: Lea se desespera cada vez más. Trata el viejo truco de Sara de producir hijos mediante la criada. No trataré siquiera de explicar todo ese caos, excepto para decir que ella le pone a uno de esos hijos el nombre de «¡Qué feliz estoy!»

Lea está feliz consigo misma. Su padre le falló al casarla con un hombre que no la amaba. Su esposo le falló al escoger amar más bien a su hermana, aunque Lea le dio más hijos. Ella trató de aplicar la *fórmula* y le falló, así que se siente como que Dios le falló. Por supuesto, Dios nunca falla, pero no le digas eso a Lea. Por eso tomó el asunto en sus manos. Parecía como que funcionaba, así que se siente contenta, al menos por una temporada. Su actitud era: «Lo haré a mi manera. Conseguiré lo que necesito a como dé lugar. No me importa a quién uso o quién queda lastimado en el proceso. El fin justifica los medios». ¿Alguna vez estuviste allí? Su felicidad fue muy corta, sin embargo. Nos encontramos a Lea algún tiempo después en una amarga conversación con su hermana.

> Durante los días de la cosecha de trigo, Rubén salió al campo. Allí encontró unas frutas llamadas mandrágoras, y se las llevó a Lea, su madre. Entonces Raquel le dijo a Lea:
> —Por favor, dame algunas mandrágoras de las que te trajo tu hijo.
>
> Génesis 30:14

Apenas como un aparte, es importante notar que se pensaba que las mandrágoras promovían la fertilidad y evitaban los abortos espontáneos, así que Raquel claramente procuró quedar encinta. Lea no tenía ninguna intención de ayudar a su hermana a solidificar su posición como *la esposa perfecta*:

Pero Lea le contestó:

—¿Te parece poco el haberme quitado a mi marido, que ahora quieres también quitarme las mandrágoras de mi hijo?

—Bueno —contestó Raquel—, te propongo que, a cambio de las mandrágoras de tu hijo, Jacob duerma contigo esta noche.

Al anochecer, cuando Jacob volvía del campo, Lea salió a su encuentro y le dijo:

—Hoy te acostarás conmigo, porque te he alquilado a cambio de las mandrágoras de mi hijo.

Y Jacob durmió con ella esa noche.

Genesis 30:15-16

¿Qué tal eso como romance? Quiero decir, ¿qué te dice esto en cuanto a la condición del matrimonio de esa mujer? Ella finalmente había tocado fondo. Tiene que comprar una noche en la cama con su propio esposo. ¿Te ayuda eso a poner tus problemas matrimoniales en perspectiva, o no? Describir su matrimonio como una relación desilusionadora sería la subestimación máxima del siglo. Alguien tiene que empezar de inmediato la producción de este largometraje. Esto es serio melodrama, y no es exageración.

Lo que es muy frustrante es que Lea tiene absolutamente la razón. Simplemente piensa en todos los buenos puntos que tiene a su favor. Apuesto a que sus sermones silenciosos eran más o menos así:

1. Soy la hermana mayor, y eso me concede ciertos derechos.

2. Soy la primera esposa, y eso me da derecho a ciertos privilegios.

3. Di a luz al primogénito de Jacob, y eso me concede un lugar de honor.

4. Además de todo eso, Raquel es tan superficial, ¿verdad? Yo puedo ser fea, pero soy profunda.

5. Después de todo lo que hecho por ti, Jacob, que te di todos estos hijos y mi criada, ¿cómo puedes tratarme así? No está bien. No es justo.

No puedo demostrarlo, pero pienso que Lea vivió la mayor parte de su vida en un estado mental de puerca espín. Ella tenía muchos puntos grandiosos, pero su esposo obviamente la evadía como… pues bien, como si ella fuera una puerca espín. Tú sabes que las cosas andan en realidad mal cuando tienes que pagar solo para lograr que tu esposo venga a dormir contigo una noche.

Aquí estamos sentadas y sentimos lástima por Lea, pero la verdad es que acabo de ordenar la colección TNT completa de vídeo de la Biblia, y ni una sola de las películas se titula *Lea*. Hay, sin embargo, una que se titula *Jacob*. El esposo de Lea tuvo su parte de corazones partidos. Mira lo que su suegro le hizo: lo puso a trabajar catorce años por dos esposas. Ni siquiera puedo imaginarme a mi esposo aguantando a dos esposas; él tiene todo lo que puede manejar con una sola. Imagínate si él me tuviera a mí *más otra como yo; no podría aguantarme*. Ese hombre jamás vendría a casa después del trabajo. Ya puedo oírle: «Hola, cariño. Te llamé solo para hacerte saber que trabajaré tarde por el resto de mi vida».

¿Cuál fue la perspectiva de Jacob sobre este matrimonio? Él nunca quiso a Lea como esposa, para empezar. Estoy segura que él tenía su propio resentimiento. Lo engatusaron para que se casara con ella. Y no me sorprendería si ella se hizo cómplice de ese juego. Ella podía fácilmente haber dicho: «Oye, Jacob, soy yo, Lea, bajo este velo. Mi papá te engatusó. ¡Peligro! ¡Advertencia!» ¿Desde cuán-

> Hay algo en una persona que clama en desesperación que Dios simplemente no puede alejarse de ella.

do Lea mantiene cerrada la boca? No sé si todo fue idea de Labán o no. Vimos suficiente de la persistencia de Lea y de su personalidad para pensar que tal vez en los días que condujeron a la boda, ella atormentaba a su padre: «Papá, no es justo. Yo soy la mayor. Yo debo casarme primero. ¿Cómo es que Raquel siempre se sale con la suya?» ¿Recuerdas el estado mental de puerca espín y todos esos buenos puntos? Tal vez ella los «martilló» todos implacablemente en la cabeza de su padre hasta que él ya no pudo aguantarla y concibió aquella pequeña patraña.

No lo sabemos a ciencia cierta, por supuesto. Pero no me sorprendería si Lea tuvo una mano en el esfuerzo por *agarrar* a Jacob, y luego se enojó con él por sentirse *atrapada*. Ah, ¡sé que eso duele! Apuesto que hay más de unas pocas de ustedes que leen estas páginas que conocen de forma muy cercana ese pequeño juego y sus resultados inevitables.

¿Quieres saber lo que más me intriga de toda esta situación? Vimos que Lea había aplicado la fórmula: *si yo hago A + B, Dios estará tan orgulloso de mí que con toda certeza me dará C.* Pero él no se embarcó en el programa, ¿verdad? Sin embargo, cuando ella tocó fondo, cuando llegó al fin absoluto de sí misma, despojada de dignidad y de esperanza, harta de participar en esos juegos —cuando lanzó sus brazos hacia arriba y dijo: «Dios, ¿ves este desastre? Por favor, óyeme cuando lloro»— captó la atención de Dios. Entonces él le dio el deseo de su corazón:

> Dios escuchó a Lea, y ella quedó embarazada y le dio a Jacob un quinto hijo.
>
> Génesis 30:17

Subrayen eso en su Biblia, hermanas. Dios escuchó a Lea. Dios la escuchó, y él las escuchará a ustedes. Así que, ¿al final Lea lo logra? ¿Al fin entiende que Dios no aplica una fórmula aquí? ¿Al fin entiende que Dios quiere su corazón? ¿Qué él simplemente no puede resistir un corazón quebrantado y contrito? Hay algo en una persona que clama en desesperación que Dios simplemente no puede alejarse de ella. ¿Lo comprende Lea por fin? No, no, mil veces no. Ella no lo comprende para nada:

> Entonces dijo Lea: «Dios me ha recompensado, porque yo le entregué mi criada a mi esposo».
>
> Génesis 30:18

No sé tú, pero yo quiero estrangular a esta mujer. ¡Ella todavía piensa que *tiene razón!* Pero no es cuestión de tener razón ni de aplicar la fórmula. Es cuestión de tu *corazón.* En este capítulo seguimos a Lea por no sé cuántos años, y ella ni siquiera parece haber aprendido algo. Nada.

> Lea quedó embarazada de nuevo, y le dio a Jacob un sexto hijo. «Dios me ha favorecido con un buen regalo —dijo Lea—. Esta vez mi esposo se quedará conmigo, porque le he dado seis hijos». Por eso lo llamó Zabulón.
>
> Génesis 30:19-20

La implicación detrás de la expresión «Esta vez» es que el hombre todavía no la honra. Ella le dio seis hijos, además de darle a su criada que alumbró otros dos. Sin embargo, Lea sigue siendo de segunda categoría para él. De segunda categoría. En segundo lugar.

A la larga, el clan entero emprende el regreso a la tierra natal de Jacob. En el camino les llega una razón de que el hermano de Jacob, Esaú, viene a su encuentro. Si recuerdas la historia, sabrás que estos hermanos no se separaron en buenos términos; y Jacob tiene miedo de que su hermano pudiera tratar de matarlo a él y a su familia. Franca y probablemente

se lo merece. Así que arregla a su familia en orden de importancia: con los miembros más valiosos al último, de modo
que sean los menos vulnerables al ataque:

> Cuando Jacob alzó la vista y vio que Esaú se acercaba
> con cuatrocientos hombres, repartió a los niños entre Lea,
> Raquel y las dos esclavas. Al frente de todos colocó a las
> criadas con sus hijos, luego a Lea con sus hijos, y por úl-
> timo a Raquel con José.
>
> Génesis 33:1-2

Él le da la mayor protección no a Lea —su primera esposa, la que le había dado más hijos— sino a Raquel, porque
la quería más. Hasta el mismo fin amargo, y en efecto quiero
decir el fin *amargo,* Lea vivió su vida en un segundo plano.
Siempre era la de atrás.

¿Sabes lo que es estar en segundo lugar? ¿Segundo lugar
en el corazón de tu esposo? Hay alguien más o algo más que
es primero para él. Conocí mujeres que están en segundo lugar después de la suegra. Se casan con el hijo de mamá. Otras
están en segundo lugar después de la carrera profesional de
él. Esta es dolorosa: segundo lugar después de su ministerio.
Segundo lugar después del golf o los partidos de fútbol. Segundo lugar después de *la otra.* Segundo lugar después de
una larga lista de *otras mujeres.* Segundo lugar después de
todo el planeta. Cualquier cosa, todas las cosas, y todas las
otras personas son más importantes que tú, porque estás en
segundo lugar en la vida de tu esposo.

Jacob no era un hombre perverso. Es más, la Biblia con
toda claridad demuestra que él amaba a Dios y llegó a ser mejor persona conforme avanzaba en edad. Pero nunca cambió
su corazón hacia Lea. Tal vez tu esposo no es malo tampoco.
Tal vez no te engaña. Tal vez no te golpea. No es un alcohólico. ¿Qué derecho tienes de quejarte? No tuviste ni una

sola onza de material de largometraje con qué trabajar. Así que a muchas mujeres les va peor que a ti. Simplemente estás en segundo lugar. Incluso tu dolor está en segundo lugar. El primer lugar está para las mujeres que tienen problemas matrimoniales reales: problemas de tamaño de largometraje. Tienen algo específico a lo que pueden señalar: él tiene un enredo amoroso. Él se fue. Ellas están en la primera línea de simpatía. ¿Tú? Tú estás en segundo lugar.

Lea siempre estuvo en segundo lugar. Muy triste. Pero permíteme preguntarte algo: *¿en dónde estaba Dios en medio de todo esto?*

Nos dejamos arrastrar tanto en el melodrama de Lea que nos arreglamos para perder de vista lo que realmente importaba en su vida. Apartemos todo ese sin sentido en cuanto a sus desesperados esfuerzos de tratar de ganar la aprobación de Jacob y veamos si podemos hallar a Dios en medio de los escombros:

> El Señor *vio* que Lea no era amada.
>
> Génesis 29:31 (*énfasis añadido*)

El Señor vio. Esas son palabras poderosas que cambian la perspectiva, ¿verdad? Cuando te das cuenta, Dios ve. Él sabe toda la verdad de tu situación. Si quieres hallar esperanza y sanidad, si quieres hallar descanso para tu alma cansada, te animo a que medites en estas dos palabras: *Dios ve.* Es más, uno de los nombres de Dios es El Roi, el Dios que ve. A él no se le engaña. Él sabe exactamente quién tiene la razón y quién se equivoca. Dios se preocupará de eso hasta el fin. Y la que tiene razón será vindicada y se le dará su recompensa justa. Como se dijo de Jesús, tal vez se diga de nosotros: «Cuando proferían insultos contra él, no replicaba con insultos; cuando padecía, no amenazaba, sino que se entregaba a aquel que juzga con justicia» (1 Pedro 2:23).

Dios escuchó a Lea.

Génesis 30:17 (*énfasis añadido*)

Dios escuchó a Lea, tal como Dios te escucha a ti. Clama a él. No clames a tus amigas. ¿Qué pueden hacer ellas? ¡Ni siquiera pueden cambiar a sus *propios* esposos! Las puercas espines desperdician todo su tiempo y energía al tratar de conseguir que otros sientan lástima por ellas y les ofrezcan consejo o las rescaten de sus propios desastres. Por eso tienen que decirle todos sus buenos puntos a cualquiera que se les acerca como a dos kilómetros, lo que explica por qué todos se quedan a esa distancia. Tú tienes una alternativa con respecto a cómo manejar tus problemas: puedes llevarlos al teléfono o puedes llevarlos al trono de Dios. ¿Cuál te hará más bien? Dios siempre escucha, así que, ¿por qué no hablarle a él? Pruébalo. Es la cura máxima para el estado mental de puerca espín, y la manera ideal de poner tus problemas en perspectiva.

Dios *tenía un plan eterno* para la vida de Lea.

Quiero mostrarte algo más bien intrigante en cuanto a Lea. Aunque no se la menciona por nombre, hallamos algo muy significativo en cuanto a su vida en la primera página del Nuevo Testamento:

Tabla genealógica de Jesucristo, hijo de David, hijo de Abraham:

Abraham fue el padre de a Isaac; Isaac, padre de Jacob; Jacob, padre de Judá y de sus hermanos; Judá, padre de…

Mateo 1:1-3

Detente justo allí. No necesitamos avanzar más. Judá fue hijo de Lea. ¡Lea fue una de las abuelas de Jesús! Dios vio y escuchó, pero más que eso, tenía un plan. Con el nacimiento de Judá, Lea *había cumplido el propósito primario de Dios para su vida.* No digo que fue su único propósito; ni tampoco que las mujeres no tienen otra función que dar a luz. Pero me gustaría pensar que si mi nieto fuera el Salvador del mundo, me alegraría un ápice. Mi punto es: nos gusta decirnos que si Dios nos diera una tarea algo más profunda, si solo tuviéramos un sentido de propósito, nuestras vidas no se sentirían como una desilusión gigante.

El enfoque de Lea era demasiado estrecho.

Lea quería salvar su dignidad.

Ella quería salvar su matrimonio.

Dios quería salvar al *mundo*.

Lea pensaba que *si tan solo* pudiera tener un hijo, podría avanzar más allá de la desilusión de estar en segundo lugar en la vida de su esposo. Dios le dio seis hijos, y ella no estaba contenta. Tenía una casa llena de hijos —exactamente lo que había pedido en oración— pero no bastaba.

Lea escogió concentrar su atención en lo único que no podía tener y se declaró a sí misma «desdichada». Nadie podía negar que esa relación matrimonial fuera difícil, pero ella también había tenido muchas bendiciones. Era la madre de seis de las tribus de Israel y abuela de Jesús. Raquel pudo haber tenido un esposo que la adoraba, pero Lea fue escogida expresamente por Dios para ser parte de la línea ancestral de Jesús.

A veces el dolor de una relación desilusionante puede ser tan abrumador que permitimos que haga sombra a todas las cosas buenas en nuestras vidas. No permitas que esto te suceda. Más bien, busca la perspectiva de Dios en cuanto a tu vida. Quiero decirte un pensamiento final antes de concluir este capítulo más bien largo y triste:

- Dios le habló a Abraham (cf. Génesis 17:9).
- Dios le habló a Sara, esposa de Abraham (cf. Génesis 18:15).

- Dios le habló a Isaac (cf. Génesis 26:2).
- Dios le habló a Rebeca, esposa de Isaac (cf. Génesis 25:22-23).
- Dios le habló a Jacob (cf. Génesis 28:13).
- Pero al parecer Dios no tenía nada para decirle a Lea, esposa de Jacob.

¿Debemos suponer con toda honradez que Dios quiso hablarles a *todos los demás* que eran parte de su gran plan? ¿A todos excepto a Lea? ¡Ni soñarlo! Si ella hubiera dejado a un lado su estado mental de puerca espín por dos minutos, y si hubiera apagado todas esas confusiones que pasaban por su cabeza noche y día, tengo casi la certeza de que Dios le hubiera dado a conocer su plan. A Dios le encanta decir lo que tiene en su corazón, su perspectiva eterna. Le encanta permitirles a sus hijos que «entren» en lo que se propone hacer en el mundo. Pero Lea no quería escuchar.

Dios quiere decirte su perspectiva eterna. ¿Escucharás?

Dios quiere decirte su perspectiva eterna. ¿Escucharás? Es tiempo de que algunas de nosotras dejemos de tener razón y empecemos agresivamente a perseguir la necesidad de ser sanadas. Necesitas captar la perspectiva de Dios sobre tu matrimonio. Tal vez, solo tal vez, eso logre mucho más bien de lo que jamás podrías imaginarte. ¡Tal vez Dios tiene guardadas para ti bendiciones que te asombrarán!

No quiero ser una puerca espín aquí y contarte toda mi triste historia. Pero te lo digo de frente: esta es una lección que aprendí por la vía dura. Si te contara cuán de cerca a mi corazón me llega esta historia, te estremecería hasta el tuétano. La única manera en que hallé alguna esperanza, algo de sanidad, fue al acudir a Dios y decirle:

> Necesito tu perspectiva. Dios, tú me ves, así que dime lo que ves. Dios, tú me escuchas, así que ayúdame a escucharte. Dios, tú tienes un plan poderoso para mí. Ayúdame a descartar mi estado mental de puerca espín lo suficiente como para captar tu visión y vivir mi vida con poder y propósito.

Si nadie en la tierra jamás reconoce lo que te sucedió, cuánto te lastimaron, y lo profundamente desilusionada que quedaste, por favor, descansa confiada en que Dios lo sabe. Descansen, hermanas. Permitan que su cansado corazón y alma descansen en el conocimiento de que:

> Dios te ve, te escucha y tiene un plan para ti.
> Escucha y permite que él te lo diga.

NUNCA SOÑÉ QUE CRIAR HIJOS SERÍA TAN DURO

Hasta aquí, escribir este libro ha sido viento en popa. Me llevó dos días llegar a este capítulo… entonces me detuve en seco. No tengo absolutamente la menor idea de qué decir en cuanto a criar hijos aparte de lo que ya dije en el título: «Nunca soñé que criar hijos sería tan duro». El mero pensamiento de escribir al respecto me hizo derramar lágrimas. Detesto repetir el estribillo en cuanto a descubrir de repente lo ingeniosos que fueron mis padres, pero es un hecho. Yo no tuve mi primer hijo sino cuando tenía casi treinta años, así que tuve abundantes años para sentarme a juzgar a mis propios padres antes de verme frente a frente con la dolorosa verdad. Y vaya que me senté a juzgarlos. Los pesé en la balanza, y los hallé faltos. Los declaré culpables de todo, desde no darme de comer suficientes legumbres hasta ser responsables por entero de todos los errores que mis siete hermanos y yo cometimos.

Ahora yo soy la madre; y si pudiera lograr que mis hijos comieran una fracción de las legumbres frescas, congeladas, enlatadas o de otra manera, que consumí cuando niña, podría empezar a dar pasos firmes aquí. Me despierto todas las mañanas y le pido a Dios que me capacite para ser «una madre santa, alegre y eficaz». No puedes imaginarte cuántas veces, cuando se me piden mis peticiones de oración en los estudios bíblicos de mujeres, lo único que pido es que «Dios me capacite para ser una madre santa, alegre y eficaz». Pero solo para darte una idea, de manera literal noté a una mujer que hacía girar sus ojos la última vez que dije eso. Sé que fue la última vez, porque ese incidente es la razón por la que seguirá siendo la última.

Hace poco una mujer me dijo con gran convicción: «¿Sabes que la madre pone la atmósfera del hogar, verdad?» Ajá, lo oí muchas veces, y eso siempre logra en forma sensacional hundirme en un viaje de acusación. Tal vez yo sea la excepción a la regla o la regla es totalmente ficticia. Cuando finalmente salto de la cama por la mañana (esa parte a veces me lleva un buen rato), soy la persona más alegre del planeta. Debo tener perdida breve de la memoria o algo así, porque casi sin excepción, todos los días me despierto como Dori en la película *Buscando a Nemo*. Pienso: «*¡Sigue nadando! ¡Sigue nadando! ¿Qué hacemos? ¡Nadamos!*» La verdad es que soy tan entusiasta que soy fastidiosa.

¡Sinceramente pienso —al menos por los primeros cinco a diez minutos— que *hoy* será un gran día! *Hoy* seré la madre más santa, alegre y eficaz. *Hoy* es el día en que la marea cambiará y mis hijos se darán cuenta de la gema de madre que soy. *Hoy* ellos de repente se transformarán en modelos ejemplares para la nación.

Entonces mis hijos se levantan.

Créeme, alegre y entusiasta son las últimas palabras que escogería para describir la atmósfera que se extiende por nuestra casa. ¿Sabe alguien de lo que hablo? Recuerdo cuando estuve encinta de mi primera hija y soñaba en lo maravilloso que sería criar hijos: cómo un día me coronarían «la Madre Internacional del Año». Sí, señora, le mostraría al mundo —especialmente a mis padres— cómo hacer bien el trabajo. ¿Cómo podía fallar? Me habían asegurado que si en realidad amaba a Dios y quería hacer las cosas a su manera, mi nené dormiría dieciocho horas al día, mientras yo, con toda prolijidad, administraba las seis horas restantes de su bendita existencia. De allí que la educación continuaría conforme mis hijos, con toda tranquilidad, aprenderían a obedecer alegremente cada palabra mía. Por lo menos eso es lo que el guión de *Padres Stepford* pedía.

Por desdicha, habían tirado el guión por la ventana antes de que saliera del hospital con mi nuevo paquete de _____ _____ (bueno, la palabra precisa se me escapa). Una de las enfermeras me llamó aparte y me explicó: «Tenemos un nombre para tu hija». *Que deleite,* pensé, mientras unas pocas ideas brotaban a mi mente: *¿niña prodigio? ¿Don del cielo? ¿Ángel encarnado?* La enfermera continuó: «La llamamos la cabecilla de la banda». Un silencio atronador en el diálogo siguió mientras trataba de captar lo que me decía. Así que ella añadió: «Te espera una ardua tarea».

No me preocupé, sin embargo. Me había graduado de la clase sobre cómo criar hijos con calificación sobresaliente. Tenía el horario de la nena digitado en la computadora y toda su vida entera cartografiada en mi mente. Esto sería una caminata en el parque. Ah sí, como no.

Nunca soñé que criar hijos sería tan duro.

En un libro previo relaté cómo se me partió el corazón cuando mi matrimonio acabó en divorcio. Yo, que había educado en casa a mis hijas en la ladera de una montaña aislada en un esfuerzo por escudarlas del mundo y de todo el sufrimiento que había allí. Yo, que había dominado el arte de la negación y pasado tantos años haciéndome la de la vista gorda, que tenía tortícolis permanente, de repente me hallé sumergida en un infierno en la torre de ansiedad, temor, ira y remordimiento. Escribí en cuanto a tocar fondo la noche del 17 de noviembre de 2001, mientras contemplaba una lluvia de meteoritos *sin* mis hijas a mi lado, con lágrimas que corrían por las mejillas mientras cantaba suavemente: «En alguna parte allá afuera». Comenté que pedirle al universo ver junto a mis hijas la lluvia de meteoritos parecía una cosa muy pequeña. Es tiempo de publicar mi retractación. Es tiempo de poner en perspectiva este viaje de criar hijos.

Esta mañana nuestra iglesia recibió la visita de algunos de los niños perdidos de Sudán. Su jornada puso en perspectiva mi mezquino sufrimiento. Incluso, mientras contemplaba las estrellas desde el patio entablado de mi hermosa cabaña recubierta de cedro, y mientras sentía lástima de mí misma porque mis hijas jugaban vídeo juegos en la casa de su padre, que costaba trescientos mil dólares, en Scottsdale (uno de los suburbios más acomodados de la nación más rica de la tierra), las madres de estos muchachos estaban, bien sea muertas o como esclavas en alguna parte en el norte de Sudán. Las pocas que sobrevivieron lo suficiente para contemplar las estrellas no tenían ni el menor indicio de dónde podían estar sus hijos.

Ah, el poder de poner en perspectiva nuestros problemas.

De rutina uso expresiones tales como «corazón partido» y «devastador» para describir el trauma emocional de ver a mis hijas luchar para adaptarse a la escuela evangélica local. ¿Qué palabras podría usar para describir mi dolor si mis hijas tuvieran que atravesar apenas una fracción de lo que habían atravesado los niños perdidos de Sudán? Fueron expulsados de sus granjas de subsistencia en el sur de Sudán, en donde a sus padres (y a la mayoría de sus madres) los asesinaron ante sus propios ojos, junto con todos los demás adultos de su población. Ellos se escondieron en los matorrales mientras violaban o secuestraban a sus hermanas para venderlas como esclavas, en donde las violarían y torturarían aun más.

Se calcula que como veintiséis mil niños empezaron el recorrido de mil quinientos kilómetros bajo el calcinante ca-

lor del desierto para dirigirse al sur a los campos de refugia-
dos en Etiopía. ¿Puedes imaginar a alguien que trata de *irse*
a Etiopía? ¡La mayoría de la gente trata de *salir* de Etiopía!
En el camino, miles murieron por deshidratación e inanición.
Fieras salvajes acechaban a los muchachos y seleccionaban a
los más agotados cada día. Después de tres años en Etiopía,
a los muchachos los expulsaron *en masa* los tanques del gobierno. Mientras luchaban por escapar cruzando el río Gilo,
muchos murieron por los disparos, se ahogaron o se los co-
mieron los cocodrilos.

En forma asombrosa, su sufrimiento ni siquiera garan-
tizó un largometraje a los ojos del mundo, aunque puedes
ordenar un documental galardonado: *The Lost Boys of Sudan*
[Los niños perdidos de Sudán] por la Internet. Organizaciones de auxilio calculan que dos millones de sudaneses han
sido masacrados y otros cuatro millones desplazados por la
guerra civil más violenta de la historia moderna en los últimos años. Pero lo que realmente me parte el corazón es que
ni siquiera parece que podemos hallar la escuela secundaria
conveniente para mi hija adolescente. Es como una guerra; ni
siquiera puedes imaginarte lo que atravesamos.

Perspectiva.

Medio me enloquece que no puedo lograr que mis hijos
coman como es debido o que mantengan en orden sus cuartos; pierdo de vista el hecho de que por lo menos tienen algo
para comer y camas en donde dormir. Me desilusiono mucho
porque mis hijos no quieren alabar al Señor todo el día (tal
como su madre lo hace); pero por lo menos saben quién es
Dios y tienen una lista de diez kilómetros de largo de cosas
por las cuales *alabarle*. He considerado por mucho tiempo
como una seria injusticia que no pueda llevar a mis hijos a
la iglesia conmigo los domingos porque pasan con su padre
los fines de semana. Pero por lo menos tienen libertad para
adorar a Dios sin temor de persecución. Me molesta porque

ellos no leen la Biblia lo suficiente, pero por lo menos *tienen* Biblias. Por lo menos ellos creen —por ahora— que toda palabra en cada página es verdad.

Estoy lista para arrancarme los pelos porque mi hija mayor quiere dejar las clases de piano y sé que eso es una *gigantesca* equivocación tamaño largometraje. Sin embargo, viene pronto el día cuando mis hijos empezarán a tomar decisiones serias en la vida, muchas con consecuencias potencialmente devastadoras y de largo alcance. ¿Tal vez debería calmarme en cuanto al piano y ahorrarme la energía emocional? No.

Tantas mujeres creyentes se sienten como completos fracasos como mamás. Lo sé porque las encuentro y porque me siento de la misma manera. Recientemente me invitaron al programa *Life Today* (La vida hoy) de James Robinson. Los otros invitados en el estudio ese día acababan de regresar de un viaje a Angola, en donde visitaron uno de los centros de alimentación de Life Outreach International. *Muchas* de las madres que conocieron no lograron llevar a sus hijos a tiempo a los centros de alimentación, de modo que aunque sus hijos todavía estaban vivos y ahora tenían alimento a su disposición, sus cuerpos se habían cerrado tan completamente que rechazaban la comida. Sus nenés murieron en sus brazos aunque había abundancia de comida en el salón aledaño. ¿Qué palabras piensas que estas madres usarían para describirse a sí mismas?

Ahora que pusimos las cosas en perspectiva global, ¿tal vez el melodrama que se desarrolla en nuestra casa parezca un poco menos que un dramita? Pero incluso si es un dramita comparado con lo que pasa en Sudán, tu dolor sigue siendo real. Cuando tus hijos toman malas decisiones y te sientes como que estás al fin de tu cuerda, ayuda saber que no estás sola. Pienso que no lo estás, aunque muchos libros cristianos sobre criar hijos te harán sentir lo contrario.

Estoy segura de que hay en circulación muchos libros cristianos excelentes sobre cómo criar hijos, pero para ser franca, no los leo. ¿Por qué? Porque todos los que siempre he leído están llenos de verdades hermosas sobre la manera en la que la crianza de los hijos *debería* ser. Pero como todas sabemos —y ocasionalmente algunas de nosotras incluso tenemos el valor suficiente como para admitirlo—, hay una gran diferencia entre la manera en que la vida debería ser y lo que es. Cuando dije este concepto a un grupo de amigos por la Internet, esto fue lo que una mujer me respondió:

> Criar hijos es duro, y la iglesia no hace gran cosa para ayudar a los que luchan con sus hijos. Y si somos francas, sabemos que todos luchamos en algún momento. Recuerdo una familia en nuestra iglesia anterior que parecía tenerlo todo resuelto.

Incluso si fueras la madre más perfecta que jamás anduvo por este planeta, tus hijos aun tomarán algunas decisiones necias.

Él era presidente de la junta administrativa de la iglesia, ella era maestra de Escuela Dominical, y sus dos hijos eran perfectos. Recuerdo haber pensado: *quisiera tener mi vida en orden como ellos. ¿Por qué mis hijos no pueden ser perfectos como los de ella?*

Al mismo tiempo teníamos una maravillosa pareja cristiana en nuestra iglesia que atravesaba dificultades reales con su hija adolescente. Recuerdo que la «mamá perfecta» me dijo cosas en cuanto a cómo ella simplemente no podía entender por qué esa pareja tenía tales problemas, y que había algo que los padres debían estar haciendo mal.

Tuvimos una reunión misionera de señoras un mes, y a las hijas de esta «familia perfecta» se les pidió que hablaran. La mayor empezó a hablar sobre sus años en la secundaria y de su rebelión, sus borracheras y las peleas que tuvo con sus padres. Me quedé boquiabierta a más no poder. ¡No podía creerlo! ¡Ellos eran una familia perfecta después de todo! ¡La mamá parecía querer que se la tragara la tierra!

¡Me enfadé! Si ella tan solo hubiera sido franca en cuanto a sus luchas, podría haber ayudado a muchas. Prometí allí mismo que cualquier lucha que Dios me permitiera atravesar sería franca al respecto y hablaría sobre ella con otros. Pienso que nos fallamos unas a otras cuando no nos contamos lo que aprendemos. Nuestra hija menor decidió que quería salir con un joven que no era creyente. Ella sabía la regla en nuestra casa: no salir con muchachos incrédulos. Sin embargo, empezó a escabullirse para verlo. Mi esposo y yo teníamos dos alternativas: pretender que todo en nuestra casa era perfecto o contarles nuestras necesidades a nuestros hermanos en Cristo y pedirles que oraran por ella. Escogimos hacer lo segundo. Sé que hubo algunos que nos miraron con desdén, que pensaron que éramos «malos» padres, pero no me importó. Yo quería que mi hija se arrepintiera y volviera a la senda correcta. Dios fue fiel y la trajo de regreso a él.

Allí hay realidad, amigas. Debe ser verdad que si amas a Dios y fielmente impartes eso a tus hijos, se garantiza que seguirán tus pasos. Debería ser verdad, pero no lo es. ¿Te choca lo que acabo de decir? Pues bien, ¿no conoces que alguien que obviamente ama al SEÑOR, y con todo, tiene uno o más hijos que no lo aman? Es tiempo de que la iglesia diga las cosas tal como son. Es tiempo de dejar de pretender que creemos cosas que *claramente* no son verdad, tales como: «Si educas a tu hijo en la manera en que debe andar, se garantiza de forma absoluta y positiva que él creerá todo lo que siempre le has enseñado, justo hasta la última gota de tu teología y estilo de adoración. También se garantiza que él vivirá exactamente en la manera en que tú piensas que debe vivir, lo que incluye producir el número correcto de nietos con el cónyuge que tú escojas para él. Ese hijo o hija también tendrá su pelo bien recortado, un buen trabajo y siempre te enviará flores en el Día de la Madre».

Por cierto, puedes hallar un puñado de versículos en Proverbios que respaldan esta posición. Sin embargo, la Biblia enseña no solo por precepto y promesa, sino también por ejemplo:

> De hecho, todo lo que se escribió en el pasado se escribió para enseñarnos, a fin de que, alentados por las Escrituras, perseveremos en mantener nuestra esperanza.
>
> Romanos 15:4

Sí, Dios preservó los libros de sabiduría de Proverbios y Eclesiastés, pero si echas un vistazo a tu Biblia, verás que contiene muchos más *relatos* que dichos abstractos. El libro de Proverbios contiene principios útiles que *son verdad en general*. Sin embargo, la Biblia no es un libro seco de texto; es nuestra historia de familia. Así que explorémosla por un momento y veamos si podemos captar lo que realmente nos muestra en cuanto a criar hijos.

Los primeros hijos que encontramos son, por supuesto, Adán y Eva. Pienso que podemos decir, con bastante confianza, que su Padre hizo un trabajo impecable al educarlos en la manera en que debían. Incluso, pasaba tiempo de calidad con ellos cada tarde. Con todo, se rebelaron contra su autoridad; tomaron una decisión increíblemente insensata (cf. Génesis 3:6-7).

Incluso si fueras la madre más perfecta que jamás anduvo por este planeta, tus hijos aun tomarían algunas decisiones necias. Ellos también, en un grado u otro, se rebelarán contra tu autoridad. Dios creó a todo ser humano con el poder de elegir. Se llama la voluntad humana, y eso es lo que nos separa de todo lo demás creado. Aprendemos a ejercer esa voluntad al escoger algo *diferente* de lo que han elegido los que nos rodean para nosotros. Si no me crees, pasa unos momentos con un nené de dos años.

El próximo grupo de hijos que encontramos es Caín y Abel. Aunque se criaron en la misma casa y con los mismos padres, escogieron dos sendas completamente diferentes. El uno honró a Dios; el otro fue un asesino (cf. Génesis 4:3-8). Para cuando llegamos a Noé, vemos que *solo* él anduvo con Dios (cf. Génesis 6:1-9). Sin duda tuvo hermanos y hermanas, pero obviamente ellos tomaron otras decisiones. Noé tuvo tres hijos, uno de los cuales, Cam, avergonzó a su padre al chismear sobre el pecado de Noé, antes que cubrir la ofensa como sus dos hermanos escogieron hacerlo (cf. Génesis 9:18-28).

Luego encontramos a Abram y sus dos hermanos, Najor y Jarán (cf. Génesis 11:27). Después de que Jarán murió, Abram y Najor se dirigieron con su padre hacia la tierra de Canaán, la Tierra Prometida. Pero Abram es el que avanza con Dios (cf. Génesis 12:1). Después, tenemos a Isaac e Ismael (cf. Génesis 16:15; 21:2-4). Aunque Dios extendió su bendición a ambos hijos, fue Isaac el que «oró al SEÑOR» (Génesis 25:21) y anduvo en el poder de la promesa.

Luego encontramos a Jacob y Esaú, no solo hermanos sino *gemelos*. Sin embargo, Esaú «menospreció sus derechos de hijo mayor» (Génesis 25:34), mientras que Jacob fue bendecido porque luchó «con Dios y con los hombres» y venció (Génesis 32:28). Jacob tuvo doce hijos. Diez conspiraron para vender a uno, José, como esclavo (cf. Génesis 37:26-29). José se halla entre los hombres más santos de las Escrituras y, sin embargo, no oímos prácticamente nada de sus hijos Manasés y Efraín.

Todo esto apenas en el primer libro de la Biblia. El patrón continúa. De los aproximadamente dos millones de hijos de Israel, a solo dos se les consideró fieles lo suficiente como para entrar en la Tierra Prometida:

> «Por no haberme seguido de todo corazón, ninguno de los mayores de veinte años que salieron de Egipto verá la tierra que juré darles a Abraham, Isaac y Jacob. Ninguno de ellos la verá, con la sola excepción de Caleb hijo de Jefone, el quenizita, y Josué hijo de Nun, los cuales me siguieron de todo corazón».
>
> Números 32:11-12

No puedo dejar de preguntarme qué pasó con los hermanos y hermanas de Caleb y Josué. Samuel se crió en la misma casa que Ofni y Finés, y con el mismo hombre, el sacerdote Elí. La Biblia nos dice claramente: «Los hijos de Elí eran unos perversos que no tomaban en cuenta al SEÑOR» (1 Samuel 2:12). Mientras tanto, en un dormitorio más allá, por el corredor, Samuel oyó la voz de Dios que lo llamaba y «crecía en la presencia del SEÑOR» (1 Samuel 2:21). Así que los hijos del sacerdote Elí escogieron la senda de la maldad, en tanto que Samuel no. Tampoco Gedeón, cuyo padre era sacerdote del vil dios pagano Baal (cf. Jueces 6:25). Gedeón llegó a ser «guerrero valiente» para el SEÑOR (cf. Jueces 6:12).

David fue un hombre conforme el corazón de Dios, pero sus hermanos fueron unos cobardes y les faltó fe para enfrentar a Goliat y al ejército filisteo. Es más, su hermano mayor «se puso furioso con él» y lo acusó de ser «un atrevido y mal intencionado» (1 Samuel 17:28) cuando David sugirió que ellos debían ponerse firmes por Dios.

¿Puede alguien, por favor, decirme cómo Saúl, uno de los individuos más tétricos del Antiguo Testamento, produjo un hijo como Jonatán? (cf. 1 Samuel 20:4-17). ¡A veces juro que los peores padres tienen los hijos más dulces! ¿Alguna vez notaste lo bien que se portan muchos hijos de drogadictos y alcohólicos? ¿Cuán responsables, ingeniosos, persistentes y obedientes llegan a ser? Es suficiente para hacer que quiera servirme yo misma un trago (solo bromeo).

¡Y los hijos de David! Ah, cielos, ahora las cosas *realmente* se ponen feas. David, que amaba al Señor tan apasionadamente y compuso todos esos hermosos Salmos. David, que dedicó su vida al servicio del Señor, crió a la peor manada de muchachos que se pueda conocer. (Bueno, hubo todo ese asunto con Betsabé y Urías. Veamos si tus hijos son así de malos:

Amnón violó a su hermana Tamar (cf. 2 Samuel 13:1-14).

Así que Absalón asesinó a su hermano Amnón (cf. 2 Samuel 13:23-35).

Luego, Absalón usurpó el trono de su padre (cf. 2 Samuel 15:1-12), y David tuvo que huir para salvar su vida porque su propio hijo quería matarlo (cf. 2 Samuel 15:13-15).

Después de que mataron a Absalón, su hermano Adonías «se levantó en armas» porque «ambicionaba ser rey» (1 Reyes 1:5). Pero fue Salomón el que llegó a ser rey. Podríamos hablar sobre cómo los hijos de Salomón empezaron una guerra civil que destruyó a la nación de Israel, pero pienso que ya captaste la idea a estas alturas. De paso, Salomón es el que escribió ese fragmento en cuanto a «no lo abandonará», pero sus hijos con toda certeza lo abandonaron, ¿verdad? Cuando uno lo piensa, no solo que sus hijos lo abandonaron, sino que *él* mismo lo abandonó aunque tuvo a David por padre.

La gente toma sus propias decisiones. ¿Son personas tus hijos? Combinemos esas dos oraciones: tus hijos toman sus propias decisiones. Siempre que hablo, a menudo relato la historia de Esaú al detalle porque hay *mucho* que podemos aprender de su vida. Pero la lección más importante para el propósito de este capítulo es sencillamente esta: el padre de Esaú amaba a Dios. El hermano de Esaú amaba a Dios. A Esaú no podía haberle importado menos. No hay garantía de que tus hijos tengan una pasión por Dios simplemente porque tú la tienes. Esaú se alejó, en tanto que su hermano Jacob siguió a Dios de todo corazón. Todo lo que puedes hacer es darles a tus hijos la oportunidad de conocer a Dios; es prerrogativa de ellos lo que escogen hacer con ese conocimiento.

Después de pasar veinticuatro años con creyentes, esta es mi firme convicción: por cada madre creyente que dice: «*Ves*, nosotros instruimos a nuestros hijos en el camino correcto, y ellos no lo abandonaron», hay otra madre creyente que se rasca la cabeza y dice: «*Vaya,* nosotros instruimos a nuestros hijos en el camino correcto, y ellos, en efecto, lo abandonaron». La primera madre se puede felicitar a sí misma; la segunda no necesita desperdiciar tiempo en autocondenarse porque para eso está la iglesia (más de eso en el próximo capítulo). Puedo estar equivocada, pero pienso que *todo el consejo de Dios* (a diferencia de fragmentos aislados) está de mi lado: algunos escogen amar y obedecer al Señor; otros le dan la espalda y se alejan. Tus hijos son personas. Algunos obedecerán; otros se alejarán.

No estoy segura de si esto es deprimente o reconfortante, pero estoy bastante segura de que es verdad. C. S. Lewis observó: «Dios no tiene nietos». Cada una de nosotras tiene que tomar una decisión personal de rendirse a Jesús.

Antes de dejar de preguntarte si criar hijos vale la pena, quiero mirar esto desde otra perspectiva. Es de vital importancia que hallemos el equilibrio entre asumir la responsabilidad de hacer lo mejor que podamos con nuestros hijos y echarnos encima la carga de acusarnos nosotras mismas por las decisiones de ellos. Hasta aquí me concentré en levantar la carga de culpa. Ahora quiero dirigir mi atención a la otra mitad de la ecuación: asumir nuestra responsabilidad de hacer lo mejor posible. Conté historias de familia de la Biblia; me gustaría relatarte otras historias de familias que aprendí de primera mano.

En los días en que la Guerra Civil Estadounidense (o guerra entre estados) se acercaba a su fin, el ejército confederado fue de ciudad en ciudad para advertirle a la gente que dejara el paso libre para el ejército de la Unión que avanzaba. Un día llegaron a la casa de una pequeña granja en Virginia y le dijeron a la familia que tenía que irse. Pero la mujer explicó: «Soy viuda con tres hijos pequeños todavía en casa, y no tengo ningún lugar adónde ir». Los soldados trataron de convencerla de que se fuera. «Hay un ejército que viene contra ti, ¿no entiendes?». «Esta es mi casa», dijo ella. «Pienso que Dios prometió protegernos. Aquí es donde nos quedamos».

Esa noche el ejército de la Unión, en efecto, barrió Virginia. Quemaron y saquearon todo a su paso. A la mañana siguiente, en medio de los escombros y las cenizas, solo una casa estaba de pie. Era la de esa viuda.

Curiosos, los soldados confederados volvieron para preguntarle: «¿Quiénes eran todos esos hombres que guardaron tu casa anoche?»

Pues bien, nosotros sabemos quiénes eran. Dios mismo envió un ejército de ángeles. Dios le pidió que se mantuviera firme, y el minuto en que ella creyó y dio su paso de fe, él envió su ayuda desde los cielos para permitirle mantenerse así. Creo que Dios quiere hacer lo mismo para toda mujer que demuestra la misma fe y determinación de estar firme en su propia casa hoy.

La historia verdadera de la fe increíble de esa viuda se ha trasmitido como herencia espiritual por años hasta la séptima generación de sus descendientes. Esos descendientes incluyen mi querida amiga Joy Morse. Reflexionando en las bendiciones de Dios hacia su familia, Joy recientemente me dijo que no tiene ni un solo pariente consanguíneo que no conozca al Señor de manera personal. No parece haber ningún Esaú en la banda. Esta familia se las arregló para pasar, generación tras generación, una valiosa herencia espiritual. Eso no es fácil de hacer.

Muy a menudo el poder de la fe, su calidad vibrante, se pierde con cada generación que pasa. Pero parece que eso no sucedió con ellos. No que toda su familia sea perfecta, ni que no atravesaran su parte de tiempos difíciles y corazones rotos. Con certeza los tuvieron, pero ellos saben en quién creyeron y están persuadidos que él puede guardar hasta el día final lo que le encargaron (cf. 2 Timoteo 1:12).

> Si eres creyente de primera generación, no te sorprenda que la lucha por proteger la herencia espiritual de tu familia sea una tarea mucho más difícil para ti que para la persona a tu lado.

Sé lo difícil que es mantener una perspectiva eterna en cuanto a la crianza de los hijos. Algo con lo que muchas mujeres luchan en medio de todas las minucias que constituyen nuestras vidas diarias es sentirse insignificantes. Nos sentimos como que no tenemos una tarea tamaño largometraje que Dios nos haya asignado. Con toda sinceridad, espero que esta lección de historia de familia te ayude a tener una perspectiva más amplia de lo que está en juego.

La lucha que tiene la creyente de primera generación

¿Me permites contarte algo de la historia de mi familia? Yo también sé lo que es librar una poderosa batalla por mis hijos. Recuerdo un día cuando estaba agotada por la lucha: me senté a la mesa de mi cocina y simplemente me eché a llorar. Mis hijos llegaron, me abrazaron, y oraron pidiendo que Dios «ayudara a mamá». Mamá claramente necesitaba toda la ayuda que pudiera recibir. Cuando todos terminaron de orar, Lea, que entonces tenía diez años, me miró y dijo:

—Mamita, pienso que sé por qué te pasa todo esto.
—¿De verdad, Lea? —le respondí—. Dímelo.
—Mamá, pienso que se debe a que eres creyente de primera generación.

Me dejó aturdida. Le pregunté: «¿Qué quieres decir con eso, Lea?» Ella dijo: «Piénsalo, mamá. Nadie en tu familia fue creyente antes. Tú eres la única. Satanás sabe que si puede derrotarte, será fácil arrebatarnos a nosotros, los hijos, y entonces, ¿qué posibilidades tendrá jamás tu familia? Tienes que estar firme, mamá. No dejes que te venza».

Mi hija de diez años había captado una verdad que elude a la mayoría de creyentes adultos. La Biblia claramente nos dice: «Su enemigo el diablo ronda como león rugiente, buscando a quién devorar» (1 Pedro 5:8). Los leones siempre escogen el animal más vulnerable de la manada y por lo general es el menor. Si tú eres creyente de primera generación, no te sorprenda que la lucha por proteger la herencia espiritual de tu familia sea una tarea mucho más difícil para ti que para la persona a tu lado, cuya madre, abuela y bisabuela fueron creyentes. Tú eres un blanco primario para el ataque, y no ellas. No es tu imaginación. Tu vida, y especialmente tu trabajo como madre, es mucho más difícil.

Solía mirar en mi iglesia a diferentes mujeres que se habían criado en hogares de creyentes, cuyas familias habían sido creyentes por generaciones, y pensar: *¡sus vidas no se parecen en nada a la mía! ¿Por qué mi vida no se parece a* *la de ellas? Ellas hacen que todo parezca tan fácil, mientras estoy próxima a sufrir un colapso nervioso. ¿Cuál es el problema?*

Escucha, Satanás tiene recursos limitados. Él tiene que usar una buena estrategia para distribuir sus fuerzas. Él no desperdiciará su munición en una mujer que tiene un cimiento inamovible. Eso no quiere decir que las mujeres que se criaron en hogares creyentes jamás atraviesen por pruebas. Por supuesto que las pasan, pero el diablo sabe que si lanza un ataque contra ella, probablemente desperdiciará sus esfuerzos. ¿Qué es lo que ella hará? ¿Contarlo como gozo? Quiero decir, ¿en dónde está la diversión de atacar eso? Ella llamará a su familia extendida, y ellos se reunirán a su alrededor para respaldarla. Incluso, en medio de la tragedia más dolorosa, ella seguirá firme. Y la peor parte —desde la perspectiva del diablo— es que ella acabará haciendo más daño a la causa de él, porque la gente que la rodea se maravillará de su fe. Quiero decir que, en algún momento, él verá simplemente que no puede derrotarla. Así que, ¿para qué molestarse? Ella resistirá al diablo, y él huirá.

Y, ¿adivina adónde huirá? Directo a tu casa; si en verdad eres creyente de primera generación. Él sabe que no tienes cimientos sobre los cuales edificar. Tampoco tienes estructura de respaldo. No tienes líneas establecidas de aprovisionamiento. Quiero decir, antes de que tus pies se posen sobre el suelo por la mañana, él estará a tus espaldas. No es tu imaginación. No sufres un colapso nervioso; es real. Él quiere derribarte junto con tu familia. No quiere que tus hijos hereden una bendición; quiere destruirlos.

Y, ¿sabes por qué? Porque el diablo sabe hacer los cálculos. Él entiende lo que es el crecimiento exponencial. Entiende el impacto multiplicador, generación tras generación, de una mujer que lucha para pasarles una herencia espiritual a sus hijos. Algunas de ustedes que leen esto ahora son creyentes de primera generación. Oro a Dios y le pido que les dé una visión, ahora mismo, del poderoso ejército que viene detrás de ustedes del reino de Dios. Oro que ustedes capten todo lo que está en juego aquí.

Si eres creyente de primera generación —y no me refiero a asistir a una iglesia; quiero decir si eres la primera persona de tu familia que toma en serio la importancia de seguir a Dios, de tener una relación personal con el Dios viviente—, este mensaje es para ti. Pienso que un bombillo acaba de encenderse sobre tu cabeza. Tal vez ahora, por primera vez en tu vida, por fin entiendes por qué tu jornada fue tan difícil. Pero también espero que sepas, como nunca antes lo has sabido, que vale la pena el precio que hay que pagar. Eso que has hecho toda tu vida, hasta ahora mismo, determinará una diferencia por toda la eternidad. Peleas la buena batalla para que tus hijos, nietos y biznietos puedan heredar una bendición espiritual. Así que pon en perspectiva tus problemas de madre. ¿Vale la pena la batalla?

¿Dónde están los bueyes almizcleros?

Ahora quiero dirigir mi atención al resto de ustedes; las que se criaron en hogares creyentes. A veces algunas vienen a hablarme y se disculpan por no tener un testimonio. Les digo que «testimonio» es nada más que una manera diplomática de decir: «Vaya, hiciste de tu vida un desastre». ¿No piensas que es interesante que si el relato de esa viuda no se hubiera pasado de una generación a otra, sin duda sus descendientes estarían por todas partes para disculparse por su falta de testimonio? La verdad sencilla es que ninguna familia pasa del reino de las tinieblas al reino de la bendita luz del Señor sin que alguien, en alguna parte, diga: «Esto es la posesión más valiosa que tengo. Me aseguraré de saber que pasa a mis hijos, con el fin de proteger su valor». Tal vez tu madre, abuela o bisabuela pagó ese precio por ti, y tú simplemente no lo sabes.

Nunca pidas disculpas por recibir el más grande don que un padre puede darle a sus hijos: el de una herencia espiritual. Pero tampoco lo desperdicies. No seas como Esaú, que no vio ningún valor en lo que su padre quería heredarle.

No hay mayor don que puedas darles a tus hijos que una herencia santa. Hablamos hace unos momentos de leones rugientes y cómo hacen presa de los más pequeños. Quiero cambiar de engranaje de leones rugientes a lobos que aúllan. En el Círculo Ártico vive un poderoso animal conocido como el buey almizclero. Cuando los lobos, que atacan a los bueyes almizcleros jóvenes, empiezan a aullar, los bueyes almizcleros adultos forman un círculo alrededor de sus jóvenes. Se quedan de pie allí, y por la pura fuerza de su apariencia les dicen a esos lobos: «Si quieres destruir a uno de estos pequeños, ¡tendrás que *pasar sobre mí*!» Eso es extremadamente raro en el reino animal. Es más, hay solo otra criatura en el planeta —la contraparte africana del buey almizclero— que forma un círculo defensivo. Todas las demás especies se dan la vuelta y huyen frente al peligro.

¿Dónde están las que se levantarán en oración y formarán un círculo de protección espiritual alrededor de los débiles?... ¿Dónde están los bueyes almizcleros?

Cuando miro a la iglesia en los Estados Unidos de América hoy, no tengo otra alternativa que concluir que los lobos devoran a voluntad. Cuando oigo que la tasa de divorcio en la iglesia es igual o incluso más alta que la que hay fuera, sé que los lobos atacan y comen a voluntad. Cuando oigo que la tasa de embarazos en adolescentes que se crían en hogares evangélicos es más alta que la del mundo en general, y cuando viajo por este país y escucho relatos que simplemente me parten el corazón, sé que los lobos andan sueltos en la iglesia.

Y cuando miro a esa situación, una pregunta candente viene a mi mente: *¿Dónde están los bueyes almizcleros?* ¿Dónde están las guardianas de la iglesia? ¿Dónde están las mujeres que fueron bendecidas con una rica herencia espiritual, las mujeres con todos los hijos grandiosos y los derechos a fanfarronear? ¿Dónde están las mujeres que deberían ser poderosas en la tierra? *¿Dónde están los bueyes almizcleros?* ¿Dónde están las que se levantarán en oración para formar un círculo de protección espiritual alrededor de los débiles? Dónde están las que se levantarán frente al diablo y dirán: «Si quieres destruir una familia más en esta iglesia, ¡tendrás que pasar *por encima de mí*!» *¿Dónde están los bueyes almizcleros?*

Pienso que una de las mayores tragedias de la iglesia de hoy ocurre cuando las que deberían ser lo que yo llamo *princesas guerreras poderosas de bueyes almizcleros* ven a todos los que tropiezan y luchan en sus papeles como padres, y en lugar de protegerlos, los condenan. Amontonan culpa sobre sus cabezas. Los toman y los arrojan a los lobos. Los juzgan y condenan.

Permíteme preguntarte algo: ¿Hay ciertas mujeres en tu iglesia que, semana tras semana, tienen las mismas peticiones de oración? Parece que nunca hacen ningún progreso serio en su crecimiento espiritual. Se meten en un desastre tras otro. Parecen vivir en un mar de conflicto y caos. Y sonríes diplomáticamente, pero por dentro *refrenas los ojos,* y piensas: «¿Por qué ella no puede simplemente criar a sus hijos como Dios manda? ¿Por qué simplemente no puede meterlos en cintura?»

¿Recuerdas a la mujer en mi estudio bíblico semanal que sorprendí haciendo girar sus ojos por lo que dije?

Puedes creerlo: nueve de cada diez veces, las que luchan más en cuanto a criar hijos —y en cualquier otro aspecto, a propósito— son creyentes de primera generación. ¿Sabes por qué esa mujer no puede lograr resolverlo todo? Porque ella no tuvo lo que tú tuviste. No tuvo una madre que orara por ella. No tuvo una abuela, sentada en su mecedora hora tras hora, que orara por ella. ¿Crees tú en el poder de una abuela que ora? Entonces, ¿por qué te asombras de que su vida no se parezca a la tuya? ¡Deberías quedar atónita si se pareciera!

Esto es lo que propongo: quiero que inviertas una porción de tu herencia en las vidas de los creyentes de primera generación. Una parte vital de tu herencia espiritual es el derecho de acercarte al trono de la gracia e interceder por otras. No basta que te quedes sentada felicitándote: «Ves, los instruí como es debido, y ellos no lo abandonaron». ¡Deja de ser tan arrogante y egoísta! Más bien, necesitas unirte al ejército creciente de poderosas guerreras de oración que escogen rodear a las familias que luchan para fortalecerlas, a fin de que puedan producir lo que a ti te fue dado con tanta liberalidad: una herencia santa.

Cuando hago esto en retiros privados de iglesias, justo en este punto los bueyes almizcleros comienzan a llorar. Se dan cuenta de que las mujeres que se pusieron de pie momentos atrás —para identificarse como creyentes de primera generación— son las mismas que habían estado entornando los ojos. La próxima vez, deja de preguntarte: «¿Qué anda mal con esa mujer? ¿Por qué simplemente no puede criar a sus hijos en la instrucción y amonestación del SEÑOR? ¿Por qué no puede simplemente instruirlos en el camino correcto? ¡Mira, sus hijos se alejan! ¡Ella debe haber hecho algo seriamente mal!» Más bien, acércate y pregúntale: «¿Eres tú, por si acaso, creyente de primera generación? ¿Eres tú la primera persona en tu familia que trata de ser una madre consagrada?» Entonces promete estar en la brecha a favor de ella.

A ustedes se les dio un gran don, hermanas mías; no se atrevan a pedir disculpas por eso. Pero eso viene con una gran responsabilidad. Quiero presentarles el reto, con todo mi corazón, para que se eleven a la altura de la ocasión. A nombre de las creyentes de primera generación en todas partes, les suplico: elévense a la altura de la ocasión. Las necesitamos; porque nunca soñamos que criar hijos podría ser tan duro.

El salmista escribió: «Aun cuando un ejército me asedie, no temerá mi corazón; aun cuando una guerra estalle contra mí, yo mantendré la confianza» (Salmo 27:3). No trato de producir aquí un largometraje de una miniserie. Hay en realidad una guerra que se libra por las familias. El destino eterno de muchas generaciones venideras está en juego. El escritor de Hebreos declaró: «Pero nosotros no somos de los que se vuelven atrás y acaban por perderse, sino de los que tienen fe y preservan su vida» (Hebreos 10:39). Que se diga de ti que no te amilanaste, ni siquiera frente a obstáculos abrumadores, sino que escogiste continuar y creerle a Dios.

Tal vez nunca soñaste que criar hijos sería tan difícil, pero pongamos las cosas en una perspectiva incluso mayor: ¿vale la pena la lucha cuando te das cuenta de que la herencia espiritual de tus hijos está en juego?

10

DONDE ME CONGREGO LASTIMARON
MIS SENTIMIENTOS

Anoche no pegué los ojos para nada.

No fue indigestión; ni siquiera insomnio. Revolví y di vueltas toda la noche porque mi iglesia lastimó mis sentimientos. Y aunque estoy escribiendo literalmente un libro sobre la importancia de tranquilizarse, ardía a más no poder por el dolor y la indignación. Sí, es verdad. La misma mujer que hace poco elaboró ese hermoso tratado sobre escapar del estado mental de puerca espín (véase capítulo uno) estuvo echando chispas durante treinta y dos horas enteras (de aquí la necesidad de no poder dormir). Porque sé con absoluta certeza que tengo razón y que ellos están errados.

Previamente indiqué que en ninguna parte se manifiesta más a menudo el estado mental de puerca espín que en la relación matrimonial. Basada en mi experiencia e investigación informal, la iglesia se acerca mucho a un segundo lugar. Para mí viene en primer lugar. Mi esposo y yo de muy buen agrado admitimos las cosas cuando estamos equivocados, y es bastante difícil luchar apasionadamente por todos tus buenos puntos con alguien que mueve su cabeza y expresa acuerdo. Ahora, si solo pudiera lograr que todos los de mi congregación concordaran conmigo cuando les señalo lo errados que están, mi estadía en el planeta Tierra sería exponencialmente mucho más agradable.

No sé tú, pero muy dentro una de las principales razones por las que voy a la iglesia es para revivir la experiencia gozosa de cantar alrededor de una fogata: «Cumba ya, Señor». Me convertí en creyente en un centro de retiros y con sinceridad pensaba que siempre sentiría ese gozo: no solo en cuanto a Dios, sino en cuanto a mis queridos hermanos y hermanas en Cristo. Aquellas que estábamos tomadas de la mano y derramábamos lágrimas de arrepentimiento, ofrecíamos abrazos de consuelo, orábamos y pedíamos que el poder de Dios se mostrara en nuestro medio. Las que me mostraron, por primera vez en mi vida, cómo es el amor incondicional. Eso es lo que pensaba que sería la iglesia.

¿Te ríes de mí y de mi infinita ingenuidad? ¿O planeas corregirme? Antes de que me escribas un correo electrónico y señales lo equivocada que estoy y cómo debería ir a la iglesia para adorar a Dios y por lo que podemos dar antes de por lo que podemos conseguir, déjame ahorrarte el problema. (¿Ves lo buena que soy para ti? ¡Ahora tendrás tiempo hoy para tus devocionales, después de todo!) Ya sé todo eso. Es más, soy una de las más destacadas expertas de los Estados Unidos de América en cuanto a lo que la gente «debería» hacer y cómo la gente «debería» sentir. No solo en cuanto a la iglesia, sino en cuanto a todo aspecto de la existencia humana. Quiero decir, ¿no lo somos todas? ¿No sabemos todas cómo debería ser la vida y cómo la gente —especialmente otros— deberían compor-

> ¡Lo inhumano del hombre hacia el hombre no es nada comparado con lo inhumano de las mujeres de la iglesia hacia otras mujeres de la iglesia!

tarse? No me refiero aquí acerca de tienes o debes, amigas. Hablo de la realidad.

Así que pongamos los pies en el suelo y olvidémonos de cantos alrededor de una fogata. A veces ir a la iglesia parece más como meterse en una tempestad de controversia y emociones acaloradas. Pocos temas generan una reacción más intensa en mis varios grupos de respaldo de la Internet que el asunto de: «Adivina lo que la iglesia me hizo a mí». ¡Lo inhumano del hombre hacia el hombre no es nada comparado con lo inhumano de las mujeres de la iglesia hacia otras mujeres de la iglesia! Aunque también evidentemente muchos hombres —especialmente pastores— son crueles hacia las señoras de la iglesia; por lo menos según las señoras de la iglesia.

Por cierto, tuve mi porción de «pastores crueles». Veamos: primero estuvo el que no quiso celebrar mi ceremonia de bodas con el hombre que se crió en una nación musulmana, y con el que acabé pasando los dieciocho años más difíciles de mi vida. ¿Tal vez ese pastor no era tan cruel como una cierta persona me llevó a creer? Después estuvo el pastor que sugirió que debía «bajar un escalón», simplemente porque era una lunática absoluta. ¿Quién se habría atrevido a predecir que a la larga dejaría esa iglesia, sin ninguna amiga y llena de remordimiento? Ah, sí, él lo hizo. El peor de todos fue el pastor que no me halló como fuente creíble de información, sencillamente porque era un residuo destrozado y aporreado de humanidad que me aferraba a la cordura por un hilo.

No cabe duda al respecto, los púlpitos están repletos de hombres crueles.

No estoy sola en mi observación. Conozco una mujer que tuvo la osadía de sugerir que, si ella quisiera asumir un cargo de liderazgo en la iglesia (que lo hizo), cuidaría mejor de sí misma (que no lo hacía). ¿Es eso estrafalario, o qué? ¿Quién tiene tiempo para darse una ducha, cepillarse los dientes y aplicarse desodorante cuando se tiene tanta ansiedad de dedicarse a los asuntos del Señor?

Luego hubo una mujer que me escribió para decirme que a ella también le habían impedido el ministerio que Dios le había llamado a cumplir. Ella estaba lista, dispuesta, y se consideraba capaz de enseñar el estudio bíblico en su iglesia. Con certeza me parecía conocedora. ¿Quién se interponía en el camino? Lo adivinaste. Otro pastor cruel. Yo estaba convencida de que ella tenía absoluta razón y él estaba totalmente equivocado. Luego la conocí en persona y a los cinco minutos el Señor me dio una revelación asombrosa: tal vez su pastor tenía un poco más de sentido del que yo le había reconocido.

Tal vez los pastores no son ni la mitad de crueles como sus congregaciones se imaginan. Y algo me dice que su trabajo es mucho más difícil de lo que la mayoría de nosotras pensamos, en vista del hecho de que mil quinientos hombres dejan el pastorado en los Estados Unidos de América cada mes (cf. www.pastorsinpain.com). Tal vez por eso la Biblia nos amonesta:

> Obedezcan a sus dirigentes y sométanse a ellos, pues cuidan de ustedes como quienes tienen que rendir cuentas. Obedézcanlos a fin de que ellos cumplan su tarea con alegría y sin quejarse, pues el quejarse no les trae ningún provecho.
>
> Hebreos 13:17

En semanas recientes pasé contemplando por horas muchos de los cuentos («Adivina lo que me hicieron donde me congrego») que he oído a través de los años. Parece que todos caen en una de dos categorías distintas: uno, los villanos reales; y dos, mi iglesia me lastimó los sentimientos. Permíteme considerar uno a la vez.

Los villanos reales

El más obvio ejemplo de los villanos reales que viene a la mente es el escándalo que estremeció a la iglesia Católico Romana a fines de los noventa, cuando públicamente se reveló que la iglesia activamente había ocultado incontables casos de abuso sexual por parte de sus sacerdotes. Sin embargo, no te equivoques al respecto. Los católico romanos no tienen en exclusiva este pecado del abuso sexual. Estoy muy segura que nosotros descubriríamos el mismo mal agazapado en otras denominaciones. ¿Piensas tú con sinceridad que el enemigo dice: «Ah, esa es una iglesia. Mejor no fastidiar a nadie allí»? ¡Bromeas! Es exactamente por eso que las fuerzas del mal trabajan a sobre tiempo y producen el caos en las iglesias; amargan a la gente, y previenen así que lleguen a ser miembros más productivos del cuerpo de Cristo.

Escuché relatos que me acosan por la noche. Relatos de niños ultrajados sexualmente en la Escuela Dominical. Adolescentes seducidas por ministros de jóvenes o violadas por otros obreros en campamentos de la iglesia. Por trágicos que sean estos eventos, el drama real *no* es que el enemigo vino para robar, matar y destruir. Esa es su descripción de trabajo. La tragedia real es cuando los creyentes permiten que esta artimaña resulte; cuando nos entregamos a esa «raíz amarga» (Hebreos 12:15) y echamos la culpa a toda la iglesia por las acciones de unos pocos. Es como arrojar el proverbial nené junto con la bañera.

Al tratar de graves pecados cometidos en la iglesia de Corinto, Pablo primero insistió en la disciplina de la iglesia:

> Pero en esta carta quiero aclararles que no deben relacionarse con nadie que, llamándose hermano, sea inmoral o avaro, idólatra, calumniador, borracho o estafador. Con tal persona ni siquiera deben juntarse para comer. ¿Acaso

me toca a mí juzgar a los de afuera? ¿No son ustedes los
que deben juzgar a los de adentro? Dios juzgará a los de
afuera. «Expulsen al malvado de entre ustedes»

1 Corintios 5:11-13

Luego pasó a destacar el peligro de nuestra respuesta pecaminosa al pecado de otros dentro del contexto del cuerpo
de Cristo:

> A quien ustedes perdonen, yo también lo perdono. De
> hecho, si había algo que perdonar, lo he perdonado por
> consideración a ustedes en presencia de Cristo, para que
> Satanás no se aproveche de nosotros, pues no ignoramos
> sus artimañas.
>
> 2 Corintios 2:10-11

Pablo abogaba por un equilibrio entre exigirle a la gente
que sea responsable por sus acciones *y* estar dispuesto a ex-
tender la gracia, de modo que el diablo no nos pueda mantener atrapados en el abismo de la falta de perdón. Desdichadamente, la iglesia de hoy está fuera de balance. Rehusamos
exigir responsabilidad a la gente. Luego, debido a que a los
ofensores no se les castiga, los individuos afectados tratan de
infligir castigo y retienen el perdón. No resulta.

Uno de los aspectos más significativos en donde la iglesia rehúsa ejercer su responsabilidad es en cuanto a los hombres abusivos. Pienso que este problema también constituye
al villano real. Hombres controladores, autoritarios a menudo
se sienten atraídos a la iglesia con la esperanza de poder esconder su naturaleza y sacarle provecho a: «Esposas, somé-
tanse a sus esposos» e «Hijos, obedezcan a sus padres». Tales
hombres parecen ser muy religiosos, pero en realidad son
cobardes de corazón. No son otra cosa que niños pequeños
asustados que se sienten aporreados por el mundo. Como el

hombre que llega a casa de su trabajo y patea al perro, estos hombres buscan alguien a quien golpear y un lugar seguro en donde hacerlo. Tristemente, la iglesia demasiado a menudo voltea la mirada a otro lado mientras los hombres abusivos maltratan a la esposa e hijos.

El último aspecto que consideraría el villano real es todo este asunto del dinero. Sin que haya duda, algunas iglesias y ministerios se dedican al negocio de robo en carretera. Pillos que esgrimen la Biblia fueron por largo tiempo el tema de largometrajes. Desde *Elmer Gantry* a *Salto de fe* y *El apóstol*.

Por desdicha, al creyente honrado que trabaja duro para el SEÑOR por lo general no se lo considera como material apropiado para un largometraje… o para el noticiero de la noche, a propósito. Más bien, el enfoque recae en los asquerosos y sinvergüenzas que hay entre nosotros. Por injusto que eso pueda parecer, mientras el cuerpo de Cristo no tome acción para detener a esta gente, la iglesia, como un todo, exhibirá un ojo negro. Somos un cuerpo, ¿recuerdas?

> A fin de que no haya división en el cuerpo, sino que sus miembros se preocupen por igual unos por otros. Si uno de los miembros sufre, los demás comparten su sufrimiento; y si uno de ellos recibe honor, los demás se alegran con él. Ahora bien, ustedes son el cuerpo de Cristo, y cada uno es miembro de ese cuerpo.
>
> 1 Corintios 12:25-27

Los charlatanes de la iglesia se aprovechan de los débiles, de los que se sienten solos, los ancianos, los caídos y los desesperados. No toda persona tuvo la misma educación y oportunidades en el mundo. Como resultado, algunos son más vulnerables que otros. Sea que una persona esté desesperada por un milagro físico o financiero, un milagro en su matrimonio, o incluso un milagro en cuanto a perder peso, los aprovechados pueden olfatearlos y saben cómo explotar sus vulnerabilidades.

Esto no es nada nuevo, por supuesto. En 2 Corintios 2:17, Pablo escribe: «A diferencia de muchos, nosotros no somos de los que trafican con la palabra de Dios». ¡A diferencia de muchos! Ahí lo tienes. La Biblia te lo dice de frente: en verdad hay personas que usan el cristianismo como una manera de ganar dinero. Ni siquiera empezaré a relatar las incontables historias del pastor que se fugó con los fondos de construcción del templo en efectivo. Sin duda toda ciudad de los Estados Unidos de América ha tenido uno de esos escándalos en algún momento u otro. Pablo repetidamente señaló que muchos predicaban el Evangelio por los motivos equivocados:

> Es cierto que algunos predican a Cristo por envidia y rivalidad, pero otros lo hacen con buenas intenciones. Estos últimos lo hacen por amor, pues saben que he sido puesto para la defensa del evangelio. Aquéllos predican a Cristo por ambición personal y no por motivos puros, creyendo que así van a aumentar las angustias que sufro en mi prisión. ¿Qué importa? Al fin y al cabo, y sea como sea, con motivos falsos o con sinceridad, se predica a Cristo.
>
> Filipenses 1:15-18

En el pasaje que sigue, Pablo pinta un contraste entre su propio ministerio y otros que predicaban en Tesalónica:

> Nuestra predicación no se origina en el error ni en malas intenciones, ni procura engañar a nadie. Al contrario, hablamos como hombres a quienes Dios aprobó y les confió el evangelio: no tratamos de agradar a la gente sino a Dios, que examina nuestro corazón. Como saben, nunca hemos recurrido a las adulaciones ni a las excusas para obtener dinero; Dios es testigo.
>
> 1 Tesalonicenses 2:3-5

La clara indicación de la frase «al contrario» es que otros *operaban* por motivos impuros y *trataban* de engatusar a la gente. *Usaban* la lisonja para cubrir su codicia. Estos problemas han existido desde la aurora del tiempo. Como Salomón dijo: «¡Y no hay nada nuevo bajo el sol!» (Eclesiastés 1:9).

Por eso la Biblia nos dice exactamente lo que debemos hacer cuando nos enfrentamos con los villanos reales. No se supone que debemos huir o hacernos los de la vista gorda. Es nuestra responsabilidad confrontar con amor a los que están equivocados:

> Si tu hermano peca contra ti, ve a solas con él y hazle ver su falta. Si te hace caso, has ganado a tu hermano. Pero si no, lleva contigo a uno o dos más, para que «todo asunto se resuelva mediante el testimonio de dos o tres testigos». Si se niega a hacerles caso a ellos, díselo a la iglesia; y si incluso a la iglesia no le hace caso, trátalo como si fuera un incrédulo o un renegado.
>
> Mateo 18:15-17

¿Cómo tratarías a un incrédulo o un renegado? Se espera que los trates como alguien que necesita experimentar la gracia y misericordia de Dios. No les darías la espalda, pero tampoco les confiarías un cargo de liderazgo en la iglesia. No les permitirías que se hagan pasar como creyentes. Necesitamos ser «astutos como serpientes y sencillos como palomas» (Mateo 10:16).

Hay muchos que parecen desilusionados con la iglesia en estos días. Muchos de ellos están sentados en la iglesia con el corazón destrozado. Pero encuentro a muchos en mis viajes: conductores de taxis, meseras, auxiliares de vuelo, compañeros pasajeros de vuelo, o personas alojadas en algún hotel que me cuentan (y lo oigo todo el tiempo): «Soy creyente, pero nunca voy a la iglesia. ¡Todos ellos son un hato de hipócritas!» Luego proceden a contarme su propia versión de: «Imagínate lo que la iglesia me hizo hoy». Algunos de estos relatos son espeluznantes; la mayoría de ellos son nada más que trivialidades.

Lo que me lleva a la siguiente categoría: los de mi iglesia me lastimaron mis sentimientos.

LOS DE MI IGLESIA LASTIMARON MIS SENTIMIENTOS

¿Puedo decir aquí las cosas tal como son? Encuentro a muchas señoras de la iglesia hechas un desastre (para no mencionar las que están hechas un desastre y que abandonaron la iglesia). Son increíblemente inseguras y se sienten en forma terrible en cuanto a sí mismas, así que hacen una de dos cosas, y a veces ambas. Primera, tratan desesperadamente de ganarse la aprobación; y segunda, procuran mejorar su apariencia para destrozar a alguna otra persona. Estas dos actividades explican mucho de la conducta disfuncional de la iglesia.

Digamos que Juana quiere ser la nueva superintendente de la Escuela Dominical. Si la pasan por alto, ella bien se herirá o se marchará. Entonces, cada persona que se pone al alcance del sonido de su voz recibirá toda la andanada de cuentos de largometrajerismos y de: «Imagínate lo que la iglesia me hizo». Pero no nos pongamos a pensar en un resultado tan horroroso. Digamos que a Juana la nombran para la tarea. Incluso suponiendo que Dios la dotó para que sirviera en ese cargo, la empresa con todo resultará en discordia si a ella lo que la empuja es un deseo de aprobación. Eso se debe a que ese anhelo desesperado de aprobación es como cualquier otra adicción: insaciable.

Incluso si el pastor públicamente la aplaude cinco o seis domingos consecutivos, ella se atasca en aquel domingo en que mencionaron a Catalina. No importa si nueve de cada diez maestros de Escuela Dominical piensan que ella es lo mejor desde la creación del franelógrafo; la persona que no la adula llega a ser el tema constante de sus pensamientos y, con toda probabilidad, también de sus conversaciones. En breve, ella es una adicta a la aprobación. Si no recibe su dosis, que Dios ayude a su familia y amigos. Por eso Pablo lo enseña muy claramente:

> ¿Qué busco con esto: ganarme la aprobación humana o la de Dios? ¿Piensan que procuro agradar a los demás? Si yo buscara agradar a otros, no sería siervo de Cristo.
>
> Gálatas 1:10

Si eres adicta a la aprobación, hazle a la iglesia un favor, búscala en el mundo. De otra manera, harás más daño que bien a la causa de Cristo. Cuando estés preparada para vivir tu vida ante un público, entonces y solo entonces estarás lista para entrar en un lugar de ministerio:

> Por mi parte, muy poco me preocupa que me juzguen ustedes o cualquier tribunal humano; es más, ni siquiera me juzgo a mí mismo. Porque aunque la conciencia no me remuerde, no por eso quedo absuelto; el que me juzga es el Señor. Por lo tanto, no juzguen nada antes de tiempo; esperen hasta que venga el Señor. Él sacará a la luz lo que está oculto en la oscuridad y pondrá al descubierto las intenciones de cada corazón. Entonces cada uno recibirá de Dios la alabanza que le corresponda.
>
> 1 Corintios 4:3-5

Si quieres evitar caer en la trampa de: «Imagínate lo que la iglesia me hizo», hazte tú misma las siguientes preguntas antes de ofrecerte como voluntaria para servir:

- ¿Puedo servir y a la vez preocuparme muy poco si otros me juzgan?
- ¿Puedo vivir en paz y basarme en mi propia conciencia?
- ¿Puedo esperar con paciencia el día cuando Dios exponga los motivos de las personas, incluso los míos?
- ¿Estoy dispuesta a trabajar sin buscar la alabanza de los hombres sino la de Dios?

La mujer que piensa que puede servir a Dios y al hombre se engaña. Cuando no hay suficiente aprobación en qué alimentarse —y para la adicta, nunca la hay— ¿adivinas qué comerá? A otros. Esto es lo que llamo canibalismo emocional (para más sobre este tema, ver mi libro previo: *This Isn't the Life I Signed Up For*). Un caníbal es alguien que se come a otras personas. Pero no lo hace por el sabor; lo hace porque piensa que el acto de consumir a otro ser humano de alguna manera lo hará más poderoso.

Una caníbal emocional es una mujer que piensa que la única manera en que puede elevarse es destrozando a otra persona. Si buscas canibalismo de hoy en día, no busques más allá de la *primera iglesia cristiana en cualquier ciudad* de Estados Unidos de América. Se ve de manera similar a esto: imaginémonos que Teresa y Madeleine salen a almorzar para hablar de los planes para el próximo retiro de damas. Sin que Madeleine lo sepa, Teresa secretamente es una caníbal, y la pobre Ma-

deleine, ingenua, no tiene idea de que *ella está en el menú*.
En algún momento entre la sopa de lentejas y la ensalada de
pollo, Teresa se vuelve a Madeleine y le dice: «En realidad
espero que no planees cantar otra vez este año. Tu solo del
año pasado fue un desastre. Pienso que mi hija podría cantar
algo más contemporáneo». Teresa pasa el resto del almuerzo
fanfarroneando en cuanto a su hija.

Madeleine tiene un par de opciones aquí. Uno: dejar el
asunto por lo sano. Puede decirse a sí misma: «Pues bien, así
es Teresa. Sé que ella superó algunos obstáculos difíciles de
su vida. No se propone lastimar a otros cuando dice cosas
como esas. Simplemente está desesperada por ser el centro
de atención todo el tiempo. En realidad es una vergüenza,
porque sé que ama a Dios y quiere servir para algo. Tengo
que orar por ella. Tal vez Dios pueda usarme para darle algo
de sanidad a su vida. Tal vez trabajar juntas en este retiro sea
precisamente lo que necesita para empezar a verse como un
instrumento que Dios puede usar».

Por desdicha, Madeleine a lo mejor sigue la otra opción.
Dos: se enfurecerá contra Teresa. Correrá a casa, levantará el
teléfono y llamará a Wendy: «No creerás lo que Teresa acaba
de decirme. Cuando cuelgue, llamaré al pastor y le diré que
se olvide de mi ayuda. Renunciaré del comité del retiro. Si así
es como la gente de esta iglesia quiere ser, ¡simplemente me
voy a otra parte!»

Permíteme cambiar el escenario ligeramente, y el asunto real será obvio para ti. Imaginemos a estas dos mujeres
de nuevo en el restaurante. Teresa se vuelve a Madeleine y
le grita: «¡Ay, no! Tienes una jirafa púrpura que sale de tu
oreja!» ¿Va esto a lanzar a Madeleine en un torbellino emocional? ¿Ella correrá a casa furiosa y empezará a marcar te-
léfonos? ¿Entrará hecha una tromba en la oficina del pastor y
renunciará a la iglesia? No. Ella reconocerá que el problema
no es ella; es Teresa, pues tiene problemas serios y necesita

mucha oración. La única razón por la que Madeleine se enfurece es debido a su *propia* inseguridad. Si ella sabe con confianza quién es, de quién es, y lo que él la llamó a hacer, algo pequeño como un insulto no será suficiente para enviarla a empacar para irse.

La Biblia nos advierte contra la conducta tipo canibalística: «Pero si siguen mordiéndose y devorándose, tengan cuidado, no sea que acaben por destruirse unos a otros» (Gálatas 5:15).

Cuando no estás segura del amor de Dios por ti, se exagera todo fuera de proporción.

¡Hum! ¿Devorarse?, eso suena familiar. ¿Dónde oímos eso antes? Ah, sí, ahora recuerdo: Satanás ronda como león rugiente buscando a quien devorar. Buscar la aprobación (que es una manera cortés de describir el pecado de orgullo, de paso) y devorar a los que nos impiden conseguirla son pecados forjados en el abismo del infierno por el enemigo de tu alma. Él tiene una misión y solo una: que lleguemos a ser «inútiles e improductivos» (2 Pedro 1:8). Cada día que te sientas en una banca para acariciar un rencor, o peor, sentada en casa lamiéndote las heridas, le das la victoria al enemigo. No lo hagas.

La solución, además de vivir tu vida ante un público, es cultivar un sentido inconmovible del amor de Dios por ti. Es saber que eres valiosa debido a que le *perteneces* a él, y no debido a tu *desempeño* ante él. Cuando descansas con toda seguridad en su amor, no importa si echaste a perder o no ese solo público. Dios con todo te ama.

Por eso, de la manera que recibieron a Cristo Jesús como SEÑOR, vivan ahora en él, arraigados y edificados en él, confirmados en la fe como se les enseñó, y llenos de gratitud.

Colosenses 2:6-7

Cuando no estás segura del amor de Dios por ti, se exagera todo fuera de proporción. La vasta mayoría de propuestas de guiones para: «Imagínate lo que la iglesia me hizo», que escuché distan mucho de ser de calibre del largometraje, aunque una nunca lo adivinaría por la manera en que las mujeres involucradas cuentan sus relatos. Debido a que hablé de este tema por varios meses en mi ministerio de conferencias, existen mujeres que en realidad se acercan y me dicen: «¡En verdad no creerás esto!» Espero oír cómo su iglesia resultó ser un culto satánico que secuestró a sus hijos y los sacrificó a Lucifer en el Día de las Brujas. Con mayor frecuencia de lo que uno piensa, resulta ser que su iglesia no le dio el cargo que quería, la aprobación que anhelaba, o el crédito que merecía. ¿A quién le importa? ¿Importa quién recibe el aplauso, la nota de agradecimiento, y el ala o nave de la iglesia con el nombre de una? ¿No es esto en cuanto a *Jesús* y *su* reino?

Ninguna iglesia es perfecta. Incluso la iglesia inicial, que empezó en forma tan idílica, pronto se vio envuelta en conflicto. En el capítulo 2 de Hechos hallamos:

Se mantenían firmes en la enseñanza de los apóstoles, en la comunión, en el partimiento del pan y en la oración. Todos estaban asombrados por los muchos prodigios y señales que realizaban los apóstoles. Todos los creyentes estaban juntos y tenían todo en común: vendían sus propiedades y posesiones, y compartían sus bienes entre sí según la necesidad de cada uno. No dejaban de reunirse en el templo ni un solo día. De casa en casa partían el pan y compartían la comida con alegría y generosidad, alabando a Dios y disfrutando de la estimación general del pueblo.

Y cada día el Señor añadía al grupo los que iban siendo salvos.

Hechos 2:42-47

Oye, ¿no te sorprendí cantando «Cumba ya»?

Ay, en apenas pocos años, Santiago hablaba de las «peleas y pleitos», y Pablo escribía:

> Ruego a Evodia y también a Síntique que se pongan de acuerdo en el Señor. Y a ti, mi fiel compañero, te pido que ayudes a estas mujeres que han luchado a mi lado en la obra del evangelio.

Filipenses 4:2-3

Dios nos suplica a todas nosotras que sigamos con la tarea: la causa del Evangelio. Quiero volver a este tema en el capítulo final, pero permíteme darte en este punto algo en qué pensar. Firmemente pienso que mientras más amplia sea tu perspectiva en cuanto a la iglesia como un todo —alrededor del mundo y en toda la historia— mejor te sentirás en cuanto a tus hermanos y hermanas en Cristo. Es solo cuando nos enfocamos en las mujeres complacientes en nuestra clase de Escuela Dominical o las buscapleitos en cada congregación que nos desalentamos y queremos abandonarlo todo. Por desilusionada que te sientas, por favor, mantente dispuesta a la posibilidad de que otras son tan sinceras y bien intencionadas como tú sabes que eres. Así es como Amy Ridgeway, miembro de uno de mis grupos de la Internet, lo dice:

> Sé que hay conflicto en todas las iglesias, y lo sentí en carne propia de maneras dolorosas. Pero después de oración, reflexión, tiempo y paciencia pienso que la obra de Dios se realizará mediante su iglesia, que nunca estará llena de almas perfectas de este lado del cielo. Con todo,

una y otra vez, sin que importen mis propias emociones, el domingo por la mañana estoy allí en la iglesia con un montón de otras señoras y hombres; cada una de nosotras de alguna manera lejos de la altura de la ocasión, pero para cuando cantamos la doxología y el pastor concluye con la bendición, no hay ningún otro lugar en el que preferiría estar. Las faltas, tropiezos, sentimientos heridos, y todos los pecados confesados y no confesados de nuestros corazones quedan a un lado para un hato de nosotras, almas indignas, que de alguna manera hallan juntas a Dios.

Habiendo destacado lo que anda mal en la iglesia, quiero cambiar de engranaje y hablar acerca de lo que la iglesia hizo. En tanto que es más que cierto que hay algunos mentecatos sentados en las bancas de la iglesia, algunas de las personas más grandes de la historia del planeta fueron cristianos que salieron de allí, marcharon y cambiaron el mundo. En su libro *Gracia divina vs. condena humana*, Philip Yancey pinta un cuadro panorámico de los logros de la iglesia. Con su permiso recapturé algunos de los puntos destacados e inserté unos pocos para complementarlo. La iglesia necesita unos pocos más:

- San Patricio y sus descendientes espirituales jugaron un papel central en la historia occidental durante el período después de que Roma cayó ante los bárbaros. Thomas Cahill, en su libro *How the Irish Saved Civilization* [De cómo los irlandeses salvaron la civilización], detalla su contribución al copiar las Escrituras y otras grandes obras de literatura.
- En la Inglaterra del siglo diecinueve por lo menos tres cuartos de las quinientas organizaciones de beneficencia formadas fueron organizadas por creyentes que lucharon contra la esclavitud, prisión de los deudores y el trabajo infantil,

mientras que proveían vivienda, educación y otra ayuda práctica para los pobres.[1]

• La organización fundada por Guillermo Booth en 1865, el Ejército de Salvación, continúa siendo una de las organizaciones de beneficencia de parte de las iglesias de todo el mundo. Tiene un presupuesto anual que supera los mil millones de dólares, que se usan para «dar de comer al hambriento, alojar al indigente, tratar a los adictos y alcohólicos y ser los primeros en asistir en escenas de desastre». El Ejército de Salvación tiene un millón de personas sirviendo en cien países en todo el mundo.[2]

De acuerdo al Dr. Jerry «Chip» MacGregor, autor de *1001 Surprising Things You Should Know about Christianity*, los cristianos impactaron profundamente el desarrollo de la cultura occidental con una influencia redentora en la música (Bach, Handel), obras clásicas de arte (Miguel Ángel, Rafael, Rembrandt), literatura (Dostoyevsky, Tolstoy), arquitectura (piensa en las grandes catedrales), matemáticas (Pascal), astronomía (Copérnico, Galileo, Kepler), ciencia y medicina (Juan Ray, padre de la historia natural; Gregor Mendel, padre de la genética moderna).

Si te quedaste sentada pensando: *ajá, eso fue en los buenos tiempos antiguos,* piénsalo de nuevo:

• Más cristianos murieron como mártires por la causa de Cristo en el siglo veinte que en todos los siglos previos sumados (cf. La circular periódica de *La Voz de los Mártires).*

• El presente despertamiento espiritual en China representa el más grande, numéricamente hablando, en la historia de la iglesia.[3]

• Europa occidental fue liberada de la tiranía del comunismo gracias al valor de cristianos tales como los católico romano polacos que marcharon por las calles y gritaron:

«¡Los perdonamos!», a los oficiales del gobierno que los habían oprimido por décadas. Mientras tanto, cristianos de Alemania Oriental «encendieron velas, oraron y marcharon por las calles hasta que una noche el muro de Berlín se derrumbó como dique podrido.[4]

• El movimiento de asilo para enfermos desahuciados fue fundado por una enfermera cristiana, Dame Cicely Saunders. Al presente, hay dos mil de estas organizaciones en los Estados Unidos de América, y la mitad de ellas son abiertamente gerenciadas por cristianos; muchas más tienen entre su personal a creyentes consagrados.[5]

• Hábitat para la Humanidad fue fundado por un cristiano, Millard Fuller, que invirtió su fortuna personal para empezar la organización. En gran medida es sostenida por cristianos, incluyendo el expresidente Jimmy Carter, hombre dedicado que consagró sus años de jubilación al servicio público.[6]

• Solo en 2003, Franklin Graham llevó cinco millones de pares de zapatos, donados por cristianos, a niños desaventajados por todo el mundo.

• El trabajo de la madre Teresa habla por sí mismo.

Podría seguir y seguir, pero pienso que captas la idea. Hay abundancia de cristianos maravillosos que hacen obras extraordinarias en el mundo de hoy, aun cuando nadie realice películas de largometraje en cuanto a sus contribuciones. Puesto que este es un capítulo sobre la iglesia, decidí permitir que otras pocas más mujeres de la iglesia digan lo suyo. Esto viene de Judy Lovitt, una de las mujeres que proveyó su opinión en línea mientras escribía este libro.

Por lo general es gente de la iglesia la que atiende los comedores comunitarios en los tugurios de las grandes ciudades. Son jóvenes de la iglesia los que van en viajes misioneros para ayudar a construir, enseñar y tener comunión con personas en los países del tercer mundo. Nuestra iglesia tiene un ministerio en la cárcel, y cada semana hay nuevas almas que son traídas al reino. Las sociedades no cambian de arriba para abajo, por el gobierno, ni debido a que se dicten leyes. Las sociedades se transforman de abajo hacia arriba, por movimientos de raíz, por gente de la iglesia que son la sal y la luz en sus comunidades. *Podemos* traer avivamiento a esta nación si empezamos con nuestros propios corazones.

Sobre el tema de avivamiento en la iglesia, otra mujer del grupo en línea, Virginia Garrett, añadió:

Digo que necesitamos mirar a nuestro alrededor y ver lo que hay que cambiar y mejorar, y quedarnos por allí para cambiarlo y mejorarlo. Si tiene que empezar con la cara en el espejo, que así sea. No puedo orar: «Señor, envía un avivamiento a este país. Envía un avivamiento a la iglesia» si no estoy dispuesta a orar: «Señor, envía un avivamiento a este corazón mío», porque allí es donde ocurren los cambios reales y la gran transformación.

Y yo digo amén, hermanas. Y a ti, querida lectora, te digo: «Ves, te dije que todavía hay por allí algunas grandes personas en la iglesia. ¿Por qué no buscar unas cuantas el próximo domingo?» Recuerda:

No preguntes lo que la iglesia puede hacer por ti, pregunta lo que tú puedes hacer por la iglesia.

11

ESTOY EN BANCARROTA

Él se sentía muy mal por nosotras; en realidad así era. Yo podía verlo en sus ojos. Un líder de nuestra iglesia había llamado por teléfono para decir que venía a visitarnos en casa. ¡No tienes ni idea de lo raro que era tener visitantes en ese entonces! Vivíamos en el oeste de Filadelfia, y era el tiempo más crudo del invierno, pero no teníamos calefacción en nuestro pequeño departamento. Le advertimos que no teníamos exactamente un lugar abrigado, pero él estaba decidido a venir de todas maneras.

Cuando entró, sospecho que la primera cosa que notó es que no había gran diferencia entre la temperatura de adentro y la de afuera; optó por dejarse puesto su abrigo (no que tuviera otra alternativa). Mientras hablaba con nosotras, sin duda él podía ver su aliento en el aire. Como también podía ver el nuestro mientras respondíamos a sus preguntas sesudas, tales como: «¿Cómo se las arreglan?» Así que le explicamos: «Pues bien, siempre llevamos encima nuestros abrigos, y compramos un pequeño calentador portátil, así que nos turnamos para tenerlo cerca al lavamanos mientras nos lavamos la cara y los sobacos. Ni siquiera soñaríamos en mojarnos todo el cuerpo. Compramos ese rociador de champú instantáneo, así que nos lavamos el pelo solamente un par de veces a la semana».

Aquí nuestro visitante se tomó un momento para escribir lo siguiente para el equipo de oración: «Partow: peligro de electrocutarse».

«Obviamente no tenemos auto, pero la ruta del autobús está cerca, y solo tenemos que tomar dos autobuses para ir o venir del trabajo. ¡Qué alivio! Antes de hallar trabajos en el centro, teníamos que tomar tres autobuses en cada sentido, ¡y eso sí que era un lío! Desdichadamente no logramos ir a la iglesia muy a menudo, porque eso es un bus, un tren y otro autobús. Luego tenemos que caminar como kilómetro y medio. Traer víveres solía ser una odisea, pero invertimos en un carrito con ruedas para arrastrar a casa los veinticinco dólares de comida cada semana. Si no hay mucha nieve, funciona bien. Entonces podemos descargarlo, llenarlo con la ropa sucia, e irnos a la lavandería pública. Si no terminamos antes de que oscurezca, regresar a casa asusta. Por lo demás, nos va bien».

Él asentía con su cabeza, y pareció impresionado de que nos arregláramos tan bien. Si este fuera un capítulo sobre la iglesia, mencionaría que nunca volvimos a oír de él. Pero este capítulo se titula: «Estoy en bancarrota», y simplemente quiero dejarte saber que, de acuerdo a los estándares de los Estados Unidos de América, definitivamente sé lo que es estar en bancarrota absoluta. Siento como que me deslizo al modo de película de largometraje (que ahora me doy cuenta es un peligro claro y siempre presente para mí), así que quiero avanzar rápidamente. Pero no puedo resistir contarte un par de anécdotas rápido. Por los primeros pocos años de su vida, mi hija Leah pensaba que *todos* tenían que orar para que su auto pudiera arrancar cada vez que se subían. Recuerdo triunfalmente llegar a la gasolinera con ella un día. Digo triunfalmente, porque habíamos logrado nuestra misión para la mañana: hallar suficiente dinero para ponerle gasolina al auto. (Oye, ¡por lo menos teníamos un carro y no el cochecito de ruedas!) Habíamos rebuscado por toda la casa: cada cajón, cada armario, cada cojín; y logramos reunir noventa y dos centavos de dólar. Era todo el dinero que teníamos.

Puedo recordar haber orado por comida y quedar agradecida cuando una vecina nos trajo algunos tomates de su huerta. Los rallé, calenté y los puse encima de una bolsa de treinta y nueve centavos de fideos; y lo llamamos respuesta a la oración. Así que sé algo de la versión estadounidense de estar por el piso. Pero la realidad es que incluso el estadounidense más pobre no sabe nada de la hambruna o de la asolación de la guerra. Nunca estuvimos en la línea de fuego ni en presencia de una aniquilación. Somos ricos más allá de la imaginación de la mayoría de personas que viven o jamás han vivido en este planeta.

Mis viajes internacionales fueron bastante limitados, pero cruzar la frontera de California a México es algo que nunca olvidaré. Un minuto antes estábamos rodeados de la riqueza y exceso que hay en el sur de California: almacenes de alta categoría, Mercedes Benz, «muñecas Barbie» que andan por la calle, muchachos mimados, perros que llevan joyas y diamantes en los collares. Entonces fuimos transportados a otro lugar totalmente diferente. Un mundo drásticamente distinto. A los pocos minutos lloraba por lo que veía, escuchaba y olían mis sentidos. La gente se nos acercaba corriendo para tratar de vendernos cosas, de lograr un pedacito de nuestra riqueza. Los niños se paraban ante mí para mendigar y suplicar en silencio. Vimos sus tugurios junto a la carretera; vimos las cajas de cartón que muchos llaman casa. De repente, me di cuenta de cuán bendecida he sido siempre, incluso al vivir en ese departamento sin calefacción. Por lo menos nosotros *teníamos* paredes y pisos reales, y *esperanza* real.

Aun cuando vivía en la pobreza —y sí, vivía por debajo del promedio de pobreza de los Estados Unidos de América, que al presente es de $18.000 dólares al año para una familia de cuatro personas—, siempre tuve esperanza. Siempre podía mirar a mi alrededor y saber: «Hay un futuro en este país para *cualquiera* que tenga la mitad del cerebro y que esté dispuesto a trabajar duro». Sabía que tenía una buena mente, los principios de una buena educación, y no le temía al trabajo duro. No sabía cuánto me llevaría, pero estaba convencida de que algún día, de alguna manera, me levantaría. Esa es la promesa para todos nosotros en los Estados Unidos de América en el siglo veintiuno. Es una promesa que pocos pueden tener.

Si te pareces en algo a mí, todavía pensarás en cómo cuatro personas pueden sobrevivir con $4.500 dólares al año por cabeza en los Estados Unidos de América hoy. Pero el promedio de ingresos en las naciones del tercer mundo es $450 dólares al año. En Haití, que tiene el ingreso promedio más bajo, es de $270 al año. Hoy, temprano, mis ojos se posaron en un artículo titulado: «Pay Sent Homes Makes Big Difference» [«La paga que se envía a casa determina una gran diferencia»]. Este es un fragmento:

> Salvador Muñoz pasa trabajando largos días bajo el calor del sur de Texas en los campos de aloe vera. También trabaja en otros empleos diferentes por la noche. Pero este inmigrante mexicano de sesenta y dos años no gasta mucho de los aproximadamente doscientos dólares que gana cada semana. Más bien, duerme en un refugio de indigentes y se las arregla para comer solo tres tamales al día y visitar los comedores comunitarios; todo para poder enviar dinero a casa para sus trece hijos.[1]

Acabo de regresar de un fin de semana en el Ejército de Salvación. La próxima vez que te hagan la pregunta: «¿Qué haría Jesús?» y busques una respuesta breve, simplemente di:

«Él haría lo que el Ejército de Salvación hace». Y tendrías razón. Ellos ayudan a los alcohólicos y a los drogadictos a dejar su vicio. Refugian a los indigentes y protegen a las mujeres maltratadas. Dan de comer al hambriento, visten al desnudo, sanan al enfermo, y predican el Evangelio a los perdidos y que sufren. Trabajé en muchos ministerios, pero pocos me impresionaron más.

Muchas de las mujeres que asistieron ese fin de semana al Ejército de Salvación se hallaban en medio de circunstancias difíciles. Había un grupo grande que venía de sus programas de tratamiento de drogas y alcohol; otras, de su refugio para mujeres maltratadas; otras más asistieron a los programas para las comunidades de los barrios marginales de Washington, D.C. El Ejército de Salvación no inicia iglesias junto a los megacentros comerciales en comunidades suburbanas bien cuidadas; lo que no quiere decir que no debamos iniciar iglesias en tales lugares; obviamente, deberíamos. Pero su corazón siempre ha estado en «los más chicos de estos».

Cuando hablé, di un mensaje de esperanza con la confianza total de que Dios llevaría a estas mujeres hacia un lugar mejor. No simplemente

Mi perra tiene mejor alojamiento que la mayoría de personas que viven en los países del tercer mundo.

«en el cielo, en el más allá», sino que estoy convencida de que existen mejores oportunidades aquí mismo en la tierra, por lo menos aquí en los Estados Unidos de América ahora mismo. En la ceremonia de conclusión del domingo por la mañana nos tomamos de las manos y oramos. Le susurré en el oído a más de unas pocas mujeres: «Podrás salir adelante. Te lo aseguro. Lo lograras». Ellas lloraron y me apretaron la mano un poco. Pienso que algunas incluso me creyeron. Con un poco de capacitación para un trabajo y mucha oración, la

promesa puede tornarse realidad, porque somos estadounidenses y porque somos la nación más bendecida en la historia
de la civilización.

Mi perra tiene mejor alojamiento que la mayoría de personas que viven en los países del tercer mundo; literalmente.
Para empezar, ella duerme en casa por la noche; y no simplemente en una choza de barro con piso de tierra. No; en una
casa hermosa, completamente amoblada y alfombrada. Ella
tiene su propio dormitorio en forma de una perrera grande
que llené de cobijas suaves. Come todos los días sin falta, y
a menudo recibe pedazos de nuestra mesa que los mendigos
se matarían por conseguir. En secreto le doy sus golosinas.
Mi esposo no sabe que yo lo sé, pero él, en secreto, le da sus
golosinas; y mis hijos tampoco me engañan. No es sorpresa
que la perra tiene exceso de peso; tal como la mayoría de los
estadounidenses.

Previamente escribí del tiempo cuando mi pozo se secó
y vivimos por seis semanas sin agua corriente. En caso de
que no captes todo el escenario, eso quiere decir que nuestros inodoros tampoco funcionaban. Una cosa es vivir en una
choza de techo de paja sin agua corriente; y otra en una casa
—hipotecada hasta el cuello y que ahora ya no puedes costear
puesto que eres madre soltera— sin agua corriente. Por lo
menos los que residen en la choza de barro no tienen fechas
límites apremiantes para entregar un libro ni compromisos
para dictar conferencias, tampoco tienen ropa interior limpia.
Hablo al modo de películas de largometraje. Mientras aca-
rreaba agua desde el platón de la camioneta del esposo de mi
única amiga a fin de desalojar a la fuerza dos días de desechos
humanos, debo admitir que estaba lista para convertirme en
escritora de guiones de películas.

Pero antes de sentarme y empezar a convertir la historia
de mi vida en una película basada en la vida real, decidí enviar un correo electrónico para pedir oración. Desde entonces

aprendí que esto fue una equivocación. Es más, una mujer me pidió que la sacara de mi lista de correos y, específicamente, mencionó que el pozo seco era la razón. La gente no quiere saber que su autora favorita se «desbarata por las costuras», aun cuando la razón principal por la que les gusta la mencionada autora es porque ella parece ser una persona normal. Las personas así, en forma regular, se «desbaratan por las costuras». Pero eso es otro libro. Este es en cuanto a poner tus problemas en perspectiva; que es lo que trato de hacer, si me tienes paciencia.

En respuesta a mi desesperada súplica que pedía oración para que Dios me librara de mis terribles circunstancias, recibí un correo electrónico de una lectora de África que dijo (y parafraseo): «Tierra a Donna: ¡Hola! Por lo menos tú tienes acceso a agua corriente. Por lo menos tienes la esperanza de que un día vuelva. La mayoría de la gente de África no tiene tal esperanza. Ellos tienen que acarrear agua desde los ríos infectados de cólera, donde los hipopótamos defecan».

¡Eso, por cierto, puso mis problemas en perspectiva! Si se me da a escoger entre la camioneta del esposo de mi amiga frente a mi cochera… y el río infestado de cólera donde viven los hipopótamos, y caminar como cinco kilómetros por senderos de tierra, prefiero la camioneta cualquier día.

¿En total bancarrota? ¿Víctima de la mala suerte? En forma clara, no tengo ni idea. Por otro lado en total bancarrota puede significar muchas cosas diferentes en los Estados Unidos de América. Como mi amiga Chrissy lo dice: «En total bancarrota puede querer decir que estás en una esquina con un letrero para pedir limosna, vives en una caja de cartón con un perro flaco. Podría significar que duermes en el sofá de una amiga, tienes tres trabajos, y comes fideos baratos. O puede entenderse como que tu esposo te dice que no pueden ir de vacaciones en un crucero otra vez este año. Por supuesto, si mi esposo alguna vez descubre cuánto en realidad cargo en esas tarjetas de crédito, ¡a lo mejor termino en esa esquina con el perro flaco!»

Un momento decisivo en mi vida tuvo lugar cuando mi mamá me telefoneó para hacerme saber que mi prima se había encontrado por casualidad con el amor de mi vida. Está bien, en realidad fue simplemente la obsesión de mi vida. Pero yo me había pasado soñando por décadas con aquel hombre, aunque creía que ya había pasado mucho tiempo desde que él me había olvidado. Pensé correctamente. Él estaba demasiado ocupado pensando dónde encontraría su próxima comida. Mi prima lo encontró escarbando en su recipiente de basura, indigente, sin dientes y, como puñetazo real, completamente calvo. Eso es tener mala suerte, estilo Estados Unidos de Norteamérica. Pero hace poco vi una película, *Romero*, en la cual una aldea entera vivía *en* el basurero de El Salvador para ser los primeros en buscar entre los desechos. Eso es tener mala suerte. Punto.

A menudo oigo a los profesores de Biblia hablar de lo rico que era Abraham. En verdad, la Biblia habla de su riqueza:

> El Señor ha bendecido mucho a mi amo [Abraham] y lo ha prosperado. Le ha dado ovejas y ganado, oro y plata, siervos y siervas, camellos y asnos.
>
> Génesis 24:35 (*énfasis añadido*)

No estoy enteramente segura de lo que yo me imaginé, pero hace poco vi la versión de la Colección Bíblica de TNT sobre la vida de Abraham, y tuve una epifanía: rico es una cosa; confortable es otra. No me importa cuántas ovejas tengas o cuántos criados tengas, cuando vives en el desierto del Medio Oriente, no hay ni un solo almacén por departamentos ni restaurante a la vista. Tienes que *matar y comerte* a esas adorables ovejas; y eso apenas para fiestas especiales. La mayoría de los días lo que tienes es pan y agua. Tal vez unas cuantas nueces e higos.

No creo que pudiera vivir sin mi ducha ni mi baño. Eso es lo más cerca al cielo en la tierra que alguien puede tener. ¿Puedes imaginar no poder bañarte nunca? ¿Puedes imaginarte tener que vivir en la misma carpa con un esposo que jamás se baña? Puesto que este es obviamente el capítulo en donde el escenario se vuelve más aterrador con cada oración, ahí va: ¿puedes imaginarte compartir una carpa con un esposo que nunca se baña... y otras tres esposas que nunca se bañan? Se vuelve horroroso, ¿verdad? Pero, ¿empiezan tus problemas a parecer un poco más manejables? Qué bueno, entonces estoy ganándome mi salario.

No tenemos ni la menor idea de lo que quiere decir estar en bancarrota. Más bien, experimentamos ese sentimiento de hundirnos que viene al estar con el agua por encima del cuello. Es tiempo de que la iglesia vuelva a los principios bíblicos básicos del manejo del dinero. Ah, qué diferencia haría eso en nuestras vidas. Primero y primordialmente, los cristianos deben dar el diezmo:

> ¿Acaso roba el hombre a Dios? ¡Ustedes me están robando! Y todavía preguntan: «¿En qué te robamos?» En los diezmos y en las ofrendas. Ustedes —la nación entera— están bajo gran maldición, pues es a mí a quien están robando. Traigan íntegro el diezmo para los fondos del templo, y así habrá alimento en mi casa. Pruébenme en esto —dice el SEÑOR Todopoderoso—, y vean si no abro las compuertas del cielo y derramo sobre ustedes bendición hasta que sobreabunde.
>
> Malaquías 3:8-10

La disciplina sencilla de vivir con el diez por ciento menos haría maravillas para el estadounidense promedio, y eso para no mencionar las ventajas obvias de ponerse en una posición de ser bendecido antes que bajo maldición. Hace poco tuve una experiencia poderosa en cuanto al diezmo, y escribí esta carta en respuesta:

> 5 de mayo del 2004.
>
> Querido Gordon:
>
> Gracias por tu amable nota. Me da gran alegría ser una bendición para otros, y es por eso que te contesto. Al avanzar en obediencia al llamado de Dios en tu vida, quiero que tengas un recordatorio más de su fiel provisión.
>
> Este es «mi lado de la historia». Como autora solo recibo un cheque de pago oficial de la casa publicadora tres o cuatro veces al año. ¡Entre uno y otro cheque mis entradas fluctúan bastante! El 26 de abril le di al SEÑOR el diezmo de mis ganancias recientes. El 29 de abril, Leah trajo a casa tu carta. En ese momento no tenía ingresos de qué diezmar. Ni un solo centavo. Mi primer pensamiento fue: *¡yo no le debo a Dios nada de dinero!*, pero luego lo pensé mejor. Le dije a Leah: «Simplemente daré la cantidad total que necesita y confiaré en que Dios proveerá los ingresos».
>
> *Ese mismo día* un programa de televisión que había grabado dos meses antes finalmente salió al aire. Para el fin del día había oído de cientos de personas de todo el mundo que querían comprar mis libros o saber más de mi ministerio. Hice muchos programas de radio y televisión, pero esa fue una de las respuestas más numerosas que recibí. Hoy me senté para calcular mis ganancias desde ese día en que te escribí ese cheque: fueron quinientos dólares *más* del ingreso que había calculado para dar el «diezmo por adelantado»! ¡No es eso algo asombroso!
>
> Gordon, nunca podremos ganarle a Dios al dar. La Biblia dice que los israelitas le daban al SEÑOR el diezmo de sus primicias. No tenían garantía de que vendría una segunda cosecha. Pues bien, que mi experiencia sea un testigo para ti: cuando le damos a Dios nuestras primicias,

él se asegura de que cosechemos una siega más allá de nuestra imaginación.

¡No hay mayor gozo que vivir para Jesús!

Con amor y oraciones,

La mamá de Leah.

Cuando damos el diezmo, reconocemos que servimos a Dios antes que al dinero. Jesús dijo que no podemos hacer ambas cosas:

> Ningún sirviente puede servir a dos patrones. Menospreciará a uno y amará al otro, o querrá mucho a uno y despreciará al otro. Ustedes no pueden servir a la vez a Dios y a las riquezas.
>
> Lucas 16:13

Esa última oración se reitera de nuevo en Mateo 6:24, y es de interés especial que allí le sigue la exhortación de Jesús a no afanarse:

> Por eso les digo: No se preocupen por su vida, qué comerán o beberán; ni por su cuerpo, cómo se vestirán. ¿No tiene la vida más valor que la comida, y el cuerpo más que la ropa? Fíjense en las aves del cielo: no siembran ni cosechan ni almacenan en graneros; sin embargo, el Padre celestial las alimenta. ¿No valen ustedes mucho más que ellas? ¿Quién de ustedes, por mucho que se preocupe, puede añadir una sola hora al curso de su vida? ¿Y por qué se preocupan por la ropa? Observen cómo crecen los lirios del campo. No trabajan ni hilan; sin embargo, les digo que ni siquiera Salomón, con todo su esplendor, se vestía como uno de ellos. Si así viste Dios a la hierba que hoy está en el campo y mañana es arrojada al horno, ¿no hará mucho más por ustedes, gente de poca fe? Así que no se preocupen diciendo: «¿Qué comeremos?» o «¿Qué

beberemos?» o «¿Con qué nos vestiremos?» Porque los paganos andan tras todas estas cosas, y el Padre celestial sabe que ustedes las necesitan. Más bien, busquen primeramente el reino de Dios y su justicia, y todas estas cosas les serán añadidas.

Mateo 6:25-33

Esto tiene perfecto sentido, ¿verdad? ¿Por qué no damos el diezmo? Porque en realidad no creemos que Dios nos cuidará, así que tenemos que preocuparnos nosotros mismos. Eso es lo que nos impide dar más para el reino de Dios, lo que nos impide dedicar nuestra vida al servicio cristiano, y lo que nos empuja a trabajar más tiempo y más largas horas para ganar más y más dinero.

Dios sabe cómo somos, y sabe que el dinero es un asunto que revela el corazón. Por eso Jesús habló más sobre el dinero que sobre el cielo y el infierno juntos, y por qué hay ciento veinticinco versículos en la Biblia que se dirigen a nuestros bolsillos. La Biblia nos recuerda: «La vida de una persona no depende de la abundancia de sus bienes» (Lucas 12:15). Muchas de las parábolas de Jesús tratan del manejo del dinero, incluyendo la parábola del rico insensato, que demostró la utilidad de almacenar tesoros en la tierra. Más bien, Jesús nos instruyó:

> ¿Por qué no damos el diezmo? Porque en realidad no creemos que Dios nos cuidará, así que tenemos que preocuparnos nosotros mismos.

No acumulen para sí tesoros en la tierra, donde la polilla y el óxido destruyen, y donde los ladrones se meten a robar. Más bien, acumulen para sí tesoros en el cielo, donde ni la polilla ni el óxido carcomen, ni los ladrones se meten a robar. Porque donde esté tu tesoro, allí estará también tu corazón.

Mateo 6:19-21

Segundo, necesitamos rehusar meternos en deudas. Esto tendría un impacto de largo alcance y positivo en nuestros estilos de vida. Si no puedes comprar hasta que puedas pagar en efectivo, tienes que ahorrar. Eso es lo que los estadounidenses hicieron por siglos. Hay una escena en *The Homecoming* [La vuelta al hogar] que capta convicciones que en un tiempo eran casi universales en los Estados Unidos de América. Es la Noche Buena durante la Depresión económica, y el padre todavía no ha regresado de su trabajo en una ciudad vecina. La madre se va a la ciudad a comprar azúcar, y el dueño del almacén trata de convencerla de que use su crédito para comprarle una muñeca para la hija. Ella lo mira como si acabara de sugerirle que pusiera serpientes cascabel en los calcetines de navidad, y le dice solemnemente: «Esta familia no compra fiado».

Esa es una norma que muchas de nosotras deberíamos adoptar. Mientras ahorras para comprar un artículo en particular, tienes la oportunidad de hacer algo que la mayoría de nosotros nos olvidamos cómo hacer: pensarlo de nuevo. Es lo opuesto de la compra por impulso, ausentemente echando «cosas» en el carrito de compras en el centro comercial o en la Internet. Si ahorramos y meditamos en nuestras compras, no tendríamos armarios llenos de ropa que nunca nos ponemos. Mi tío vivió con mis padres hasta que murió en 1973, y si no me equivoco, tenía exactamente cinco mudas de ropa.

Hablando de ropa, tu armario está cubierto bajo la regla universal de ochenta/veinte (también llamado el principio Pareto). Es decir, probablemente te pones el veinte por ciento de tus ropas el ochenta por ciento del tiempo. Sé que es así conmigo. Lo que suplica la pregunta: ¿por qué compraste el otro ochenta por ciento? Porque podías; pues bien, por lo menos pensaste que podías, gracias a la siempre a mano tarjeta de crédito. Una amiga hace poco bromeaba que su abuelo, un banquero, estaba a mano para el lanzamiento de la tarjeta para cargar compras, y declaró: «Será la ruina de todos nosotros». Tenía absolutamente la razón.

La familia promedio de los Estados Unidos tiene $30.000 dólares de deuda en tarjetas de crédito. Si pagan solo la cantidad mínima cada mes, lo harán por los próximos veinticinco años. Al final, habrán pagado $500.000 por cosas por valor de $30.000.[2] Eso, dando por sentado que las cosas valían esa cantidad, para empezar, que por supuesto, no era así.

Permíteme contarte mi historia, porque pienso que es indicadora de la manera en que muchos estadounidenses se meten en problemas. En 1992, mi familia y yo nos mudamos a Arizona en búsqueda de un nuevo comienzo en la vida. Con lo que obtuvimos por la venta de nuestro pequeño remolque de tres dormitorios en Nueva Jersey pudimos comprar una casa nueva en una urbanización de estilo. Cuando buscábamos casa en la costa oriental, las casas en nuestra capacidad adquisitiva tenían por lo menos treinta años y estaban en ruinas, así que cuando fuimos a ver las casas modelos en Arizona, no podíamos creer lo que veíamos. Pensábamos que habíamos muerto y habíamos ido al cielo. Luego pasamos nuestro primer verano en Arizona, y se sintió como un lugar totalmente diferente; pero eso es salirnos del tema.

Lo primero que se nos ocurrió después de mudarnos a nuestra casa de doscientos treinta metros cuadrados (más del doble del tamaño de nuestra casa anterior) fue que no teníamos casi muebles para llenarla. Lo más bochornoso era el cuarto del frente, que estaba diseñado con gigantescas ventanas para que todos pudieran ver el hermoso comedor. Desdichadamente, no teníamos ningún mueble para complementarlo; nuestra casa anterior tenía solo una humilde cocina. Así que los vecinos miraban y veían solo nuestro comedor vacío. Adyacente a este había una «sala formal». No teníamos tampoco ningún mueble para la sala. Cuando fuimos a ver las casas modelo, todo estaba decorado en forma fabulosa. De alguna manera, uno nunca se detiene a pensar: *oye, un momento, ¡esto no se verá tan lindo con mis cachivaches viejos de segunda mano!*

Cachivaches viejos de segunda mano era exactamente lo que teníamos. Incluso los atesorados recuerdos y los «toques personales» que con tanto orgullo había exhibido en nuestra casa anterior ahora parecían desentonar y estar fuera de lugar. De repente me sentí como una paria social, especialmente porque que todos los vecinos atareadamente se esforzaban por decorar el interior de sus casas flamantes. La decoración interior es de particular importancia en Arizona, porque por fuera todas las casas se ven igual. En nuestro barrio, cientos de casas se construyeron con solo tres modelos diferentes entre los cuales escoger; y todas se pintaron exactamente del mismo color por fuera. Incluso los jardines se veían exactamente iguales, porque los plantaron y los mantenían inmigrantes mexicanos que trabajaban arduamente a cambio de los treinta y cinco dólares mensuales que, como tasa de la asociación de vecinos, cada propietario tenía que pagar. Esos pobres inmigrantes probablemente recibían como paga exactamente treinta y cinco dólares al mes, y puedes apostar que enviaban la mitad de eso a su familia en México. ¿Me pregunto si ellos se consideraban a sí mismos sin un centavo?

De todas maneras, si querías hacer una declaración personal para decirles a los vecinos quién eras tú, tenías que hacerlo por dentro. A la semana de mudarnos fuimos bombardeados con propaganda de compañías que adecuaban ventanas. Francamente nunca había oído de «adecuación de ventanas» antes de mudarme a Arizona. Pero puesto que nuestra nueva casa estaba llena de ventanas gigantes, y ninguna de ellas tenía ni siquiera un riel de cortinas para protegernos de asarnos bajo el sol, no tuvimos otra alternativa que «desembuchar» más de dos meses de salario a una de nuestras nuevas vecinas. Ella había empezado su propia compañía de adecuación de ventanas para aprovechar nuestra necesidad mutua. Naturalmente no teníamos dos meses de salario disponibles en algún rincón, pero teníamos nuestra tarjeta de crédito, y ella alegremente la aceptó.

Pienso que ya puedes adivinar el resto. Fuimos a un almacén de muebles de compre ahora y pague después. Tilín. Contratamos a otro vecino que había empezado una empresa de decoración de interiores para ayudarnos a mejorar el lugar. Tilín. Para entonces, nuestra casa empezaba a verse tan bien que no pudimos dejar de notar que teníamos un coche que no combinaba. Tilín. Nuestra ropa estaba obsoleta. Tilín. Nuestra hija necesitaba una muñeca barbie tamaño real. Tilín.

Nuestro barrio estaba lleno de mujeres que «no tenían otra alternativa» que trabajar. Una vez que lo haces, «no tienes otra alternativa» que comprar ropa para trabajar. Tilín. Necesitas quien cuide a tus hijos, y tus hijos necesitan ropa. Tilín. Cuando trabajas duro todo el día, ¿quién tiene tiempo para preparar la cena? Compras algo camino a casa o llevas a la familia a cenar afuera. Entre sentarse a un escritorio todo el día y comer comida rápida, empiezas a ganar peso, así que tienes que inscribirte a un gimnasio. Una mira alrededor y se da cuenta de que necesitas ropa de ejercicio. Gracias a Dios por las tarjetas de crédito. Ay, en realidad nunca logras ir al gimnasio, pero firmaste un acuerdo por dos años, así que continúas cargando a tu tarjeta de crédito, aunque tu ropa de ejercicios se queda permanentemente «durmiendo» en tu nueva maleta de gimnasio. Tiempo para hacer dieta. Entonces vas a Jenny Craig simplemente por veinte dólares al mes más el costo de la comida. Una vez que perdiste todo ese peso es tiempo para nueva ropa y vacaciones en un crucero. ¡Trabajaste duro y te lo mereces!

Seguiría diciendo tilín, pero no quiero ser redundante. Pienso que sabes lo que estoy martillando aquí; pienso que lo sabes porque muchas de ustedes están en la misma máquina de caminar. O por lo menos conoces a algunas que lo están; y tal vez puedes pedirles que lean este capítulo. Si quieren comprar todo el libro, pueden mandarme el número de su tarjeta de crédito.

Traté de salirme de la máquina de caminar al mudarme del barrio a las montañas. Por desdicha, la vida sencilla es mucho más complicada y mucho más costosa que lo que la mayoría la de gente se imagina. Al fin me libré por completo de deudas el año pasado, y fue un sentimiento fabuloso; como si me hubieran quitado de los hombros el peso del mundo. Tristemente, estar libre de deudas solo duró por tres meses. Larga historia; digna de una película de largometraje también. Pero no te la contaré ahora. (Allí está el truco. ¡Asegúrate de leer el próximo libro y descubrir cómo Donna Partow volvió a meterse en deudas!)

Literalmente puedo sentir que el peso de la deuda me agobia y hunde cada vez más en sus garras. Me quita la vida. En verdad pienso que es una trampa del enemigo. Él quiere mantenernos corriendo para que nunca podamos experimentar la paz de Dios. ¿Recuerdas el capítulo cuatro?

A estas alturas ya debes saber que tengo mi propia cuota de faltas. El SEÑOR sabe que yo lo sé. Pero entre las peores está mi constante repetición de la frase: «*Tengo* que trabajar». Se la digo a mis hijos todo el tiempo. «*Tengo* que trabajar». Peor que eso, me lo he dicho a mí misma por tanto tiempo que en realidad empiezo a creerlo. ¡*Tengo* que trabajar! ¡Habría alguien que me quiera lo suficiente como para acercárseme y darme un porrazo! La única razón por la que tengo que trabajar muy duro es porque estoy endeudada. En verdad, soy esclava de la montaña de cosas que acumulé. Ahora tengo que pagar por eso y cuidarlo. Es asombroso lo rápido que volví a este caos, incluso después de haber prometido nunca endeudarme de nuevo.

No estoy sola. De acuerdo al American Bankruptcy Institute [Instituto Estadounidense de Bancarrota]: «Cada año, desde 1996, más de un millón de estadounidenses se declararon en bancarrota personal». En 2000, treinta y una de cada setenta y tres familias de los Estados Unidos de América se declararon en bancarrota, lo que asciende a un total de siete mil novecientos millones en haberes. En Utah incluso fue más alto: casi la mitad de todas las familias se declararon en bancarrota.[3] Dime si este pensamiento alguna vez cruzó tu mente: *me compraré nueva ropa, me iré de vacaciones, llenaré al máximo todas mis tarjetas de crédito, y compraré dos coches nuevos. ¡Luego me declararé en bancarrota y nunca tendré que pagar nada de eso!* ¿Qué? ¿Qué tan chévere sería eso? «Salirse con la suya en algo». Me encanta sentir como que me salgo con la mía en algo, ¿y tú? ¿Nunca has pensado en eso? ¿Lo piensa alguien? ¿En verdad, la gente se sienta y planea, de antemano, declararse en bancarrota? Tal vez algunos lo hagan, pero francamente no lo sé. Pienso que la mayoría de las personas simplemente estiran sus pies más allá de las sábanas y no ven otra manera de escape. Experimentan una enfermedad catastrófica repentina o pierden sus trabajos. Lo próximo que saben es echarse hacia el desastre financiero.

La tensión financiera se considera hoy como el factor número uno que contribuye al divorcio en los Estados Unidos de América. El cincuenta y siete por ciento de las parejas que se divorciaron en este país citaron problemas financieros como la razón primaria, de acuerdo a una encuesta realizada por el Citibank.[4] La tensión financiera también es una causa principal de desarmonía matrimonial, por encima de las relaciones sexuales y los hijos.

Hace poco recibí una muestra de lo que la gente atraviesa antes de contratar a un abogado de bancarrota y «salirse por la vía fácil» de su pantano. Compramos una camioneta el año pasado porque estábamos seguros de que mi hija adolescente estaba en camino a los Juegos Olímpicos, así que necesitábamos una camioneta y un remolque de caballos de inmediato. Pienso que ella ni siquiera miró al caballo desde el día en que compramos la camioneta. Ahora, esto es lo embarazoso. No teníamos suficiente dinero en la chequera cuando se vencieron los dos primeros pagos. Sin embargo, la línea de crédito del capital pagado de mi casa tenía una chequera. Así que empecé a pagar mis cuentas y usé los cheques de mi línea de crédito del capital pagado. Amigas, este *no* es el curso recomendado de acción.

En todo caso, un día recibí una llamada de un cobrador que dijo que todavía no había enviado ni un solo pago por la camioneta, y que si no pagaba ese mismo día, vendrían a llevársela. Él dijo que podía recibir mi número de cheque y el número de ruta del banco por teléfono. Para mi conveniencia, por supuesto, acepté. Dos días más tarde, el teléfono empezó a sonar continuamente. Tenían el número de mi casa y el de mi celular. A veces ambos sonaban a la vez. Al instante en que yo colgaba, volvían a llamarme. Cada vez era una persona diferente la que exigía toda la historia de nuevo. Cuando trataba de acabar la conversación telefónica, ellos decían: «Está bien, estamos en camino para incautar la camioneta». Yo seguía tratando de explicar que ya había enviado los pagos. Ellos no querían escuchar. Llamaban noche y día, incluso los fines de semana. Pensé que me volverían loca.

Al fin encontré el escollo. Ellos no aceptaban cheques de línea de crédito, pero en vez de decirme eso, simplemente decían que nunca habían recibido ningún pago. Para ese tiempo finalmente recibí un cheque de regalías y pude pagar una buena cantidad por esa camioneta. Traté de imaginarme lo que sería tener una docena de cobradores que me llamaran todo el día. Traté de imaginarme si verdaderamente me hubiera hundido más allá del cuello y que, literalmente, no pudiera pagar. Traté de imaginarme si mi esposo hubiera perdido su trabajo y no pudiera hallar empleo, y que nos hundiéramos más y más con una montaña de deudas encima de nosotros y ninguna reserva en efectivo a qué apelar. Esa es la realidad de incontables estadounidenses.

Lo que nos lleva a la tercera cosa que debemos hacer para superar la noción ridícula de que estamos «en bancarrota». Necesitamos separar algo de dinero para cualquier emergencia. El hecho de que no estés sin un centavo —por lo menos no todavía— no soluciona el peso mental de saber *lo rápido* en que *pudieras quedar* en total bancarrota; este es un problema muy real. De acuerdo a la investigación realizada por Steve Moore, vicepresidente de Transmisiones de Crown Financial Ministries, uno de cada cinco trabajadores tiene ahorros suficientes como para subsistir dos meses sin percibir sueldo regular. En diciembre de 2004 había más de ocho millones de personas sin trabajo en los Estados Unidos, y la persona promedio quedaría desempleada por casi veinte semanas.[5] Haz tus cálculos. Es más, tal vez quieras hacerlos para tu propia familia antes de empezar a acumular esa montaña de deudas. Eso debería ser incentivo suficiente como para pagar en efectivo.

Y mientras ahorras para comprar cosas, tal vez te des cuenta de que no las quieres con tantas ganas después de todo. Así que comprarás menos. Mejor calidad, pero menos cosas. Como resultado, tal vez podrás quedarte en casa con tus hijos, si eso es lo que quieres hacer. Puesto que estás en casa, podrás preparar comidas nutritivas en lugar de la basura sobrecargada de grasa, sal y sustancias químicas que la mayoría de los estadounidenses ingieren. No ganarás más kilos, así que no sufrirás las incontables enfermedades degenerativas producidas (o por lo menos agravadas) por el exceso de peso. Tendrás más tiempo para cuidar bien de tu cuerpo. Todo tu estilo de vida recibirá un impacto positivo. Incluso hasta puedes redescubrir la diversión gratuita familiar, como los antiguos juegos de salón, o leer juntos en voz alta. Estas cosas no cuestan ni un centavo. No necesitas tarjeta de crédito. Son placeres sencillos y, como resultado, tu vida será mucho más agradable. Puesto que ya eres feliz, no tendrás que gastar dinero simplemente para sentirse como ya estás.

La realidad es que sin que importe cuánto dinero ganes, siempre necesitarás «un poquito más» para vivir. Yo solía vivir con cien dólares a la semana; ahora estoy «en total bancarrota» y gano mucho más que eso. Ganes lo que ganes, eso es lo que se necesita para hacerte *casi* feliz. Conozco a una pareja que vive en una casa de dos millones de dólares, y constantemente discuten por finanzas en la familia. No es cuestión de dinero; es cuestión del corazón, y es por eso que el décimo mandamiento dice: «No codiciarás».

No quieras lo que otras tienen; sé agradecida por lo que tienes. Desdichadamente, todo el sistema económico de los Estados Unidos de América depende de la codicia: convencernos de que en realidad necesitamos algo más. Esto no es un programa de televisión ni tampoco una visita al hospital local. No; lo que quiero decir es el calificativo «más». Dientes más blancos, aliento más fresco, autos más rápidos, hijos más ingeniosos, un cargo más alto en la compañía, y el favorito de los Estados Unidos de América: ¡más grande! Hamburguesas más grandes, casas más grandes, autos más grandes, pechos más grandes. Personalmente, todo lo que quisiera sería muslos más delgados. Hace unos momentos me vestía y pensaba, de nuevo, cuánto detesto mis muslos. En realidad estoy obsesionada. Sí, en verdad; si tan solo los tuviera más delgados, sería feliz. Pero en tanto y en cuanto yo tenga que arrastrar estas masas de carne por todos lados, ¿cómo puedo posiblemente disfrutar del gozo del Señor? Detesto admitirlo, pero no pasa ni un solo día en que no mire a los muslos de otras mujeres y busque apenas a una mujer cuyos muslos sean más desproporcionados que los míos. Está bien, tal vez el diccionario diga que no es así como se dice. Pero déjame decirte algo, sé que podría hallar contentamiento si supiera que hay alguna mujer, cualquiera, ¡con muslos más desproporcionados que yo! ¿Feliz ahora? Yo tampoco.

Es engaño, amigas. Engaño. ¿Sabes quién es el engañador? Por eso la Biblia dice:

> Es cierto que con la verdadera religión se obtienen grandes ganancias, pero sólo si uno está satisfecho con lo que tiene. Porque nada trajimos a este mundo, y nada podemos llevarnos. Así que, si tenemos ropa y comida, contentémonos con eso. Los que quieren enriquecerse caen en la tentación y se vuelven esclavos de sus muchos deseos. Estos afanes insensatos y dañinos hunden a la gente en la ruina y en la destrucción. Porque el amor al dinero es la raíz de toda clase de males. Por codiciarlo, algunos se han desviado de la fe y se han causado muchísimos sinsabores.
>
> 1 Timoteo 6:6-10

Todo el sistema económico de los Estados Unidos de América depende de la codicia: convencernos de que en realidad necesitamos algo más.

Así que no estás en total bancarrota. Si verdaderamente estuvieras sin un centavo, no leerías este libro ahora mismo.

Vivirías en una caja de cartón, y te preguntarías dónde podrías hallar algo de comida. Pero tal vez estés al fin de tu cuerda, y como dicen, ese es un gran lugar para hallar a Dios. Líbrate de deudas y quédate así. Deja de comprar cosas que no necesitas. Reduce el paso y disfruta de las cosas sencillas. Sé agradecida por lo que en efecto tienes, en lugar de obsesionarte constantemente por lo que no tienes. Una cosa que puedes hacer es leer libros y ver películas de tiempos más sencillos. Incluso un viejo episodio de *La casita en la pradera* servirá.

Aunque a los editores de la casa publicadora de este libro que escribo con seguridad les dará un patatús cuando descubran el siguiente fragmento que me vino por la Internet, es tan bueno que simplemente tendrán que aguantarlo:

Un día un padre de una familia muy acomodada llevó a su hijo en un viaje por el país con el firme propósito de mostrarle cómo vivían los pobres. Pasaron un par de días y noches en una granja de lo que se consideraría una familia muy pobre.

Al regresar de su viaje, el padre le preguntó a su hijo:

—¿Cómo te pareció el viaje?

—¡Fue grandioso, papá!

—¿Viste cómo viven los pobres? —preguntó el padre.

—Ah, sí —respondió el hijo.

—Así que dime, ¿qué aprendiste del viaje? —preguntó el padre.

—Vi que nosotros tenemos un perro y ellos tienen cuatro. Nosotros tenemos una piscina que llega hasta la mitad de nuestro jardín y ellos tienen un río que no tiene fin. Nosotros tenemos linternas importadas en nuestro jardín y ellos tienen estrellas por la noche. Nuestro patio llegar hasta la vereda del frente y ellos tiene todo el horizonte. Nosotros tenemos un pedacito de tierra en donde vivir y ellos tienen campos que se extiende más de lo que abarca la vista. Nosotros compramos nuestros alimentos, pero ellos cultivan los suyos. Nosotros tenemos paredes alrededor de nuestra propiedad para protegernos, ellos tienen amigos para protegerlos —le contestó el hijo.

El padre se quedó anonadado. Luego el hijo añadió: «Gracias, papá, por mostrarme lo pobres que somos».

¿No es la perspectiva algo maravilloso? *Somos* ricamente bendecidas.

12

EL VERDADERO LARGOMETRAJE

En todas las páginas de este libro descubrimos que muchas de nosotras producimos nuestros problemas —o por lo menos los exacerbamos— y actuamos como si fuéramos protagonistas en una película de largometraje. Erróneamente convertimos nuestros pequeños dramas en melodramas, y hacemos la vida más difícil de lo que debe ser. En este capítulo final quiero que miremos a nuestras vidas desde una perspectiva completamente diferente: la de Dios.

Hay en realidad un largometraje, un gran melodrama que se lleva a cabo en la tierra. Hay en verdad un villano completamente villano, se llama Satanás; y un héroe perfectamente bueno y con planes para venir a nuestro rescate. Dios lleva a la práctica su plan de redención para toda la humanidad, y él te escogió expresamente para que seas parte del mismo. La importancia del drama grandioso nunca se puede exagerar. No se puede inflar fuera de proporción. Es más, si aumentas tu concentración en el drama real, será fácil mantener como pequeños dramas tus melodramas.

A menudo desafió a mi público con esta pregunta: ¿hay algo que Dios te llamó a hacer, pero puesto que no te dio todas las respuestas de antemano, rehúsas dar un paso de fe?

Permíteme darte un ejemplo de lo que quiero decir. Hace varios años tenía una hija de crianza que quería ir en un viaje misionero a África. La agencia misionera le dijo que lo primero que necesitaba era ordenar un par de botas de construcción, ponérselas de inmediato y todos los días para amansarlas. Así que ella mandó a comprarlas. Luego envió su carta de oración para recaudar los cinco mil dólares que le costaría el viaje. Y, ¿lo adivinas? ¡No sucedió gran cosa! Así que cuando las botas finalmente llegaron, ella las guardó en su armario con las etiquetas todavía pegadas. Como Dios no le había dado todas las respuestas de antemano, ella rehusó ponerse las botas. Literalmente se quedaron guardadas por tres meses.

Volveremos a las botas más tarde, pero por ahora, esta es la pregunta para ti: ¿Te pusiste ya tus botas? ¿O están en un rincón del armario con las etiquetas todavía pegadas? ¿Hay algo que Dios te llamó a hacer, pero puesto que no te dio todas las respuestas de antemano, rehúsas dar un paso de fe? Algunas de ustedes pensarán: *simplemente ocupo un lugar en la banca.* O tal vez pienses: *estoy aquí porque mis padres eran cristianos. Si ellos hubieran sido budistas, probablemente también yo lo sería. Pero siempre hemos sido bautistas, así que soy bautista.*

Sin embargo, no pienso que te asomaste por accidente en el escenario de este largometraje. Pienso que Dios te escogió expresamente para que te unas al elenco. Es un pensamiento que asusta. ¿No miras alguna vez alrededor de tu iglesia y piensas: *si estas son las que Dios escogió, detestaría verme atrapada en un cuarto lleno de las que ni siquiera lograron pasar la prueba de elenco...?*[1]

No obstante, Jesús dijo: «No me escogieron ustedes a mí, sino que yo los escogí a ustedes» (Juan 15:16). Tal vez no tengas un papel protagonista en el gran diseño de Dios para la humanidad, pero con certeza tienes una parte esencial que desempeñar. Nadie más puede leer del guión que se te dio; nadie más puede hacer tu parte. Kate Winslet sin duda pensó que tuvo suerte cuando le dieron el papel de protagonista en *Titanic*, pero la persona que desempeña el papel más pequeño en la aventura épica de Dios recibirá muchas más recompensas y galardones que dudarán por toda la eternidad.

En el gran diseño de Dios… nadie más puede leer del guión que se te dio; nadie más puede hacer tu parte.

No sé tú, pero yo me alegro por el pensamiento de que el *máximo Director del elenco* me escogió expresamente para la única película de largometraje que importa en verdad. Eso es porque siempre me he sentido como la última persona en el mundo que alguien jamás escogería. ¿Recuerdas cómo le temías a las clases de educación física con todo ese ejercicio de «dividirse en equipos»? Casi siempre era la última a la que escogían. Era algo como esto:

—Nosotros no tomaremos a Donna; tómenla ustedes.

—No, nosotros no la tomaremos.

—Hagamos esto. Te damos a Donna, y diez puntos de ventaja.

—Olvídalo.

—Les damos a Donna, diez puntos de ventaja, y el nuevo bate de aluminio.

—Pues bien, aceptamos. A lo mejor podemos ponerla en el jardín de la izquierda.

Por supuesto, ¡muchas dirían que estuve en el jardín izquierdo desde entonces! Sé lo que se siente ser la «no escogida». Tal vez tú también. Así que me entusiasmó más allá de lo que podría creer al saber que el Dios del universo me había escogido. No solo creo que todas nosotras fuimos escogidas expresamente por Dios sino que:

¡Dios tiene una parte específica para que tú desempeñes en su largometraje!

Permíteme darte algunos ejemplos bíblicos de lo que digo aquí. Samuel fue escogido expresamente por Dios y se le dio una parte específica para desempeñar:

> El Señor llamó a Samuel, y éste respondió:
> —Aquí estoy.
> Y en seguida fue corriendo adonde estaba Elí, y le dijo:
> —Aquí estoy; ¿para qué me llamó usted?
> —Yo no te he llamado —respondió Elí—. Vuelve a acostarte.
> Y Samuel volvió a su cama.
> Pero una vez más el Señor lo llamó:
> —¡Samuel!
> Él se levantó, fue adonde estaba Elí y le dijo:
> —Aquí estoy; ¿para qué me llamó usted?
> —Hijo mío —respondió Elí—, yo no te he llamado. Vuelve a acostarte.
> Samuel todavía no conocía al Señor, ni su palabra se le había revelado.
> Por tercera vez llamó el Señor a Samuel. Él se levantó y fue adonde estaba Elí.
> —Aquí estoy —le dijo—; ¿para qué me llamó usted?
> Entonces Elí se dio cuenta de que el Señor estaba llamando al muchacho.
> —Ve y acuéstate —le dijo Elí—. Si alguien vuelve a llamarte, dile: "Habla, Señor, que tu siervo escucha".
> Así que Samuel se fue y se acostó en su cama. Entonces el Señor se le acercó y lo llamó de nuevo:

—¡Samuel! ¡Samuel!

—Habla, que tu siervo escucha —respondió Samuel.

1 Samuel 3:4-10

Toda su vida Samuel sirvió como profeta de Dios y proclamó las palabras que él le dio.

Jeremías fue escogido expresamente por Dios y se le dio una parte específica para desempeñar:

La palabra del SEÑOR vino a mí: «Antes de formarte en el vientre, ya te había elegido; antes de que nacieras, ya te había apartado; te había nombrado profeta para las naciones».

Jeremías 1:4-5

Isaías fue escogido expresamente por Dios y se le dio una parte específica para desempeñar:

«El SEÑOR me llamó antes de que yo naciera … Y ahora dice el SEÑOR … «No es gran cosa que seas mi siervo, ni que restaures a las tribus de Jacob, ni que hagas volver a los de Israel, a quienes he preservado. Yo te pongo ahora como luz para las naciones, a fin de que lleves mi salvación hasta los confines de la tierra.

Isaías 49:1,5-6

Está bien, eso es el Antiguo Testamento. ¿Qué tal del Nuevo? Es divertido que lo preguntes, porque acabo de llegar allá:

Mientras caminaba junto al mar de Galilea, Jesús vio a dos hermanos: uno era Simón, llamado Pedro, y el otro Andrés. Estaban echando la red al lago, pues eran pescadores. «Vengan, síganme —les dijo Jesús—, y los haré pescadores de hombres».

Mateo 4:18-19

Simón Pedro y Andrés fueron escogidos expresamente por Dios y se les dio partes específicas para desempeñar. ¡Pero no están solos! ¿Qué tal del apóstol Pablo? Jesús lo persiguió en el camino a Damasco, y le dijo:

> Levántate y entra en la ciudad, que allí se te dirá lo que tienes que hacer.
>
> Hechos 9:6

Suena como si al hombre se le diera una parte muy específica para desempeñar, ¿verdad? Así es como Pablo lo describió más tarde:

> Sin embargo, Dios me había apartado desde el vientre de mi madre y me llamó por su gracia. Cuando él tuvo a bien revelarme a su Hijo para que yo lo predicara entre los gentiles, no consulté con nadie.
>
> Gálatas 1:15-16

¿Apartado desde el vientre? Suena como si fuera escogido expresamente. ¿Para qué? Para que predicara el Evangelio a los gentiles. Eso es por cierto una parte específica para desempeñar.

Si eres una seguidora de Jesucristo, estoy absolutamente convencida de que se debe a que Dios te escogió expresamente. Ahora, no te pongas paranoica en cuanto a mí ni te pongas a pensar: *¿Qué tal si él no me escogió?* Si lees este libro, ya estás en el guión. Tal vez pienses que no eres nada más que una extra en este largometraje. Tu único papel es llenar algunas vacantes en las bancas. ¿Acaso Dios te dio un papel simplemente porque pensaba que te verías bien sentada en la iglesia? Muchas actúan como si creyeran que Juan 15:16 dijera: «Ustedes no me escogieron a mí, sino que los escogí para que se sienten… y se sienten y tomen notas de todo lo que anda mal con todos los demás». Pero no es eso lo que dice sino: «No me escogieron ustedes a mí, sino que yo los escogí a ustedes y los comisioné para que vayan».

El guión pide que todas y cada una de nosotras *vayamos,* nunca que nos sentemos. Dios te escogió expresamente porque él tiene una parte muy específica para que tú hagas. Nadie más puede hacerla como tú.

Este largometraje es una batalla épica que confronta las fuerzas de Dios contra las de Satanás. El campo de batalla es la tierra. Pero esta no es la Guerra de las Galaxias; es la guerra real. Hay una batalla espiritual que se libra en este planeta. Por razones que tal vez nunca entendamos, hay reglas de pelea que evidentemente Dios escogió respetar. Por supuesto, él contra Satanás en realidad no es una pelea equitativa. Satanás no es el igual de Dios; si acaso estaría a los hombros de Miguel o Gabriel, los arcángeles. ¿Quién sabe? Tal vez Dios quería nivelar el terreno de juego, así que dijo: «Está bien, Satanás, ¿quieres vértelas conmigo por el planeta Tierra? Hagámoslo. No solo te venceré sino que lo haré con una mano atada a la espalda. ¿Conoces a esas criaturas que tú detestas más que cualquier otra cosa que yo creé? ¿Esos seres humanos? Te derrotaré haciendo lo que puedo lograr por medio de ellos». Y cuando Dios lo realice —y sabemos que lo hará al fin—, será la humillación máxima para Satanás.

Sabemos que nada ni nadie puede limitar a Dios. No te equivoques al respecto. Dios es el Creador Soberano y sustentador de todas las cosas. Pero considera este pasaje de Ezequiel 22:30-31:

Yo he buscado entre ellos a alguien que se interponga entre mi pueblo y yo, y saque la cara por él para que yo no lo destruya. ¡Y no lo he hallado! Por eso derramaré mi ira sobre ellos; los consumiré con el fuego de mi ira, y haré recaer sobre ellos todo el mal que han hecho. Lo afirma el Señor omnipotente.

¿No es asombroso que Dios se describa a sí mismo como el SEÑOR Omnipotente apenas una oración después de usar las palabras «para que yo no lo»? ¿No parece ser como una contradicción? Si Dios es Soberano, ¿cómo puede «tener que» hacer o no hacer algo? Debido a nuestra indiferencia; porque rehusamos desempeñar la parte que Dios planeó para nosotros. Estar en la brecha se ha considerado por largo tiempo como una metáfora de la oración. En este pasaje, Dios con claridad afirma que él necesita alguien que desempeñe el papel del que ora. De acuerdo a E. M. Bounds, notable autoridad del siglo diecinueve sobre el tema de la oración:

> Dios escogió limitar sus acciones en la tierra a las cosas hechas en directa respuesta a la oración de fe.[2]

¿No le sigue, entonces, que la mayoría de nuestras líneas en este guión deben decirse en forma de oración? ¿Alguna vez tuviste la experiencia de sentir el estímulo —o incluso como un peso— de orar por alguien? Una vez leí de una mujer que se despertó a medianoche y sintió la necesidad de orar urgentemente por la seguridad de su hija. Según resultó, a esa misma hora su hija, que era misionera en África, estaba en un vehículo descompuesto con sus hijos, directamente en el sendero de una manada de elefantes en estampida. ¿Por qué Dios despertó a esta mujer a media noche para *orar?* ¿Por qué no la dejó que disfrutara de una buena noche de sueño y simplemente cambió la dirección de los elefantes en estampida *sin* la oración de ella? Porque «Dios ha escogido limitar sus acciones en la tierra a las cosas hechas en directa respuesta a la oración de fe». Tenemos un papel que hacer en el largometraje de Dios. Nuestras oraciones en realidad determinan una diferencia.

Así es como pienso que la oración funciona. Dios siempre vigila cada rincón de la tierra. Él ve una situación que se

salió de la línea en cuanto a su voluntad y decide intervenir.
Pero, ¡espera! Él decidió limitar sus acciones en la tierra a
las cosas que puede lograr por medio de su gente. Así que
«El Señor recorre con su mirada toda la tierra, y está listo
para ayudar a quienes le son fieles» (2 Crónicas 16:9). Él mira alrededor y
ve a una creyente de rodillas;
alguien que puso a un lado su
lista de oración (véase capítulo seis) y está sentada ca-
lladamente para escuchar con
toda atención la voz de Dios.

> La mayoría de nuestras lí-
> neas en este guión deberían
> decirse en forma de oración.

Imaginémonos que la mu-
jer obediente eres *tú*. En el si-
lencio Dios habla y te dice lo que tiene en su mismo corazón.
Conforme tú empiezas a orar, literalmente *liberas* a Dios en
la situación. Me encanta la imagen verbal que Frank Perreti
usó en su libro *Esta patente oscuridad*, en donde describió a
la oración como el combustible para las alas de los ángeles.
Qué ilustración poderosa. Dios está listo y anhelante de traer
su reino a esta tierra; pero nos instruyó a nosotros para que
oremos que su reino venga y se haga su voluntad en la tierra
como se hace en el cielo. ¿Hablaba Dios en serio cuando nos
dio la tarea de orar? Pienso que sí. Dios nos mueve a orar, y
guía nuestra oración; pero no hará la oración por nosotros.

Algo más sucede también. Conforme Dios empieza a decirte lo que tiene en su corazón, se desenvuelve una maravilla
teológica. Se llama poner en aprietos. En el griego original
quiere decir «te levantas de esa banca». Sí, en verdad, cuando escuchas en oración, Dios te pondrá en aprietos. A veces
pienso que leemos la Biblia en un tono más serio de voz de
lo que Dios quiere. Permíteme explicarte lo que quiero decir.
Cuando la gente cita: «¿A quién enviaré?», siempre suenan
como James Earl Jones; y a Isaías se lo muestra como *que se*

ofrece voluntariamente para ir. No pienso que las cosas fueran así para nada. Pienso que Dios lo ponía en aprietos.

Quiero que te imagines que estás en la cocina con tu hijo de cinco años, que hizo una soberana picardía. No estás furiosa contra él, pero hay trabajo que tiene que hacerse y es él quien tiene que hacerlo, así que le dices:

—Vaya, mira este desastre, Jeremías. ¿No piensas que alguien debe limpiarlo?

—Sí, mami.

—Pues bien, ¿a quién piensas que podríamos conseguir para que lo limpie? ¿Puedes pensar en alguien?

Si Jeremías es el único que está sentado allí, sin duda captará la sugerencia, y dirá:

—No sé, mami, tal vez… ¿yo?

—¡Exactamente! Está bien, Jeremías, ¡ponte a trabajar!

Dios tenía toda la intención de enviar a Isaías, pero él todavía no lo sabía. Hallo absolutamente asombroso que el pasaje que leemos en Isaías, en donde dice que Dios le escogió para esa tarea mucho antes de que naciera, ¡no viene sino hasta el capítulo 49 de Isaías! Fue solo después (en la escena de clausura, por así decirlo) que Isaías pudo mirar hacia atrás en su vida y darse cuenta: ¡Ajá! ¡Así que *eso* fue lo que Dios se propuso! En este punto del largometraje, Dios simplemente le hace a Isaías una pregunta retórica:

> Entonces oí la voz del Señor que decía:
> —¿A quién enviaré? ¿Quién irá por nosotros?
> Y respondí:
> —Aquí estoy. ¡Envíame a mí!
>
> Isaías 6:8

Dios también tiene una parte específica para que tú desempeñes. Tal vez no sepas en este mismo momento lo que es; pero algún día, cuando llegues al final de tu vida, espero que puedas mirar hacia atrás y decir: «Sí, ahora lo veo. Esto es lo que Dios tuvo en mente todo el tiempo». Al escuchar en oración, Dios te invitará a entrar en ese lugar de ministerio que preparó para ti desde antes de la fundación del mundo.

> Porque por gracia ustedes han sido salvados mediante la fe; esto no procede de ustedes, sino que es el regalo de Dios, no por obras, para que nadie se jacte. Porque somos hechura de Dios, creados en Cristo Jesús para buenas obras, las cuales Dios dispuso de antemano a fin de que las pongamos en práctica.
>
> Efesios 2:8-10

Dios no solo quiere que ores, sino que llegues a ser parte de la respuesta. Lo que él observa en la tierra es:

- Un matrimonio destrozándose en tu iglesia
- Un niño en tu barrio cuya madre trabaja, que pasa mucho tiempo solo navegando en la Internet, en grave peligro
- Una adolescente en la clase de tu hija que se mata de hambre para ser hermosa
- Un mensaje que hay que proclamar
- Un canto que tiene que ser entonado
- Un misionero que no ha sido enviado
- Una iglesia perseguida
- Un pueblo no alcanzado con el Evangelio

Dios pregunta: «¿Quién irá?» Pues bien, probablemente alguien que se ve en aprietos para orar: «Venga tu reino, hágase tu voluntad en la tierra como en el cielo». Cuando Dios estaba listo para traerme al reino, no levantó el teléfono. Puso en el corazón de alguien que me llamara. Tampoco Dios tomó forma humana para poder recogerme y llevarme en coche al centro de retiro. Aunque pienso que podía haber enviado un ángel, él escogió a un joven. Ese joven levantó el teléfono y después me recogió en la camioneta de sus padres.

¿A quién pone Dios en tu corazón? ¿A quién necesitas recoger y llevar a un lugar en donde pueda encontrar a Dios de una manera que cambie su vida? Estoy muy agradecida por mi amigo que oraba y se vio en aprietos para alcanzarme.

Si realmente creemos que fuimos escogidas por Dios para desempeñar una parte de este largometraje, ¿por qué nos quedamos sentadas en las bancas, y rehusamos participar? ¿Qué nos estorba? ¿Qué es lo que *te* estorba? ¿Por qué no te pones «las botas»? ¿Por qué están esas botas en un rincón de tu armario con las etiquetas todavía pegadas?

No puedo responder por ti esa pregunta, pero estoy convencida de que la razón número uno por la que las personas rehúsan ponerse esas botas es porque no se sienten calificadas. ¿Sabes por qué? Porque nosotras lo echamos a perder. Tomamos decisiones necias; y pensamos que esas decisiones quieren decir que quedamos descalificadas del servicio a Dios. Eso es lo que me sucedió a mí.

Por muchos años de mi vida me sentí como que lo había echado todo a perder. Pensaba: *sí, Dios tiene una parte para que yo desempeñe, pero tomé decisiones necias y lo arruiné todo. Ahora no hay manera posible en que pueda algún día ser de algún uso en el reino de Dios.* Pero a la larga, Dios pudo librarme del desastre que había hecho de mi vida. No niego que tomé algunas decisiones muy necias, pero…

Tus decisiones necias *no* niegan el llamado de Dios en tu vida.

Piensa en Moisés por un minuto. Dios, de manera literal, lo recogió en forma expresa del río Nilo. Es interesante notar que no le reveló el «por qué» a Moisés por cuarenta años. Así que si tú estuviste sentada en la banca por cuarenta años y no sabes con claridad cuál es tu papel, estás en buena compañía. Cuando finalmente Dios permitió que Moisés se enterara de su plan para liberar al pueblo de Israel, ¿qué fue lo primero que Moisés hizo? Lo arruinó todo. Perdió los estribos y asesinó a un egipcio. Eso bien puede ser buen drama para la épica de Cecil B. DeMille, pero en la vida real no fue precisamente una decisión inteligente.

Sin embargo, permíteme preguntarte algo. Cuando Moisés lo echó todo a perder, ¿seleccionó Dios a otro para que hiciera su parte? No, le dio cuarenta años de tiempo libre en el desierto para que reconsiderara la cuestión. Cuando Moisés al fin se presenta ante el faraón, tiene ochenta años. Algunos pudieran pensar que llevaba un bastón para poder convertirlo en culebra. ¡Te equivocas! El bastón no era una trama. Lo llevaba porque era un viejo. Y la razón de haber llegado a esa edad fue porque lo echó a perder la primera vez que Dios le dio la tarea.

Te garantizo que durante la mayor parte de los años que él pasó apacentando ovejas en el desierto, pensaba que Dios se había cansado de él. ¿Se había cansado Dios de él? Obviamente no. Sus decisiones necias simplemente le dieron a Dios la oportunidad de convencerlo de que esta tarea no tenía nada que ver con él y de las grandes cosas que él podía hacer por Dios.

Cuando me mudé a Arizona en 1992, vivía en el área de Phoenix (también llamada el Valle del Sol), y por supuesto, mi lugar favorito adonde ir era siempre la librería cristiana. Luego me mudé a las montañas a mi pequeña cabaña en el bosque. Varios años después de mudarme, alguien me dio un bono de regalo para ir a una de las librerías cristianas del valle. Me subí al auto y me dirigí montaña abajo. Era la mujer más feliz del planeta porque estaba en camino para gastar dinero que no era mío. Estaba convencida de que debía ser lo que quiere decir llegar al «nirvana».

Conducía mi auto y cantaba alabanzas al SEÑOR. La vida era maravillosa. De repente me di cuenta de que no estaba tan segura de saber a dónde iba. Empecé a reducir la velocidad en cada intersección, y observaba cada centro comercial en busca de señales de la librería cristiana. Si conoces algo en cuanto al Valle del Sol, sabrás que cuando una hace uno de esos juegos, la gente que viene detrás de ti se enloquece. Hacían sonar sus bocinas y me gritaban, pero no me importaba. Yo estaba pensando: *estoy aquí en una misión para Dios. ¡Fuera de mi camino, Fulano!*

Debo confesar que el gozo del SEÑOR salió por la ventana. Este escenario —de que yo reducía la velocidad en cada intersección mientras a mis colegas conductores les daba una rabieta— continuó por varios kilómetros. Por último, en completa exasperación, di una media vuelta ilegal. Retrocedí por lo que parecía una eternidad, y reducí la velocidad en cada intersección. La gente tocaba su bocina mientras me provocaban pánico. La misma rutina. En ese punto estaba próxima a tener un quebranto nervioso. Me detuve en un parquecito; allí había un hombre que se ponía unos patines. Le pregunté: «¿Sabe usted dónde la calle Hayden se cruza con la Roosevelt?» Pues bien, él no lo sabía; pero tenía un mapa, y a diferencia de la mayoría de los hombres, estaba dispuesto a usarlo.

Lo extendió, halló la calle, me miró y me dijo: «No está perdida. Va bien. Simplemente vuelva a seguir por esta calle, diríjase al sur por otros diez minutos, y llegará».

Está bien, ¡el gozo del SEÑOR había vuelto!

Empecé a conducir, y llegué justo a la intersección en donde había dado la media vuelta ilegal. Y, ¿qué apareció ante mis ojos maravillados? ¡El techo de la librería cristiana!

Había estado en mi coche por casi dos horas, y me había detenido a dos minutos de mi destino. *Estuve en la senda correcta todo el tiempo, pero muy aturdida por la duda que no me iba mejor que alguien que estuviera verdaderamente perdido.*

Lo diré de nuevo. Había estado en el camino correcto todo el tiempo, pero muy aturdida por la duda que no me iba mejor que alguien que estuviera verdaderamente perdido. Si eso no es una metáfora de la vida cristiana que la mayoría vivimos, no sé qué podrá ser. Estamos en la senda correcta. Estamos camino al cielo; pero tan aturdidos por la duda que no estamos mejor que la gente que verdaderamente está perdida. Reducimos la velocidad cuando deberíamos marchar más rápido y hacia adelante. Damos medias vueltas ilegales cuando las cosas se ponen difíciles.

Volvamos a Moisés. Lo dejamos como un viejo en la corte del faraón. Finalmente estaba en curso para cumplir el llamado de Dios en su vida. Las cámaras funcionaban y los israelitas marchaban a la Tierra Prometida cuando, de repente, se encontraron con un obstáculo al parecer imposible: el Mar Rojo. En ese momento, con el ejército egipcio que se acercaba por detrás, lo más tentador del mundo sería que el anciano Moisés hiciera la vieja «media vuelta ilegal». Volverse arastrado al faraón: «Pues bien, sé que te dije que hacía una tarea asignada por Dios, pero como sabes, no estoy muy seguro. Pienso que tal vez estuve bebiendo demasiada cafeína últimamente. A veces, con demasiados carbohidratos, me pongo algo amodorrado. Esto no podía posiblemente ser idea de Dios, porque si así hubiera sido, no hubiera encontrado ningún obstáculo. Todo debería estar marchando "viento en popa"».

Pero Moisés resistió la tentación de dar la media vuelta ilegal. Pienso que sé por qué. Creo que se aferró a una verdad al estar allí ese día; una verdad que algunas de ustedes necesitan captar por sí mismas. Pienso que Moisés sabía que Dios no lo había sacado del río... simplemente para ahogarlo en el mar.

Moisés sabía que Dios tenía un trabajo para que él hiciera, y avanzaría por fe hasta que la tarea quedara completa. Es obvio que Moisés había aprendido su lección. Esta vez no trató de tomar el asunto en sus propias manos. Sabía, después de cuarenta años en el desierto, que no había nada en él que pudiera hacer el trabajo para Dios. Más bien hizo otra cosa: levantó su bastón.

Su bastón era símbolo de sus descalificaciones. Lo llevaba porque era un viejo. Era anciano porque lo echó a perder la primera vez que Dios le entregó este guión. Así que levantó su bastón y dijo: «Dios, no puedo; pero tú sí, y pienso que lo harás».

¿Cuál es el símbolo de tu descalificación? Te insto que, ahora mismo, lo levantes ante Dios. Levántalo sobre los obstáculos de tu vida y confiesa: «Dios, es por esto que el mundo dice que yo no puedo servirte. No puedo; pero tú puedes, y estoy convencida de que lo harás».

Estoy absolutamente convencida de que la única razón por la que Dios escogió colocarme en una posición tan prominente de ministerio, es decirles a todos los cristianos santurrones que se enorgullecen en guardar las reglas: «Yo usaré a quien quiera que escoja como mi instrumento, ¡y no hay *nada* que puedas hacer al respecto!».

Moisés había tomado una decisión increíblemente necia. Escogió asesinar. Eso es bastante intenso. ¡Nosotros con toda certeza hubiéramos retirado de los anaqueles de las librerías cristianas sus libros por eso! Pero, ¿había terminado Dios con Moisés por esto? ¿Quedó Moisés descalificado para nunca más ser usado por Dios? Entonces, ¿qué te hace pensar que Dios terminó contigo?

Dios no llama a los preparados. Él prepara a los llamados.

La única calificación que alguna de nosotras jamás tendrá es la obra terminada de Cristo en la cruz. Es solo en base a eso que se nos declaró competentes como ministras del nuevo pacto. Te digo que, el minuto en que piensas que estás calificada, estás en camino al desierto para cuidar ovejas por un tiempo. Y Dios te mantendrá en ese desierto hasta que puedas entender y comprender quién es la verdadera estrella de este largometraje. No se trata de nosotras; se trata de él.

Dios no te llamó porque reúnas las calificaciones, sino porque tiene una parte específica para que tú desempeñes en este drama grandioso. Nadie más del planeta puede hacerlo como tú.

Volvamos a las botas. Dios le había dado a mi hija de crianza una asignación específica de ir a África y servirle allí. Ella necesitaba recaudar cinco mil dólares de fondos, y eso parecía muy abrumador. ¡Tan grande! ¡Tan imposible! Pues un día se me ocurrió que había otro joven en la Biblia a quien Dios llamó para una tarea específica. Se llamaba Gedeón:

> El ángel del SEÑOR vino y se sentó bajo la encina que estaba en Ofra, la cual pertenecía a Joás, del clan de Abiezer. Su hijo Gedeón estaba trillando trigo en un lagar, para protegerlo de los madianitas. Cuando el ángel del SEÑOR se le apareció a Gedeón, le dijo:
>
> —¡El SEÑOR está contigo, guerrero valiente!
>
> —Pero, señor —replicó Gedeón—, si el SEÑOR está con nosotros, ¿cómo es que nos sucede todo esto? ¿Dónde están todas las maravillas que nos contaban nuestros padres, cuando decían: "¡El SEÑOR nos sacó de Egipto!"? ¡La verdad es que el SEÑOR nos ha desamparado y nos ha entregado en manos de Madián!
>
> El SEÑOR lo encaró y le dijo:
>
> —Ve con la fuerza que tienes, y salvarás a Israel del poder de Madián. Yo soy quien te envía.
>
> —Pero, SEÑOR —objetó Gedeón—, ¿cómo voy a sal-

var a Israel? Mi clan es el más débil de la tribu de Manasés, y yo soy el más insignificante de mi familia.

El Señor respondió:

—Tú derrotarás a los madianitas como si fueran un
solo hombre, porque yo estaré contigo.

Jueces 6:11-16

Advertí que Dios no discute con Gedeón ni trata de convencerlo de que él *reúne* los requisitos. Más bien, simplemente le hace una pregunta: «¿No te envío yo?» Eso es todo
lo que necesitamos saber. Si Dios no te envía, hazle al mundo
un favor: quédate en casa. Nada es peor que un cristiano que
hace un mandado para Dios que no le fue asignado, sino que
lo hace por su cuenta. Pero si Dios te envía, nadie puede de-
tenerte; porque nunca es asunto del que va; es asunto del que
envía.

Así que permíteme preguntarte algo:

¿Quién te envía? ¿De quién es este largometraje a fin de cuentas?

No se trata de los requisitos que reúnas. Es cuestión de las calificaciones del que te envía.

> Nunca es asunto del que va; es asunto del que envía.

En el caso de mi hija de crianza, nos sentíamos confiadas
de que sí, Dios la estaba enviando. Así que empezamos a orar
y le preguntamos a Dios lo que él quería que hiciéramos. Él
puso en nuestros corazones que empezáramos a hacer marcadores de libros; e hicimos casi cuatro mil marcadores de
libros y recaudamos esos cinco mil dólares; la mayoría de
esa cantidad, ¡un dólar a la vez! ¡Ella, en efecto, fue a África
como misionera esas vacaciones.

A veces, cuando miramos una situación, nos parece muy abrumadora. No sabemos qué hacer; y le damos a Dios toda una chara de lo que nosotros *no podemos* hacer. Pero Dios dice: «No me digas lo que tú *no puedes* hacer. Dime lo que puedes hacer». A menudo no son las llamadas grandes cosas que podemos hacer para Dios lo que importa. Él quiere que hagamos cosas pequeñas con gran fidelidad.

Uno de mis temas favoritos es: haz lo que puedas y permite que Dios se encargue de lo que no puedes hacer.

¿Qué es lo que Dios te llama a hacer? ¿Cuál es la parte que se supone que debes desempeñar? Pídele a Dios que te muestre algunas de las cosas pequeñas que puedes empezar a hacer, ahora mismo, para prepararte para la tarea que él tiene destinada para ti. Empieza hoy a hacer esas cosas pequeñas con gran fidelidad. Haz lo que puedas… y deja que él se encargue de lo que tú no puedes. Él es el director de elenco. Simplemente desempeña tu parte en el único largometraje que durará para siempre.

PASOS A LA LIBERTAD

Jesús … les dijo: —Si se mantienen fieles a mis enseñanzas, serán realmente mis discípulos; y conocerán la verdad, y la verdad los hará libres.

Juan 8:31-32

Los siguientes pasos a la libertad, con los versículos bíblicos que los acompañan, se te ofrecen con la esperanza de que sepas y creas la verdad que Dios reveló en su Palabra. La Biblia entera fue escrita para rebelarnos a Dios de una manera especial, de modo que podamos saber quién es él, lo que hace en el mundo, y cómo podemos conocerlo de una manera personal. La salvación que Dios ofrece a todos es la única manera en que alguien puede ser libre del pecado y la muerte para vivir una vida de verdadera libertad por la gracia asombrosa de Dios por fe en su Hijo, el SEÑOR Jesucristo. «Cristo nos libertó para que vivamos en libertad» (Gálatas 5:1).

1. CREE QUE DIOS EXISTE

Dios, en el principio, creó los cielos y la tierra.

Génesis 1:1

Ciertamente, la ira de Dios viene revelándose desde el cielo contra toda impiedad e injusticia de los seres humanos, que con su maldad obstruyen la verdad. Me explico: lo que se puede conocer acerca de Dios es evidente para ellos, pues él mismo se lo ha revelado. Porque desde la creación del mundo las cualidades invisibles de Dios, es decir, su eterno poder y su naturaleza divina, se perciben claramente a través de lo que él creó, de modo que nadie tiene excusa.

Romanos 1:18-20

Ahora bien, la fe es la garantía de lo que se espera, la certeza de lo que no se ve … En realidad, sin fe es imposible agradar a Dios, ya que cualquiera que se acerca a Dios tiene que creer que él existe y que recompensa a quienes lo buscan.

Hebreos 11:1,6

2. Conoce que Dios te ama

El Señor es clemente y compasivo, lento para la ira y grande en amor. El Señor es bueno con todos; él se compadece de toda su creación … Tu reino es un reino eterno; tu dominio permanece por todas las edades. Fiel es el Señor a su palabra y bondadoso en todas sus obras. El Señor levanta a los caídos y sostiene a los agobiados. Los ojos de todos se posan en ti, y a su tiempo les das su alimento. Abres la mano y sacias con tus favores a todo ser viviente. El Señor es justo en todos sus caminos y bondadoso en todas sus obras. El Señor está cerca de quienes lo invocan, de quienes lo invocan en verdad. Cumple los deseos de quienes le temen; atiende a su clamor y los salva. El Señor cuida a todos los que lo aman, pero aniquilará a todos los impíos.

Salmos 145:8-9,13-20

[Dios] hace que salga el sol sobre malos y buenos, y que llueva sobre justos e injustos.

Mateo 5:45 (*énfasis añadido*).

Porque tanto amó Dios al mundo, que dio a su Hijo unigénito, para que todo el que cree en él no se pierda, sino que tenga vida eterna.

Juan 3:16

Pero Dios demuestra su amor por nosotros en esto: en que cuando todavía éramos pecadores, Cristo murió por nosotros.

Romanos 5:8

3. RECONOCE TU PECADO Y NO LO HAGAS DE NUEVO

Pues todos han pecado y están privados de la gloria de Dios.

Romanos 3:23

Pues bien, Dios pasó por alto aquellos tiempos de tal ignorancia, pero ahora manda a todos, en todas partes, que se arrepientan.

Hechos 17:30

Si confesamos nuestros pecados, Dios, que es fiel y justo, nos los perdonará y nos limpiará de toda maldad.

1 Juan 1:9

Por lo tanto, no permitan ustedes que el pecado reine en su cuerpo mortal, ni obedezcan a sus malos deseos. No ofrezcan los miembros de su cuerpo al pecado como instrumentos de injusticia; al contrario, ofrézcanse más bien a Dios como quienes han vuelto de la muerte a la vida,

presentando los miembros de su cuerpo como instrumentos de justicia.

Romanos 6:12-13

4. Acepta que Jesús es el único camino a Dios

Ustedes estudian con diligencia las Escrituras porque
piensan que en ellas hallan la vida eterna. ¡Y son ellas las
que dan testimonio en mi favor! Sin embargo, ustedes no
quieren venir a mí para tener esa vida.

Juan 5:39-40

—Yo soy el camino, la verdad y la vida —le contestó
Jesús—. Nadie llega al Padre sino por mí.

Juan 14:6

De hecho, en ningún otro hay salvación, porque no
hay bajo el cielo otro nombre dado a los hombres mediante el cual podamos ser salvos.

Hechos 4:12

5. Date cuenta de que Jesús pagó la pena de tus pecados

Él fue traspasado por nuestras rebeliones, y molido
por nuestras iniquidades; sobre él recayó el castigo, precio
de nuestra paz, y gracias a sus heridas fuimos sanados.
Todos andábamos perdidos, como ovejas; cada uno seguía
su propio camino, pero el Señor hizo recaer sobre él la
iniquidad de todos nosotros.

Isaías 53:5-6

Porque Cristo murió por los pecados una vez por todas, el justo por los injustos, a fin de llevarlos a ustedes

a Dios. Él sufrió la muerte en su cuerpo, pero el Espíritu hizo que volviera a la vida.

1 Pedro 3:18

6. RECIBE A JESÚS COMO TU SEÑOR Y SALVADOR

Que si confiesas con tu boca que Jesús es el SEÑOR, y crees en tu corazón que Dios lo levantó de entre los muertos, serás salvo. Porque con el corazón se cree para ser justificado, pero con la boca se confiesa para ser salvo … porque «todo el que invoque el nombre del SEÑOR será salvo».

Romanos 10:9-10,13

Mas a cuantos lo recibieron, a los que creen en su nombre, les dio el derecho de ser hijos de Dios.

Juan 1:12

7. SIGUE A DIOS Y HAZ SU VOLUNTAD TODOS LOS DÍAS Y POR EL RESTO DE TU VIDA

¡Ya se te ha declarado lo que es bueno! Ya se te ha dicho lo que de ti espera el SEÑOR: Practicar la justicia, amar la misericordia, y humillarte ante tu Dios.

Miqueas 6:8

Dirigiéndose a todos, [Jesús] declaró:
—Si alguien quiere ser mi discípulo, que se niegue a sí mismo, lleve su cruz cada día y me siga.

Lucas 9:23 (*énfasis añadido*).

Porque por gracia ustedes han sido salvados mediante la fe; esto no procede de ustedes, sino que es el regalo de Dios, no por obras, para que nadie se jacte. Porque somos hechura de Dios, creados en Cristo Jesús para buenas obras, las cuales Dios dispuso de antemano a fin de que las pongamos en práctica.

Efesios 2:8-10

—Maestro, ¿cuál es el mandamiento más importante de la ley?

—"Ama al SEÑOR tu Dios con todo tu corazón, con todo tu ser y con toda tu mente" —le respondió Jesús—. Éste es el primero y el más importante de los mandamientos. El segundo se parece a éste: "Ama a tu prójimo como a ti mismo". De estos dos mandamientos dependen toda la ley y los profetas.

Mateo 22:36-40

Guía de estudio

Introducción: ¿te enloquecen tus problemas?

Versículos para memorizar

>   Ya que han resucitado con Cristo, busquen las cosas de arriba, donde está Cristo sentado a la derecha de Dios. Concentren su atención en las cosas de arriba, no en las de la tierra.
>
> Colosenses 3:1-2

Pasajes para meditar más a fondo

> Salmo 31
> Salmo 107
> Lamentaciones 3:19-27
> Romanos 12:12
> 2 Corintios 4:16-18

Películas recomendadas para ver

> Anna de Green Gables, El Rey y yo

¿Cómo te ayudaron las películas a poner tus problemas en perspectiva?

Preguntas para meditar

1. ¿De qué manera vives tu vida como si fuera un melodrama?
2. ¿Cómo podrías hacer un esfuerzo consciente para convertir tus melodramas en dramas dulces?

Capítulo uno:
Estado mental de una
puerca espín

Versículos para memorizar

Fijemos la mirada en Jesús, el iniciador y perfeccionador de nuestra fe, quien por el gozo que le esperaba, soportó la cruz, menospreciando la vergüenza que ella significaba, y ahora está sentado a la derecha del trono de Dios. Así, pues, consideren a aquel que perseveró frente a tanta oposición por parte de los pecadores, para que no se cansen ni pierdan el ánimo.

Hebreos 12:2-3

Pasajes para meditar más a fondo

Mateo 18:21-35
Lucas 6:32-42

Películas recomendadas para ver

Polyana

¿Cómo te ayudó la película a poner tus problemas en perspectiva?

Preguntas para meditar

1. Piensa en una ocasión específica cuando estabas en un estado mental de puerca espín. ¿Cuáles fueron los resultados?

2. ¿Quién o qué te lanza con más frecuencia al estado mental de puerca espín?

3. En una escala del uno a diez, ¿cuánto tienes de puerca espín?

4. ¿Cuál fue tu reacción a la oración de la monja del siglo diecisiete? Tómate tiempo para escribirla y meditar con detenimiento en cada renglón.

5. ¿De qué manera tu respuesta pecaminosa al pecado de otros te hace tropezar?

6. ¿Hay alguien a quien necesites perdonar? ¿Alguien con quien necesites reconciliarte? ¿Qué pasos necesitas dar para que eso suceda?

Capítulo dos:
Me parece que muero

Versículos para memorizar

Como tenemos estas promesas, queridos hermanos, purifiquémonos de todo lo que contamina el cuerpo y el espíritu, para completar en el temor de Dios la obra de nuestra santificación.

2 Corintios 7:1

Pasajes para meditar más a fondo

Proverbios 17:22
1 Corintios 6:19-20
2 Corintios 7:1

Películas recomendadas para ver

Magnolias de hierro

¿Cómo te ayudó la película a poner tus problemas en perspectiva?

Preguntas para meditar

1. ¿En qué punto calificarías tu salud en una escala del uno a diez?

2. ¿Es posible que haya una conexión entre la mente y el cuerpo respecto a tus varias dolencias físicas? ¿Cómo?

3. ¿Pudiste identificarte con mi descripción de vivir «enferma y cansada»? Describe tu propia experiencia de estar enferma y cansada.

4. ¿Cuál es tu respuesta a la historia de Naamán?

5. ¿Te dispones para los milagros de todos los días que Dios provee? ¿De qué manera?

6. Pide al Espíritu Santo que te guíe en algunos pasos específicos que puedas dar para mejorar tu salud y bienestar general. Puedes considerar seguir mi programa de renovación de noventa días, como lo explico en *Becoming the Woman I Want to Be: 90 Days to Renew Your Spirit, Soul and Body*.

CAPÍTULO TRES:
MIS POBRES NERVIOS

Versículos para memorizar

Hijo mío, atiende a mis consejos; escucha atentamente lo que digo. No pierdas de vista mis palabras; guárdalas muy dentro de tu corazón. Ellas dan vida a quienes las hallan; son la salud del cuerpo.

Proverbios 4:20-22

Pasajes para meditar más a fondo

Salmo 103:11-12
Isaías 43:1-5
Filipenses 4:4-9

Películas recomendadas para ver

Ana de Avonlea, Orgullo y prejuicio, El jardín secreto

¿Cómo te ayudaron las películas a poner tus problemas en perspectiva?

Preguntas para meditar

1. ¿Es fácil para ti confiar y obedecer... o tiendes a dudar y desobedecer?

2. Vuelve y lee otra vez la meditación de *Apártate, amado mío*. Mejor todavía, escríbela. ¿Qué es lo que Dios te dice, personalmente, mediante su mensaje?

3. ¿Cuál de las «emociones indignas» presenta mayor tropiezo para ti? ¿Por qué piensas que es así?

4. Escribe un versículo bíblico que trate de esa emoción particular. Memorízalo y medítalo a menudo.

5. Haz una lista de las cosas que no puedes cambiar. Ahora rómpela o quémala. Decide no gastar más de tu tiempo ni energía emocional al enfocarte en las cosas que no puedes cambiar.

6. Haz una lista de las cosas que puedes cambiar. Escribe una estrategia para hacer esos cambios en los próximos treinta días. Los próximos noventa días. El próximo año.

CAPÍTULO CUATRO:
PARECE QUE NO PUEDO TENER NI
UN MOMENTO DE PAZ

Versículos para memorizar

Que Dios mismo, el Dios de paz, los santifique por completo, y conserve todo su ser —espíritu, alma y cuerpo— irreprochable para la venida de nuestro SEÑOR Jesucristo. El que los llama es fiel, y así lo hará.

1 Tesalonicenses 5:23-24

Pasajes para meditar más a fondo

Lee de nuevo los versículos que se incluyen en el capítulo y asegúrate de escribir lo que te sorprende de cada uno. Salmo 23

Películas recomendadas para ver

Cambio de hábito

¿Cómo te ayudó la película a poner tus problemas en perspectiva?

262   Tu gran historia a contar

Preguntas para meditar

1. Haz un resumen de la noción más significativa que adquiriste mediante la meditación de los pasajes de paz.

2. En el capítulo pinté dos extremos: creyentes que se empujan a sí mismas al agotamiento físico y emocional al tratar de agradar Dios, y creyentes que se contentan con entrar al cielo por un pelo. ¿En qué parte de estas dos posiciones te pondrías? Explica tu respuesta.

3. ¿Cuáles son tus cinco principales temas mentales? Haz una lista a continuación y anota si te dan paz o te producen conflicto:

Cinco temas mentales principales	Paz o conflicto

4. ¿Cuáles son las *ratas* de tu vida?

5. ¿De qué manera las atraes a tu vida?

6. ¿De qué basura necesitas librarte para que las ratas se vayan?

Capítulo cinco:
De lleno en la Villa de los Escorpiones

Versículos para memorizar

Por último, fortalézcanse con el gran poder del Señor. Pónganse toda la armadura de Dios para que puedan hacer frente a las artimañas del diablo. Porque nuestra lucha no es contra seres humanos, sino contra poderes, contra autoridades, contra potestades que dominan este mundo de tinieblas, contra fuerzas espirituales malignas en las regiones celestiales.

Efesios 6:10-12

Pasajes para meditar más a fondo

Santiago 1

Películas recomendadas para ver

Fuera de África

¿Cómo te ayudó la película a poner tus problemas en perspectiva?

Preguntas para meditar

1. ¿Alguna vez te sentiste como si Dios o el diablo se ensañaran contra ti? ¿Qué te hace sentir de esa manera?

2. ¿Alguna vez te preguntaste: «Si Dios me ama, por qué permitió que esto me sucediera?» Describe la situación que enfrentabas.

3. ¿Estás ahora en un lugar en donde tienes una mejor comprensión de por qué sucedió eso? Si es así, descríbelo. Si no, pídele a Dios una nueva perspectiva.

4. ¿Te dio el ejemplo de la casa de los escorpiones una mejor idea de lo que sucede en este mundo? ¿Cómo?

5. ¿Hay algo que te sucede continuamente? ¿Qué mensaje necesitas «captar» para que Dios pueda avanzar a la siguiente lección?

6. ¿Cómo puedes convencer a tu corazón, de una vez por todas, que Dios es bueno incluso cuando tus circunstancias no lo son?

7. ¿Tiendes a aprender tus lecciones por la vía fácil o por la dura? ¿Cómo puedes aplicar el esfuerzo para aprenderlas por la vía fácil, de modo que a la larga tu vida sea mucho más fácil?

Capítulo seis:
¿De qué peregrina manera se supone que debo hallar tiempo para Dios?

Versículos para memorizar

Y al orar, no hablen sólo por hablar como hacen los gentiles, porque ellos se imaginan que serán escuchados por sus muchas palabras. No sean como ellos, porque su Padre sabe lo que ustedes necesitan antes de que se lo pidan. Ustedes deben orar así: «Padre nuestro que estás en el cielo, santificado sea tu nombre, venga tu reino, hágase tu voluntad en la tierra como en el cielo. Danos hoy nuestro pan cotidiano».

Mateo 6:7-11

Sólo en Dios halla descanso mi alma; de él viene mi salvación. Sólo él es mi roca y mi salvación; él es mi protector. ¡Jamás habré de caer!

Salmo 62:1-2

Pasajes para meditar más a fondo

Empieza leyendo en Marcos 1 hasta que captes un buen sentido del estilo de vida de Jesús.

Películas recomendadas para ver

El Evangelio de Juan, Jesús de Nazaret.

¿Cómo te ayudaron las películas a poner tus problemas en perspectiva?

Preguntas para meditar

1. ¿Cómo podría el invertir tiempo en disciplinas espirituales en realidad ahorrarte tiempo?
2. ¿De qué manera la analogía de la oración como «recolección de dádivas» alteró tu perspectiva? ¿Qué cambios necesitas hacer en tu vida de oración en respuesta a eso?
3. Prepara el espacio físico para encontrarte con Dios. Prepara un cuarto de oración, o por lo menos un rincón.
4. ¿Qué escombros necesitas limpiar de tu vida?
5. ¿Cuál es «ese cuarto» en tu vida? ¿Qué pasos necesitas dar para cerrar la puerta de ese cuarto?
6. ¿Qué cambios necesitas hacer para llegar a ser más que una discípula; una que aprende por escuchar?
7. Por lo menos, por la próxima semana, deja a un lado tu lista de oración. Más bien, empieza tu tiempo de oración con un cuaderno en blanco y lápiz. Pídele a Dios que te muestre lo que él tiene en su lista de oración.

Capítulo siete:
Está bien, así que tuviste una infancia desdichada

Versículos para memorizar

Hermanos, no pienso que yo mismo lo haya logrado ya. Más bien, una cosa hago: olvidando lo que queda atrás y esforzándome por alcanzar lo que está delante, sigo avanzando hacia la meta para ganar el premio que Dios ofrece mediante su llamamiento celestial en Cristo Jesús.

Filipenses 3:13-14

Pasajes para meditar más a fondo

Lee Génesis 33

Películas recomendadas para ver

Para siempre, Heidi, La princesita, o cualquier película de Shirley Temple.

¿Cómo te ayudaron las películas a poner tus problemas en perspectiva?

Preguntas para meditar

1. ¿Cómo describirías tu infancia en dos frases?

2. ¿Recuerdas tus viejas heridas? ¿Hay alguien a quién necesites perdonar o algo que necesites dejar detrás?

3. ¿Qué patrones destructivos de familia todavía impactan tu vida?

4. ¿Qué patrones destructivos de familia le heredas a tus hijos?

5. ¿De qué maneras todavía estás atrapada en conductas infantiles que se arraigan en tu experiencia de la infancia? Vuelve a leer la lista provista en el capítulo para que estimule tu pensamiento.

6. ¿Cuál es tu «o si no»? ¿Cómo puedes dispersar su poder en tu vida; qué verdad de la Palabra de Dios puede contrarrestar la mentira?

Capítulo ocho:
Si piensas que tu matrimonio es un caos, observa esto

Versículos para memorizar

Cuando proferían insultos contra él, no replicaba con insultos; cuando padecía, no amenazaba, sino que se entregaba a aquel que juzga con justicia.

1 Pedro 2:23

Pasajes para meditar más a fondo

Lee Génesis 29 y 30

Películas recomendadas para ver

Serie de colección de vídeos de la Biblia TNT

¿Cómo te ayudaron las películas a poner tus problemas en perspectiva?

Preguntas para meditar

1. ¿Cómo reaccionaste a la historia de Lea?

2. ¿Con cuál hermana te identificas: Lea o Raquel? ¿Por qué?

3. ¿Estás o no de acuerdo con la afirmación de que Lea siguió siendo una puerca espín hasta el fin? (Sí, ¡se te permite discrepar!)

4. ¿Qué «fórmula» tratas de seguir en tu propia vida?

5. ¿Estás lista para admitir que la fórmula falló; que andamos por fe, y no por fórmula?

6. Si estás casada, ¿qué cambios necesitas hacer en tu actitud hacia tu cónyuge?

7. Si estuviste casada anteriormente, ¿fue el estado mental de puerca espín un factor en la ruptura de tu matrimonio?

CAPÍTULO NUEVE: NUNCA SOÑÉ QUE CRIAR HIJOS SERÍA TAN DURO

Versículos para memorizar

Pero el amor del Señor es eterno y siempre está con los que le temen; su justicia está con los hijos de sus hijos, con los que cumplen su pacto y se acuerdan de sus preceptos para ponerlos por obra.

Salmo 103:17-18

Dichoso el que teme al Señor, el que halla gran deleite en sus mandamientos. Sus hijos dominarán el país; la descendencia de los justos será bendecida.

Salmo 112:1-2

Pasajes para meditar más a fondo

2 Samuel 13-15
Salmo 78
Salmo 103
Salmo 127

Películas recomendadas para ver

Documental: The Lost Boys of Sudan [Los niños perdidos de Sudán]

¿Cómo te ayudó la película a poner tus problemas en perspectiva?

Preguntas para meditar

1. ¿Te ayudó el relato de *Los niños perdidos de Sudán* a poner en perspectiva tus problemas de criar hijos? ¿Por qué sí o por qué no?

2. ¿Piensas que la mayoría de los libros cristianos sobre cómo criar hijos que leíste son realistas? ¿Por qué sí o por qué no?

3. ¿Puedes pensar en personas que a todas luces amaban al SEÑOR, y sin embargo, uno o más de sus hijos se alejaron de la fe? ¿Les echaste la culpa a los padres?

4. ¿Eres tú creyente de primera generación? Si es así, ¿cómo te impactó el relato que te conté de mi propia familia?

5. Si te criaste en un hogar de creyentes, ¿cuál fue tu respuesta a mi reto de llegar a ser una *princesa guerrera poderosa* de buey almizclero?

Capítulo diez:
Donde me congrego lastimaron mis sentimientos

Versículos para memorizar

A fin de que no haya división en el cuerpo, sino que sus miembros se preocupen por igual unos por otros. Si uno de los miembros sufre, los demás comparten su sufrimiento; y si uno de ellos recibe honor, los demás se alegran con él. Ahora bien, ustedes son el cuerpo de Cristo, y cada uno es miembro de ese cuerpo

1 Corintios 12:25-27

Pasajes para meditar más a fondo

1 Corintios 5:9-13
1 Corintios 12:1-31
Efesios 3:7-21

Películas recomendadas para ver

Footloose

¿Cómo te ayudó la película a poner tus problemas en perspectiva?

Preguntas para meditar

1. ¿Alguna vez tuviste una experiencia en la que pensaste que tu pastor era «duro», pero más tarde te diste cuenta de que simplemente te decía algo que no querías oír? Descríbela.

2. ¿Cuál fue tu reacción a la estadística de que mil quinientos pastores dejan el ministerio cada mes en los Estados Unidos de América?

3. ¿Eres tú más que una alegría —o una carga— para tu pastor y tu iglesia? Escribe alguna evidencia para respaldar tu respuesta. Si realmente eres valiente, ¡pregúntaselo a los ministros de tu iglesia!

4. ¿De qué forma recibe impacto tu iglesia (o iglesias a las cuales pertenecías previamente) por las ofensas de los villanos reales?

5. Describe cómo te afectó la situación. ¿Perdonaste a los que intervinieron?

6. ¿Fuiste culpable de chiquilladas, es decir, obsesionada por ofensas tipo: «Donde me congrego me lastimaron los sentimientos»? ¿Qué cambios necesitas hacer para ser parte de la solución en la iglesia y no del problema?

Capítulo once:
Estoy en bancarrota

Versículos para memorizar

Es cierto que con la verdadera religión se obtienen grandes ganancias, pero sólo si uno está satisfecho con lo que tiene. Porque nada trajimos a este mundo, y nada podemos llevarnos. Así que, si tenemos ropa y comida, contentémonos con eso. Los que quieren enriquecerse caen en la tentación y se vuelven esclavos de sus muchos deseos. Estos afanes insensatos y dañinos hunden a la gente en la ruina y en la destrucción. Porque el amor al dinero es la raíz de toda clase de males. Por codiciarlo, algunos se han desviado de la fe y se han causado muchísimos sinsabores.

1 Timoteo 6:6-10

Pasajes para meditar más a fondo

Génesis 14:21-24
Deuteronomio 15:1-7
Salmo 37:21
Proverbios 3:9-10
Proverbios 6:6-8
Proverbios 21:5
Proverbios 22:7,23-24,27

Eclesiastés 5:10-12
Romanos 13:8

Películas recomendadas para ver

Esta casa es una ruina

¿Cómo te ayudó la película a poner tus problemas en perspectiva?

Preguntas para meditar

1. ¿Todavía sigues diezmando?
2. ¿Concuerdas con mi conclusión de que la razón por la que no damos el diezmo es la preocupación?
3. Calcula cuánta deuda tienes al presente: _____
____ ¿Por qué la tienes? ¿Crees que eso le agrada a Dios?
4. ¿Alguna vez experimentaste ese «sentimiento de hundirte», de tener el agua por encima de la cabeza? ¿Cómo impactó eso tu espíritu, alma y cuerpo? ¿Tus relaciones personales?
5. ¿Tienes suficientes ahorros para que duren seis meses si algo catastrófico le sucediera a tu familia? Si no, ¿cómo puedes empezar un plan de ahorros?
6. ¿Afectaron a tu matrimonio los problemas financieros en algún momento? ¿Cómo?
7. ¿Cuál fue tu respuesta al relato final en cuanto a la visita del muchacho a la granja?

Capítulo doce:
El verdadero largometraje

Versículos para memorizar

No me escogieron ustedes a mí, sino que yo los escogí
a ustedes y los comisioné para que vayan y den fruto, un
fruto que perdure.

Juan 15:16

Pasajes para meditar más a fondo

Jueces 6-8

Películas recomendadas para ver

El lugar secreto, La posada de la sexta felicidad, Carrua-
jes de fuego.

¿Cómo te ayudaron las películas a poner tus problemas
en perspectiva?

Preguntas para meditar

1. ¿De qué manera enfocarte en el drama grandioso te ayuda a convertir tus melodramas en pequeños dramas?

2. ¿Hay algo que Dios te llamó a hacer, pero como no te dio todas las respuestas de antemano, rehusaste dar un paso de fe?

3. Vuelve a leer Ezequiel 22:30-31 y responde a sus implicaciones.

4. ¿Opinas tú que E. M. Bounds tenía razón cuando dijo: «Dios escogió limitar sus acciones en la tierra a las cosas hechas en respuesta directa a la oración de fe»? ¿Por que sí o por qué no?

5. ¿Cómo sería diferente tu vida de oración si verdaderamente creyeras que el avance del reino de Dios depende de nuestra cooperación con él en oración?

6. ¿Cuándo «te puso Dios en un aprieto»?

7. ¿Qué parte especifica piensas que Dios te llama a desempeñar en el largometraje real?

8. ¿Estás de acuerdo con la afirmación: «Decisiones necias no niegan el llamado de Dios en tu vida»? ¿Por que sí o por qué no?

9. ¿Cuál es el símbolo de tu descalificación? ¿Le permitirás a Dios que lo resuelva?

10. Menciona una cosa que puedes hacer para empezar a cumplir tu parte en el drama grandioso.

Referencias bibliográficas

Introducción: ¿Te enloquecen tus problemas?

1. Rick Warren, *Una vida con propósito,* Editorial Vida, Miami, FL, EE.UU., 2002 (p. 41. del original en inglés).

Capítulo uno: Estado mental de una puerca espín

1. Cuando uso el término *enemigo* no me refiero necesariamente a Satanás en lo personal. Él puede estar solo en un lugar a la vez, así que la posibilidad de que te ataque personalmente en algún momento es muy remota. Más bien, me refiero frecuentemente a esa legión de ángeles caídos que trabajan para promover su agenda.

2. Una antigua fotocopia que alguien me dio.

Capítulo dos: Me parece que muero

1. Diccionario médico en línea en www.cancerweb.com.

2. Audio por el Dr. Pam Popper, propiedad intelectual y distribuido por NSA, Inc.

Capítulo tres: Mis pobres nervios

1. Frances Roberts, *Come Away, My Beloved,* King's Farspan, Ojai, CA, EE.UU., 1973, p. 92. Una nueva edición en inglés está disponible en Barbour Publishing (2005).

Capítulo cuatro: Parece que no puedo tener ni un momento de paz

1. Oswald Chambers, *En pos de lo supremo,* CLC, Bogotá, Colombia, 2006 (p. 24 del original en inglés).
2. William Backus y Marie Chapain, *Telling Yourself the Truth,* Bethany House Publishers, Minneapolis, MN, EE.UU., 1980, p. 59.

Capítulo cinco: De lleno en la Villa de los Escorpiones

1. Oprah Winfrey, «Ofrah´s colums», *revista O*, mayo del 2004, p. 296.
2. Andrew Murray, *Humility,* Bethany House Publishers, Minneapolis, MN, EE.UU., 2000, p. 76.

Capítulo seis: ¿De qué peregrina manera se supone que debo hallar tiempo para Dios?

1. Henri Nouwen, tomado de un folleto para cuaresma, «From Fear to Love», http://www.btc-bci.com/~jneiman/Columns/living_as_god.htm o http://marcsmessages.typepad.com/mm/2004/03/exploring_the_c.html.
2. Primero leí este concepto en un devocional, *From Fear to Lave*, basado en los escritos de Henri Nouwen.

Capítulo diez: Donde me congrego lastimaron mis sentimientos

1. Philip Yancey, *Gracia divina vs. condena humana,* Editorial Vida, Miami, FL, EE.UU., 1998 (p. 254 del original en inglés).
2. Ibid.
3. Ibid. p. 259.
4. Ibid. p. 262.
5. Ibid. p. 266.
6. Ibid. p. 267.

Capítulo once: Estoy en bancarrota

1. Lynn Brezosky, «Pay Sent Home Makes Big Difference», San Diego, CA, EE.UU., *Union-Tribune*, 31 de mayo de 2004, p. A21.
2. Estadísticas de un sermón por el Dr. Gary Kinnaman, iglesia Word of Grace, www.wordofgrace.org.
3. John C. Murray, American Bankruptcy Institute, Bankruptcy Facts 2003, www.ABIworld.org.
4. Encuesta estadística citada en Victor M. Parachin, «Money Conflicts», Vibrant Life (1 de enero de 1999), http://static.highbeam.com/v/vibrantlife /january011999/ moneyconflict/.
5. Entrevista telefónica a Steve Moore de Crown Financial Ministries (www.crown.org), y estadísticas del Bureau of Labor Statistics (www.bls.gov).

Capítulo doce: El *verdadero* largometraje

1. Si haces esto como parte de un grupo, pueden debatir entre ustedes si Dios simplemente seleccionó a los que él sabía de antemano que lo escogerían; pero debes prometer debatirlo con sutilesa. Los cristianos han discutido sobre este asunto por siglos, y personas sinceras dis-

crepan del asunto. ¡Todas podemos concordar que Dios nos escogió con un propósito!

2. E.M. Bounds, *E. M. Bounds on Prayer,* Whitaker House, New Kensington, PA, EE.UU., 1997, p. 342.

Donna Partow es una de las conferencistas y escritoras cristianas más populares de los Estados Unidos de América. Vive en Arizona, y viaja por todo el mundo para comunicar el poder transformador de Dios. Sus libros han vendido más de medio millón de ejemplares, y han sido traducidos a muchos idiomas. Sus éxitos de librería incluyen *Convertirse en un vaso que Dios pueda usar* y *Becoming the Woman I Want to Be*. Donna invita a los lectores y a los planificadores de conferencias a visitar su sitio popular en la web: www.donnapartow.com.

DISFRUTE DE OTRAS PUBLICACIONES DE EDITORIAL VIDA

Desde 1946, Editorial Vida es fiel amiga del pueblo hispano a través de la mejor literatura evangélica. Editorial Vida publica libros prácticos y de sólidas doctrinas que enriquecen el caudal de conocimiento de sus lectores.

Nuestras Biblias de Estudio poseen características que ayudan al lector a crecer en el conocimiento de las Sagradas Escrituras y a comprenderlas mejor. Vida Nueva es el más completo y actualizado plan de estudio de Escuela Dominical y el mejor recurso educativo en español. Además, nuestra serie de grabaciones de alabanzas y adoración, Vida Music renueva su espíritu y llena su alma de gratitud a Dios.

En las siguientes páginas se describen otras excelentes publicaciones producidas especialmente para usted. Adquiera productos de Editorial Vida en su librería cristiana más cercana.

Vida

DEDICADOS A LA EXCELENCIA

No deje de leer el libro de mayor impacto de todos los tiempos. ¡Tranfomará su vida!

Rick Warren, reconocido autor de *Una Iglesia con Propósito*, plantea ahora un nuevo reto al creyente que quiere alcanzar una vida victoriosa. La obra enfoca la edificación del individuo como parte integral del proceso formador del cuerpo de Cristo. Cada ser humano tiene algo que le inspira, motiva o impulsa a actuar a través de su existencia. Y eso es lo que usted podrá descubrir cuando lea las páginas de *Una vida con propósito*.

0-8297-3786-3

31 DÍAS DE SABIDURÍA Y ADORACIÓN, INSPIRACIÓN DIARIA DE LA NVI, EL HOMBRE RICO (DVD), PROMESAS ETERNAS PARA TI

Nos agradaría recibir noticias suyas.
Por favor, envíe sus comentarios sobre este libro
a la dirección que aparece a continuación.
Muchas gracias.

Editorial Vida
7500 NW 25 Street, Suite 239
Miami, Florida 33122

Vida@zondervan.com
www.editorialvida.com